棋山观村志

莱芜市钢城区里辛街道棋山观村志编纂委员会 编

方志出版社
Publishing House of Local Records

图书在版编目（CIP）数据

棋山观村志 / 莱芜市钢城区里辛街道棋山观村志编纂委员会编. --北京：方志出版社，2018.1
ISBN 978-7-5144-2953-4

Ⅰ. ①棋… Ⅱ. ①莱… Ⅲ. ①村史-莱芜 Ⅳ. ①K295.25

中国版本图书馆CIP数据核字（2018）第029616号

棋山观村志

编　　者：莱芜市钢城区里辛街道棋山观村志编纂委员会
责任编辑：范　静
出 版 人：冀祥德
出 版 者：方志出版社
地址　北京市朝阳区潘家园东里9号（国家方志馆4层）
邮编　100021
网址　http://www.fzph.org
发　　行：方志出版社图书经销中心
电话（010）67110500
经　　销：各地新华书店
印　　刷：济南黄氏印务有限公司
开　　本：787×1092　1/16
印　　张：25
字　　数：339千字
版　　次：2018年1月第1版　2018年1月第1次印刷
印　　数：0001～1000册
ISBN 978-7-5144-2953-4　定价：158.00元

齐鲁名镇名村志丛书编纂委员会

《棋山观村志》编纂委员会

《棋山观村志》编审人员

总序

地方志为一方之全史，横陈百科、包罗万象。绵延不断的地方志编修是中华民族特有的文化基因，作为服务当代、垂鉴后世的重要文化事业，在赓续传统、传承文明、资政育人等方面具有重要作用。近年来，在省委、省政府的正确领导和中指组的精心指导下，山东省史志事业围绕一个目标、提高两个站位、突破三个重点、落实“六全”任务，促进山东史志事业实现创新发展、持续发展、领先发展。在省市县三级志书编修走在全国前列的基础上，山东的修志工作不断拓展领域，逐步向乡镇（街道）、村（社区）等基层延伸。

齐鲁大地素有“孔孟之乡、礼仪之邦”的美誉，是中华民族古老文明的重要发祥地之一。在山东，不仅孕育了以孔子、孟子为代表对中华文明甚至是世界文明都产生深远影响的儒家文化，还形成了东夷文化、齐文化、鲁文化、莒文化以及泰山文化、黄河文化、海洋文化、运河文化等地域性特色文化。源远流长、异彩纷呈的不同文化融汇发展，熔铸形成了博大精深、独具特色的齐鲁文化。文化是支撑经济社会发展的软实力。近四十年来，改革开放的时代思想不断吸纳优秀传统文化，在山东的城镇、乡村谱写出时代华章。山东的新型城镇化建设不断取得新成绩，朝着城乡一体化发展新格局阔步迈进。深化乡镇行政管理体制改革，逐步培育新生中小城市和特色小镇；以美丽乡村标准化建设为抓手，新农村建设提档升级，出现一批宜居宜业宜游的新农村；深化城乡精神文明创建，乡村文明行动深入推进，移风易俗广泛开展，乡村特色文化呈现出勃勃生机。

齐鲁大地自古就有重视修志的传统。经济文化的繁荣昌盛，既使乡镇村志编修成为广大人民群众的精神需求，又为之奠定了坚实的物质基础。在当前全力推进新型城镇化建设的新形势下，如何做好乡镇村志编修与经济文化建设结合的文章，成为史志工作面临的一大课题。目前，乡镇村志编修在全省蓬勃开展，渐成燎原之势，累计出版 1000 多部。正确引导和规范管理乡镇村志编修工作，全省各级史志机构责无旁贷。山东的新型城镇化和新农村建设走在全国前列，史志工作走在全国前列，名镇名村志编修也理应走在全国前列。正是在这种背景下，省史志办制定印发了《齐鲁名镇名村志文化工程实施方案》，以传承和弘扬齐鲁优秀传统文化，更好地服务新型城镇化和新农村建设。齐鲁名镇名村是全省1826个乡镇（街道）、7万多个村庄（社区）的典型代表，编修齐鲁名镇名村志系列丛书，对传承乡村文脉、重塑文化特色，展示乡村发展脉络、探索乡村发展经验，丰富史志工作内容、完善史志成果体系具有重要意义。这是提升新型城镇化和新农村建设历史文化内涵的重要举措，也是促进史志事业转型升级的创新性工程。

新时代开启新征程，新气象孕育新希望，新作为遵循新思想。习近平总书记在十九大报告中强调指出："深入挖掘中华优秀传统文化蕴含的思想观念、人文精神、道德规范，结合时代要求继承创新，让中华文化展现出永久魅力和时代风采。"十九大报告提出的"实施乡村振兴战略"，要求"加强农村基层工作，健全自治、法治、德治相结合的乡村治理体系。"齐鲁名镇名村志丛书的编纂工作，坚持深入贯彻党的十九大精神，以习近平新时代中国特色社会主义思想为指引，牢固树立"四个自信"，切实增强"四个意识"，坚持辩证唯物主义和历史唯物主义的立场、观点和方法，全面、客观、系统地记述全省新型城镇化进程和社会主义新农村建设取得的伟大成就。讲好新时代的乡村故事，传承中华优秀传统文化，弘扬社会主义核心价值观，培育群众的爱乡爱国情怀，传播干事创业的正能量，为实施乡村振兴战略作出独具特色的历史贡献，是这一系列丛书的价值所在。

"修志问道，以启未来"。编修齐鲁名镇名村志系列丛书，资政存史、泽被后世，善莫大焉、功莫大焉。

是为序。

山东省人民政府办公厅党组成员
山东省地方史志办公室主任 刘彦军

2017年12月

序

棋山观村位于莱芜市钢城区棋山国家森林公园风景区内，景色秀美，风光奇丽，是莱芜市著名的风景名胜地。

棋山观村历史悠久，文化底蕴深厚。从南宋、金、元时期，直至明代，这里曾是道家、佛家文化盛行之地，村内居民深受道佛文化影响，乐善好施，积极向上，憧憬幸福美满的生活。20 世纪 50 年代以前，备受匪患骚扰和战火苦难的棋山观村村民，没有在苦难面前沉沦消亡，在地方党组织的领导下，他们不畏时艰，勇于抗争，先后有一大批志士仁人牺牲于抗匪斗争、抗日战争和解放战争，为中华民族的独立和解放做出了重要贡献。进入 21 世纪，敢为人先的棋山观村村民，充分发挥紧倚棋山的地理优势，积极响应党中央的号召，紧跟时代步伐，坚持走旧村改造、新农村建设、特色美食、生态旅游于一体的发展路子，村庄建设步入快车道，经济和社会各项事业蓬勃发展。旧村改造，通过实施“群众参与拆迁，群众参与建设，群众的事情群众办”“干部组织干，理事会带领干，群众比着干”的新举措，创出了一条旧村改造无资金、无安置拆迁的新路子，村民从布局零乱、破旧低矮的草房或砖瓦房搬进了统一规划、宽敞明亮的楼房，居住环境发生天翻地覆的变化。经济发展，通过大力发展旅游、餐饮等三产服务业，棋山旅游成为本村经济发展的一张靓丽名片，外地游客纷至沓来，竞相游览。棋山炒鸡美味早已飞出深山，名闻齐鲁，被评为“到山东不可不品尝的 100 种美食之一”,成为当地居民经济收入的特色产业、重要来源。村内棋山以“棋”立世,以“道”闻名。仙人弈棋,斧柄朽烂的传奇故事，千百年来名扬四海。全国围棋甲级联赛先后五载摆擂棋山，更使棋山驰名中外，吸引一众围棋高手慕名前来，弈棋嬉戏。现如今，棋山观村村民安居乐业，幸福祥和，实现了千百年来一代代棋山观村村民追求幸福的梦想。

盛世修志。《棋山观村志》不仅记载了棋山观村的前世今生，更透过记载的这些史实，反映出棋山观村村民的精神风貌，让后人及他人铭记、了解棋山观村的先人们坚韧不屈、艰苦创业的奋斗精神，无私奉献、报效国家的高风亮节，乐观向上、追求梦想的境界情怀，激励后人在实现中华民族伟大复兴的“中国梦”征程中奋勇前进。

《棋山观村志》即将付梓，让我们以党的十九大精神为指引，以习近平新时代中国特色社会主义思想为统领，不忘初心，坚定信心，继续发扬坚韧不拔、敢为人先的棋山人精神，把钢城区的旅游事业规划好、建设好、发展好，以一流的精神风貌、一流的干事创业业绩回报人民，为促进区域经济社会发展，全面建成小康社会做出新的更大的贡献。

莱芜市钢城区棋山国家森林公园管委会书记（主任）：

凡例

一、本志以马克思列宁主义、毛泽东思想、邓小平理论、“三个代表”重要思想、科学发展观、习近平新时代中国特色社会主义思想为指导，坚持辩证唯物主义和历史唯物主义的立场、观点和方法，遵循实事求是的原则，全面记述棋山观村自然和社会的历史与现状，传承和抢救棋山观村乡土历史文化，以达到“存史、资政、教化、育人”的目的。

二、本志记述时限，上限为事物发端，下限为2016年，为保持事物发展的连续性与完整性，部分内容下延至2017年6月。

三、本志采用纲目体，设类目、分目、条目，横排门类，纵述史实，述而不论。综合运用述、记、志、表、图、录等各种体裁，以志体为主，图表随文而设，力求图文并茂。

四、本志采用公元纪年，中华民国前用历史纪年，括注公元纪年，中华民国后使用公元纪年。“××年代”，凡未加世纪者，均指20世纪的年代。历史机构、职官均书当时称谓。

五、本志人物分人物传略、人物简介、人物表、人物名录四部分，其中人物传略遵循“生不立传、因事记人”的原则，按卒年排序，主要收录对本村发展有重大影响的村内外人物；人物简介主要收录村内地（厅）级以上干部，市级以上党代表、人大代表、劳动模范，博士后专家的个人事迹，按生年排序。人物性别，女性，予以标注；男性，不标注。

六、本志行文规范。除引文、附录、传记外，一律使用现代语体文记述，执行《地方志书质量规定》等志书的有关标准规定。对引用的旧志、古籍、古碑石刻资料，保留原文。个别繁体字用通用字替换，例，“碁”通“棋”。

七、统计数字和计量单位。数字运用，按现行出版物数字用法的规定。历史纪年，农历月、日、序数数字用汉字，百分比、公元日期、计量数字，均用阿拉伯数字。计量单位，按《中华人民共和国法定计量单位的有关规定》执行。历史上的计量单位依历史习惯，新中国建立后除“亩”以外，使用公制，需用市制时予以说明。

八、本志资料来源于已出版志书、党史及其他书籍，知情者回忆文章、口述资料，网络百度百科资料，统计数字采自上级主管部门及村委会资料。资料来源一般不注明出处，特殊者例外。

九、为节省篇幅，避免重复，本志采用条目互见法。参见条目的表示形式为：参见本志“×× 类目 · ×× 分目 · ×× 条目”。

棋山国家森林公园全景

棋山观村在山东省位置示意图

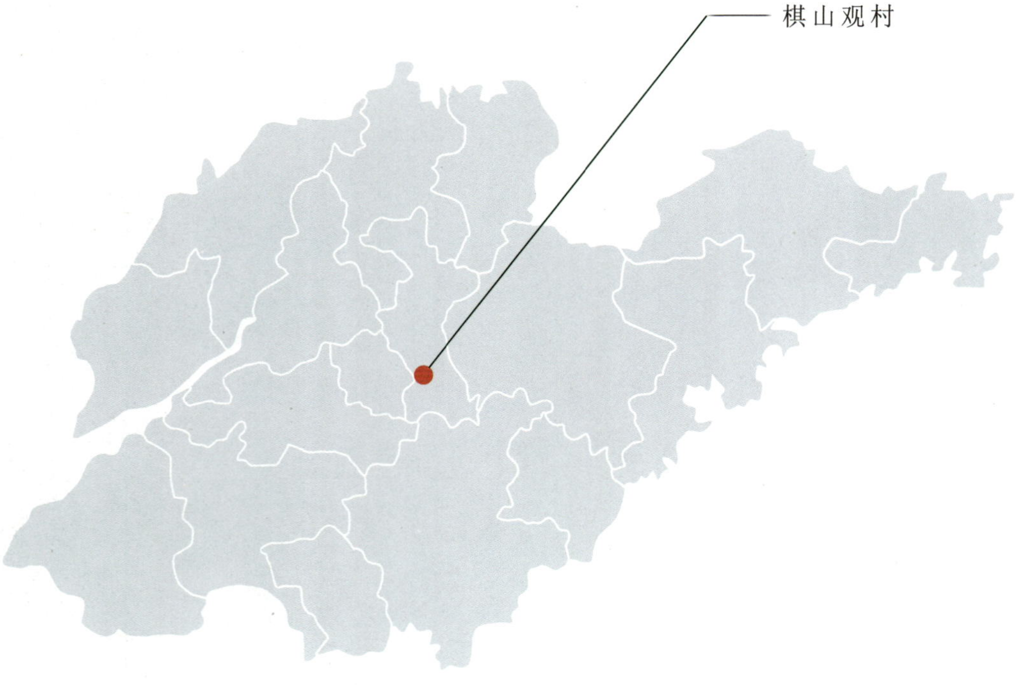

棋山观村新貌

棋山柯烂雕塑

棋山观全景

2008 年 6 月 14 日，全国围甲联赛“棋山专场”曹大元给小棋迷挂盘讲棋

2009 年 5 月 9 日，“山东六润”杯全国围棋甲级联赛在钢城区棋山举行

雪蓑墨迹《玄之又玄》

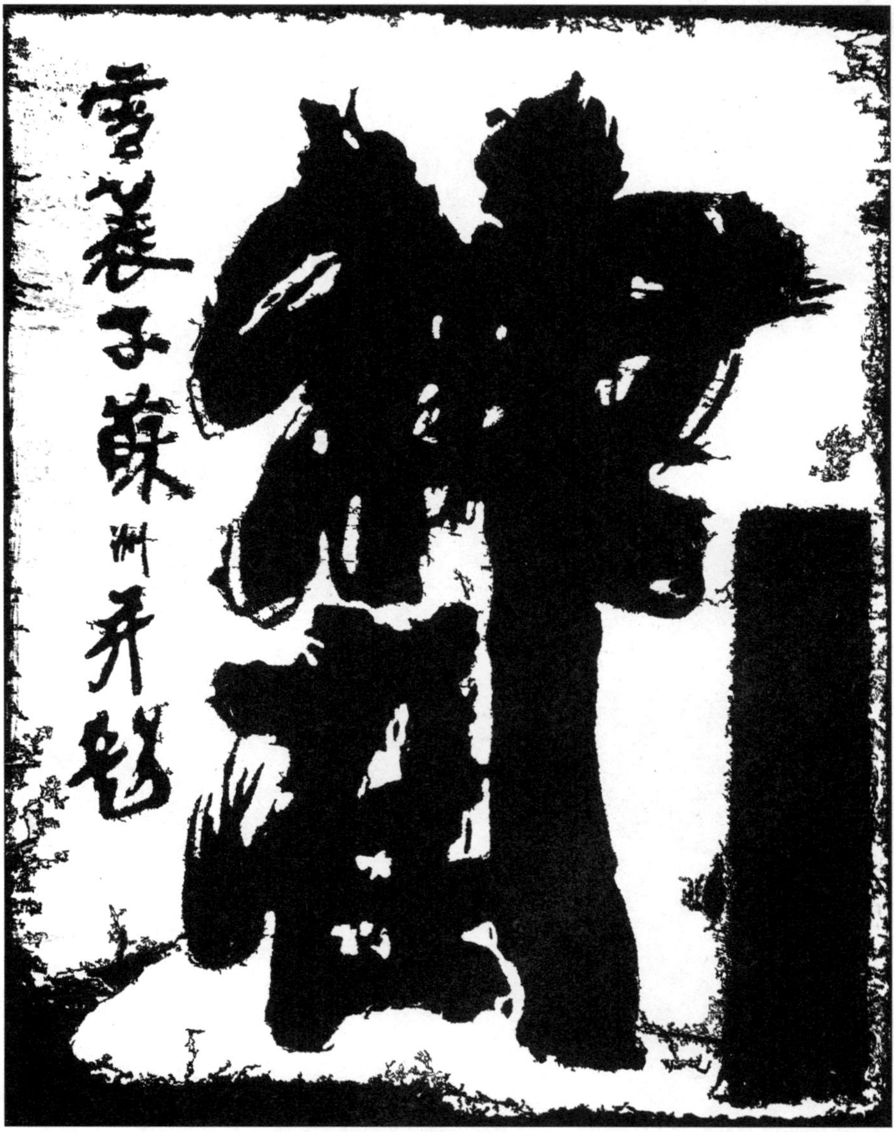

雪蓑墨迹“神在”

炒鸡美食大赛参评现场

炒鸡美食大赛炒鸡现场

山东省首届炒鸡美食大赛在钢城区棋山举行

2014 年 4 月 20 日，八路军研究会红二代到棋山观村的抗日阵亡烈士纪念碑前鞠躬，表达对烈士的敬意（右一：赵杰之子赵领军、右二：罗舜初之子罗小明、右三：胡奇才之子胡鲁克、右四：吴瑞林之子吴继云、右五：高克亭之女高源）

2016 年 5 月，红二代到棋山观村的抗日阵亡烈士纪念碑祭奠烈士并在碑前合影（左一：赵杰之子赵领军、左三：黎玉之子黎小第、左四：王传斌之子王小润）

棋山四季

独钓棋山湖

棋山夕照

棋峰棋韵

守望

象石

唔唔

玉兔回望

卧狮

村内公园

村庄周边环境

村民广场舞

全国文明村镇

山东棋山幽峡国家森林公园

《棋山观村志》编纂人员合影

前排左起：李凤菊　李　娟　陈建新　赵正堂　李爱华
中排左起：邵光才　秦宝文　李　晋　郑加强　高东长
后排左起：张孝宝　朱立春　冯文平　邵光发　高　涛　朱传永

目录

齐鲁名村志
QI LU MING CUN ZHI

棋山观村志
QI SHAN GUAN CUN ZHI

概述

GAISHU

棋山观村位于鲁中腹地，莱芜市钢城区棋山国家森林公园风景区内。村内地肥水美，植被茂密，有苍松叠翠的自然风光，天上一日人间百年的神奇传说，崇尚养生，无为而治的道家文化，乐善好施，一心向佛的佛家文化，更有不畏强暴，勇于抗争的红色经历。村民勤劳、勇敢、善良，民风淳朴。进入21世纪以来，棋山观村紧紧抓住旅游开发和新农村建设的契机，经济快速发展，文明程度迅速提升，先后获“山东炒鸡之乡”“山东省生态文明村”“莱芜市美丽乡村”“山东省旅游特色村”“全国文明村镇”等荣誉称号。

旖旎风光吸引八方来客　棋山位于棋山观村南，呈南北走向，主峰海拔596米，盘踞面积12平方千米。山上大石嶙峋，千姿百态，远眺峰峦逶迤，近看险峻挺拔，巍然耸立，鬼斧神工。20世纪50年代，在村党支部书记郑绪吉带领下，村民在村东河滩栽小青杨树1万余株；1958年前后，又在棋山栽槐树8万余株、松树10万余株、板栗树1万余株，实现棋山山场整体绿化。与此同时，在棋山后洞、后宫建2个果园，栽苹果树4000余株、梨树300余株，拓宽了村集体收入来源。70—80年代，棋山观村新发展果园300多亩，引进红富士、长富二号取代过去的金帅等老品种，果树品种由单一的苹果发展到樱桃、莱阳梨、雪桃、山枣、石榴、板栗等10余个品种，使全村的林果生产走上快车道。至90年代，棋山山上有茂密的森林植被，山下有万亩果园飘香。2000年4月，棋山被命名为“省级森林公园”，2014年12月晋升为“国家森林公园”后，旖旎风光吸引八方来客前来游玩。站在棋山山顶，游客远观可见“汶水西流”美景、“十里钢城”壮丽画卷，近看满眼苍松翠柏，绿意浓浓。春天能感受棋山的生机盎然，夏天能品味棋山雾语，秋天能观赏棋山后宫秋韵，冬天能探访雪龙卧棋盛景。还可观赏南大顶、北大顶、望海石、棋子石、后洞、龟石、一线天、雪蓑洞、冠子石、垛石、石棚、猪嘴崖、情侣石等30余处自然景点，聆听一个个优美的民间传说。

神奇传说富有仙风道韵　自古以来，棋山就有神仙驻足的美丽传说，山上山下更有棋山观、棋山后宫、佛洞子等道家、佛家静修之观洞，可见在古代，道家、佛家文化在棋山观村一带就非常盛行。据明嘉靖《莱芜县志》记载，“碁山柯烂，在县东五十里。建元间，有樵子採薪，见二人奕，其一人授之药一丸，樵子咽之，遂在傍久观，其奕至斧柯朽烂。及归，无复时人。石盘、石子于今尚在”。又相传，晋建元年间（343—344）有位樵夫去山中砍柴，来到棋子垭，见有两位老者下棋。出于好奇，他便不声不响地站在一边观看，因口渴，他随手端起老者的一碗水喝了一口。谁知，喝后顿觉眼前忽明忽暗，似有白昼黑夜、春夏秋冬来去匆匆之感。等两位老者弈罢离去，他才想起砍柴之事，然而回头一看，斧柄已烂。回到村里，竟无一人认得他，原来人间已过百年。樵夫方知自己遇到神仙，从此，棋山柯烂传说流传下来。又因棋山山上有“棋子石”景点，于是“棋山柯烂”被明朝嘉靖莱芜知县陈甘雨定为莱芜古八景之一。又据《中国村庄记事》记载，棋山观村西棋山观，又名棋山岩真洞、棋岩洞真宫、棋岩洞真观、洞真观，始建于北宋徽宗崇宁五年（1106），道观最早供奉的是玉清元始天尊、上清灵宝天尊和太清道德天尊。1127 年，北宋王朝灭亡后，棋山观村属金。据传金泰和八年（1208），全真教掌教丘处机曾来棋山观隐居。金兴定三年（1219），丘处机为躲避金与南宋皇帝的诏请，外出云游，又来棋山观传经布道。开凿于北宋大观三年（1109）的佛洞子（位于棋山观村西南），始建于明正德八年（1513）的棋山后宫以及刻于明朝的“玄之又玄”碑等文物古迹，无不印证着往日的道、佛家活动盛况，诉说着棋山观村村民对美好生活的憧憬与向往。

文物古迹印证红色经历 棋山观村西有两座纪念碑，一座是立于 1933 年 2 月 14 日的抗匪烈士纪念碑，目的是纪念牺牲于 1927 年 2 月 27 日抗匪战斗中的死难烈士；一座是立于 1941 年 7 月的抗日阵亡烈士纪念碑，目的是纪念抗战爆发以来，四年间坚持抗日，保家卫国，保卫鲁中根据地，英勇牺牲的八路军山东纵队第一旅的先烈们。抗日阵亡烈士纪念碑上共刻有烈士 165 名，其中，旅团级干部 6 名、营级干部 11 名、连级干部 63 名、排级干部 85 名。徐向前元帅题写碑名，时任八路军山东纵队政委、山东省委书记黎玉题词。文物古迹印证着棋山观村的红色经历，抗日战争年代，勤劳勇敢的棋山观村村民积极响应党的号召，在村党支部的带领下，积极配合八路军主力部队及抗日武装作战，投入到抗日斗争的第一线。他们开荒种田，努力多打粮食为部队筹措给养，站岗、放哨、火线救护伤员，捉汉奸抓特务为子弟兵送情报，碾米、磨面，做军鞋拥军支前，被鲁中区授予“抗日模范村”称号，八路军山东纵队第一旅的指战员伸出拇指称赞棋山观村为“红色小延安”。解放战争时期，棋山观村积极开展参军支前、土改和发展生产，为参加莱芜战役的部队官兵提供给养，有力地支援部队作战。新中国成立后，继续发扬战争年代与部队官兵缔结的革命友谊，与部队官兵一直保持着血浓于水的鱼水情谊，军民之间共同营造了军爱民民拥军、军民共建一家亲的浓厚氛围。全村先后有 30 人应征入伍，村党支部、村委会（以下简称村“两委”）先后10余次到部队走访慰问；部队官兵多次到村里开展打扫卫生、植树、走访慰问贫困户等活动。2014年5月，棋山观村被中国人民解放军某部评为“军民共建示范村”。为教育后人牢记历史，缅怀先烈，勿忘国耻，珍爱和平，每年清明节，村党支部都组织村民到抗日阵亡烈士纪念碑前为革命烈士敬献花环，默哀鞠躬，表达深深的敬意。

棋山新村乐享时代文明 21世纪前，棋山观村因地处偏僻，既不靠厂矿，又不临城镇，村庄建设随意性大，村民整体居住环境较差。2005年10月，中国共产党十六届五中全会作出建设社会主义新农村的重大战略决策部署后，棋山观村积极响应党中央的号召，决定按照“生产发展、生活富裕、乡风文明、村容整洁、管理民主”的新农村建设要求，实施旧村整体拆迁改造，以实现村庄“新房舍、新设施、新环境、新农民、新风尚”的全面升级。2009年9月，新村建设开始启动，为确保整个工程平稳有序进行，村“两委”组织村干部、全体党员、群众代表多次到外地参观学习，统一思想；多次举办培训班，学习中央新农村建设的会议精神，分析能够享受的优惠政策，探讨走旧村改造与棋山旅游开发相结合，建设集居住、生态、乡村旅游于一体的特色居住区的可行性。经反复讨论，多次征求村民意见，制定了符合实际的旧村改造实施方案。方案决定，在原村址上建设居民楼，实行先拆迁后安置。之后，在村民的积极配合下，棋山观村走出一条“群众参与拆迁，群众参与建设，群众的事情群众办”“干部组织干，理事会带领干，群众比着干”的“无资金、无安置”拆迁改造新路子，并经过5年苦干，于2014年9月完成棋山观村新村——棋山人家小区建设工程，实现村民整体入住。新建成的棋山人家小区由居民住宅区、老年公寓、卫生室、幼儿园、社区居民服务中心、社区公园、健身广场等设施组成。小区内环境整洁，楼房林立，绿树掩映，水、电、暖、通信等设施齐全。周边建成棋山牌坊、棋山人家牌坊、“全国文明村镇”影壁墙各1座。治理小区前棋山河河道2千米，建跨河桥2座，挖“月亮湾”人工湖1处，筑拦河橡皮坝1道，增加水面近万平方米；浆砌沿河河堤1220米，建设景观护栏680米，修建步游景道1000米，凉亭2座，使河景与小区徽式建筑浑然一体，构成浓郁的山水田园风光。精神文明建设，大力实施“孝德工程”“善行义举四德榜”“爱心乡村”品牌建设，与全村70岁以上老人及子女签订“四德”责任状，定下赡养老人的具体标准；开展“好媳妇”“好婆婆”“五好家庭”“好儿女”“文明户”“好夫妻”“好邻居”评选活动，在全村营造良好的尊老爱老氛围，村民之间形成文明和谐的邻里关系。文化建设，每年都举办“九九老人节”文艺晚会、“千场文艺走基层”文艺演出活动，每月都组织户外电影放映活动，丰富村民文化生活。组建“棋山大鼓剧团”、村民健身舞蹈队等文艺团体，为村中文艺爱好者搭建活动舞台，为村民开展晨晚健身锻炼、编排文艺节目提供技术指导，提升了群众的文化素养。如今，棋山观村通过实施新农村建设，全体村民收入稳定，经济富裕，欢乐祥和，生活幸福，他们发自内心的高兴，共同编写传唱着《棋山观村颂歌》。

时光荏苒，棋山观村已经走过600余年的风雨历程，勤劳勇敢、民风淳朴的棋山观村村民正乘旅游之风、地利之便、人文之先，继承和发扬敢为人先、乐观向上的棋山人精神，扎实走在经济发展、民生改善、文化繁荣、安定有序、充满活力、社会和谐的良性发展轨道上，并朝着全面建成小康社会扎实迈进。

河景与小区徽式建筑浑然一体

齐鲁名村志
QI LU MING CUN ZHI

棋山观村志
QI SHAN GUAN CUN ZHI

棋山观村览要

QISHANGUANCUNLANYAO

棋山观村南倚棋山，东枕棋山河，植被葱郁，自然环境优美。明初建村，几经隶属变迁，村内保留多处佛窟道观遗迹，文化底蕴深厚。冬冷夏热，四季分明，自然灾害较少，动植物资源丰富。传统农业耕种方式不断升级换代，现代餐饮旅游业迅速发展，村民生活水平日益提升。

耕种

村落建置

区域位置

棋山观村隶属于莱芜市钢城区棋山国家森林公园管委会，位于莱芜市城区东南21千米，莱芜市钢城区里辛街道东6千米处，东邻圈里村，西接焦家庄村，北靠杨家楼村，南与涝洼村隔山相望。地理坐标：北纬36° 07′ 25″，东经117° 48′ 33″。村址位于棋山国家森林公园棋圣路与棋盘路交叉路口东北角，交通便利，距济南遥墙国际机场约2小时车程，距青岛港约3.50小时车程。

建置沿革

据《中国村庄记事》记载，棋山观村建于明洪武初年，刘姓由山西洪洞大槐树移此建村，因村西有棋山观，故名为棋山观村。明嘉靖《莱芜县志》记载，莱芜在明朝天顺年间（1457—1464）分为四乡（东乡、西乡、南乡、北乡）四十二里，棋山观村属东乡棋山里。明正德后称四十二保，属东乡棋山保。民国初年，属莱芜县颜庄区棋山乡。1941 年 5 月，莱芜县实行三县分治，划分为莱北、莱南和莱东三县，棋山观村属莱东县棋山区。1941 年 9 月，莱南县改称新甫县；11 月，棋山区由莱东县划入新甫县，属新甫县棋山区。1943 年冬，棋山区划归博莱县，属博莱县棋山区。1944 年 7 月，莱东县恢复原建制，棋山观村复归莱东县棋山区。1945 年 10 月，莱芜县恢复原建制，原颜庄、棋山两个区合并为颜庄区，属颜庄区。1951 年 3 月，颜庄区改称七区，属七区。1955 年 10 月，

洪洞大槐树根

棋山自然风光

七区复称颜庄区，属颜庄区。1958 年 3 月，撤颜庄区，其辖区划分为颜庄乡和郑王庄乡，属郑王庄乡；10 月，乡改称人民公社，属郑王庄人民公社。1959 年 3 月，郑王庄公社、颜庄公社和南冶公社的 13 个村合并为颜庄公社，属颜庄公社。1984 年 3 月，农村体制改革，撤销颜庄人民公社，设颜庄办事处；4 月，办事处内设棋山乡，属颜庄办事处棋山乡。1985 年 11 月，行政区划调整，原颜庄办事处分为颜庄镇、城子坡镇、里辛乡，属里辛乡。1990 年 8 月，设立莱芜市钢城办事处（副县级，市政府派出机构），属莱芜市钢城办事处里辛乡。1992 年 11 月，莱芜市由县级市升格为地级市，辖莱城区、钢城区，属钢城区里辛乡。1995 年 10 月，撤销里辛乡，建立里辛镇，属里辛镇。2012 年 11 月，里辛镇改称里辛街道，属里辛街道。2016 年 3 月，设立棋山国家森林公园管委会，属棋山国家森林公园管委会。

自然环境

村域位于钢城区东偏北部山区，低山、丘陵较多，伴有少量的山间平地，属暖

温带半湿润大陆季风性气候，四季分明。

地质地貌

地质构造属鲁西弧形构造体系的一部分，自太古代以来历经多次构造运动，对地层及含水岩组的分布与地下水系统的形成起着控制作用。出露地层由老到新依次为寒武系、石炭系、二叠系、白垩系和第四系。

棋山地质地貌景观保护区碑

村庄面南背北，村域内有一山一河两岭，河流居村南。一山，即棋山；一河，即棋山河；两岭，即村东岭和南岭。地势南陡北缓，东高西低，呈向西北方向敞开的扇形地貌。东岭、南岭是棋山脚下的缓坡，沟壑纵横，棋山河大体为东西流向。岭坡梯田主要分布在棋山及南岭、东岭的中上部，荒岭坡分布在上部，土体浅薄。沿河阶地主要分布在棋山河以北，地块较大，土层较厚，土质肥沃，是村民种植农作物的优质良田。

气候

属暖温带半湿润大陆季风性气候，冬冷夏热，春短冬长，四季分明。受强大的蒙古高压控制和大陆气团、太平洋高压活动和热带海洋团、区域内地形多为低山丘陵的影响，气候复杂多变。春季为 2 月初到 5 月初，气温回升快，风多雨少，气候干燥，初春常有霜冻，暖春多干旱。夏季为 5 月初至 8 月初，受温暖的东南季风控制，多东南风，气压低，温度高，湿度大，降水集中，空气对流运动频繁，常有雷雨大风、暴雨、冰雹等灾害，雨量多集中在6月底至7月中旬。秋季为8月初至11月初，是冬季风势力逐渐增强，夏季风逐渐南撤时期。冷空气逐渐推进并分裂为小高压控制本地，空气层结构稳定，天气多晴朗，日照充足，昼夜温差大，多秋高气爽天气。个别年份，冬季风来迟，夏季风仍盛，会出现秋雨连绵天气。冬季为11月初至次年2月初，受北方冷高压控制，北风多，温度低，雨雪少，气候干冷。

光照 气温 降水 多年平均光照时数为2543.60小时，光照率54%，5月最多，多年平均光照时数为274.90小时；12月最少，多年平均光照时数为181.90小时。多年平均气温13℃，年平均最高气温为18.6℃，7月平均气温最高为30.9℃，极端最高气温为39.9℃（2002年7月15日）；1月平均气温最低为-8.1℃，极端最低气温为-22.5℃（1957年2月11日）。历年-10℃低温天数为12.40天，最多为32天，出现在1976—1977年和1983—1984年。历年最高气温高于30℃的天数为64.50天。历年平均降水量在740毫米左右。1995—2005年，村内平均降水量679.45毫米。7月雨水量最多，平均月降水量为201.39毫米；12月最少，平均降水量为4.10毫米。6—9月进入汛期，降水集中，汛期雨量平均为523.46毫米，占全年的77%。

地温 冻土 霜期 地温从地表到地表以下20厘米处的各层年变化规律基本与气温相同。各月平均值高于气温，3—9月，地表（0厘米）温度较高，地表以下5、10、20厘米处逐渐降低；冬季反之。地表（0厘米）平均地温最高值出现在6月，比气温最高值提前出现。各层地温最高值出现月份随深度增加而后延，年变幅随深度增加而减少。地面最低温度比气温最低温度还要低，自10月至次年4月一般低1.50℃~2.50℃，6—9月偏低0.20℃~0.90℃，其中7月偏低值最少；地面最高温度（最高地温）一般高于最高气温，最高达66.10℃（1968年8月3日）。土壤封冻期一般出现在12月初，深度10厘米冰冻期54天，30厘米冰冻期17天。霜期以百叶箱最低气温小于2℃作为霜冻指标，初霜冻平均日期是10月19日，最早是10月2日（1958年），最晚是11月10日（1977年）。终霜冻平均日期是4月13日，最早是3月30日（1977年），最晚是5月12日（1958年）。无霜期平均为187.10天。

土壤植被

土壤属棕壤土类，分布于酸性岩山区的荒岭坡、山坡梯田和坡麓梯田，宜栽植

棋山植被

灌木，种植地瓜、花生，东岭、南岭农田属此类性质。村北土壤耕性、保水保肥性良好，宜种各类作物，具有潮棕壤性质特点。

植被分自然植被和人工植被。自然植被以野生的荆条、酸枣、胡枝子、蒿草、白草翁、蒺藜、野生灌木丛等为主。人工植被有人工季节植被（以粮食、棉花、蔬菜和瓜果等）和人工常年植被（绿化林、经济园林、墓林、河滩林、村庄林等针叶林和阔叶林）。20 世纪 90 年代，开始进行山区农业综合开发，绿化荒山，建绿色通道，植被逐年增加，棋山植被覆盖率达到 80% 以上。

自然资源

受村域一山一河两岭的地理地貌影响，村庄耕地面积较少，山场面积较大，自然及人工植被茂密，动植物资源种类较多，地表、地下水资源充足。

土地资源 2016 年，村拥有耕地面积 900 亩，山场面积 3000 余亩。村北地块较大，土壤肥沃，有耕地面积 400 亩，适宜牛犁耕种和机械化耕种；村南岭 300 亩、东岭 200 亩，地块小，土层薄，多数地块只能采用人工刨地的耕作方式。自古以来，村民就有重视农业耕种的优良传统，延续千百年来自给自足的生产生活方式，依靠田间劳作获得收成。20 世纪 90 年代以后，随着到棋山观光旅游人数的增多，山上种植林果的个体承包户陆续由林果种植为主，向餐饮经营为主转变，土地的投入产出比发生较大变化。

水资源 棋山河源于棋山东岭，从村前穿境而过，向西流经郑王庄、里辛，至颜庄东泉村，汇入牟汶河，村域内河长 3 千米。棋山河既给棋山观村带来丰富的地表水资源，也涵养了地下水资源。村域内山泉水又名棋山水，是莱芜有名的山泉水，经莱芜市疾病预防控制中心检测报告书表明，水中各种微量元素符合饮用水标准，水质呈弱碱性，未受工业废水等污染源污染，适宜城乡居民饮用。自 20 世纪 90 年代起，除当地居民生产生活使用外，棋山水受到莱芜市、钢城区城区居民及驻地厂矿职工的喜爱，卖水经营户从无到有，从少到多，发展到 10 余家。他们天天用汽车、三轮车拉水到城区、街道、厂矿驻地卖水，成为村民的一项经济来源。为保证水质干净，获得所需水量，利于装卸运输，棋山脚下已自建取水房 3 家。

棋山河

20 世纪 60 年代以前，受农田水利基础设施薄弱，取水设施设备能力不足的限制，棋山观村虽然拥有丰富的水资源，但村民耕作仍然需要靠天吃饭。种庄稼前靠天保

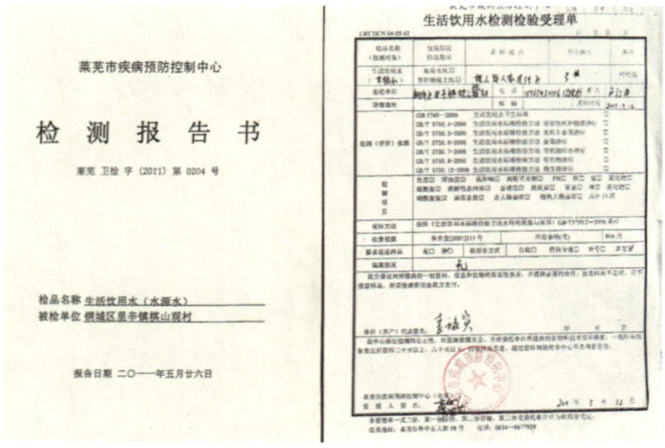
莱芜市疾病预防控制中心

检测报告书

莱芜 卫检 字（2011）第0204号

检品名称 生活饮用水（水源水）

被检单位 钢城区里辛镇棋山观村

报告日期 二〇一一年五月廿六日

生活饮用水检测检验受理单

棋山水质检测报告

机井

墒，浇庄稼靠天下雨，收庄稼靠天成全，无论哪个环节，只要天公不作美，村民吃饭都困难，只有风调雨顺，村民才能吃饱饭。为解决靠天吃饭，生产发展受到制约的困难，1968—2002年，村“两委”组织村民修水坝、水渠，打机井，兴建农田水利设施。1968年修泉子崖水坝1座，砌石600余立方米，修水渠500米；1969年打八分地东头大机井1眼；1970年修东咕嘟广崖水库1座，库容量3500立方米；1971年修东岭水库1座，库容量4500立方米；1973年修西咕嘟水库1座，库容量6000立方米；1974年打九小亩地机井1眼，修水渠、建渡槽300米；1976年加高渡槽200米；1981年打石坝南机井1眼；1987年建南岭水坝1座，库容量4600立方米；1999年打烈士碑前机井2眼；2000年打后洼子南机井1眼；2002年打六亩地机井1眼。

1977—1980年，棋山观村响应党的号召，组织村民进行冬季农田基本建设和水利工程建设，对农田进行平整，垒堰，建“大寨田”，挖土石方，砌水沟，建扬水站，增加水浇地面积，做到大小地块都能灌溉。农作物种植由两年三熟变为一年两熟，产量倍增，稳产高产。1982年，家庭联产承包责任制实施后，受农田灌溉成本大幅提升和村民家庭收入构成发生重大转变等因素的影响，村民原有的生产生活方式受到冲击，农作物种植已从村民生产主导地位下降为附属地位，农田灌溉不被重视，村集体水利设施长期得不到维护，部分水渠被破坏，水库、机井不能有效利用，甚至已停止使用。2007—2016

年，村“两委”为提高保护村民农作物种植的积极性，加强了全村农田水利设施建设，先后铺埋农田水利管道 5 千米，架设农田电力线路 2 千米，实现了农田灌溉电力化，方便了村民耕种。

动物资源 除人工饲养的外，野生兽类有兔、黄鼬、鼠、狐狸、獾、狼、刺猬和蝙蝠等；鸟类有水鸭、山鸡、啄木鸟、斑鸠、喜鹊、灰喜鹊、麻雀、鹌鹑、燕子、杜鹃、鹰、猫头鹰等；两栖爬行类有青蛙、蟾蜍、蛇、蜥蜴、壁虎、鳖等；鱼类有草鱼、鲤鱼、鲫鱼、鲢鱼等；有益昆虫类 270 种，其中捕食性天敌 66 种，寄生性天敌 44 种，小麦害虫天敌 61 种，玉米害虫天敌 99 种。其他无脊椎动物有蚯蚓、蜈蚣、螃蟹、蝗虫、虾、蜗牛、蜘蛛、蝎子等。

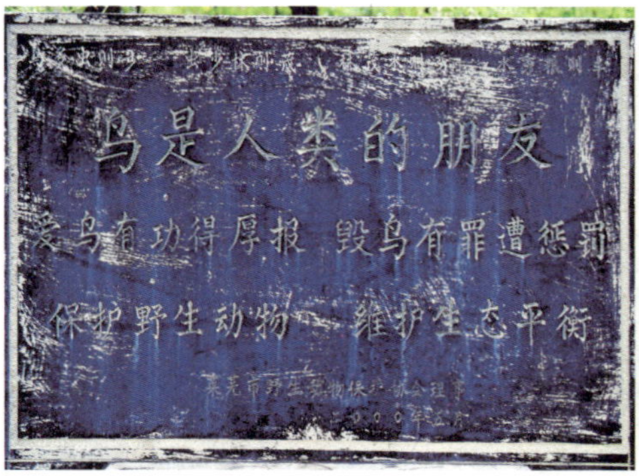

护鸟碑

野山鸡

啄木鸟

植物资源 木本植物分为野生木本植物和人工栽植木本植物。野生木本植物主要为野生乔木和灌木，品种有酸枣、银杏、白蜡、荆、杜梨、赤梨子、山葡萄、金银棵、枸杞、山榆、流苏树、迎春柳和无花果等；人工栽植木本植

荷花

艾蒿

翻白草

物，品种有杨树、国槐、刺槐、榆树、苹果树、杏树、桃树、梨树、石榴树、板栗树、核桃树、山楂树等。

草本植物有金针、沙蓬、荠菜、白头翁、荠荠菜、扫帚菜、寸冬、苦菜、灰菜、黄草、莌草、蒿草、刺猬皮草、红百合、白百合、蝎子草、爬山虎、地榆、凤尾草、狗尾巴草、马鞭草、金牛草、金钱草、龙胆草、地锦草、羊角透骨草、茅草、旱莲草、夏枯草、山药、穿山龙、马齿苋、山马齿苋、老观草、凤仙花、蒲公英、藿香、艾蒿、米蒿、菟丝子、野玫瑰、柴胡、野菊、丹参、桔梗、车前子、牵牛花、野大黄、蛤蟆皮草、玉竹、苍术、挂蒌、益母草、翻白草等。

水生植物有荷、苇、蒲、荻、浮萍等。

自然灾害

遭受风灾的玉米农田

自然灾害以水旱灾害居多，有“十年九旱”之说，风、雹和虫灾次之，霜冻及异常气候不多见。旱灾，季节旱发生频繁，春旱概率最高，伏旱和秋旱次之。旱灾的面积大，范围广，灾情重，特别是山岭地旱灾灾情更重，即使是偏旱年，山岭地也呈现重旱。水灾主要集中在下大暴雨时，暴雨主要集中在夏季，尤以 7 月最多，春季暴雨多出现在 4 月上旬至 5 月中旬，秋季暴雨比春季多，主要集中在 9 月中上旬。20 世纪 80 年代后，随着防洪截流能力的增强，排水系统的完善，水灾对村民生产生活的影响逐步减小，大面积冲毁河堤、庄稼、房屋已属少见。大风多随雨、雹出现，以 4—5 月最多；雹灾发生较为频繁，集中出现在 5 月中旬至 7 月上旬。1988 年 6 月 29 日，棋山观村所在的里辛乡遭受冰雹袭击，冰雹小者如玉米粒，大者如核桃，地瓜、玉米、林果受灾严重。初霜日期一般在 10 月中旬，终霜期在 4 月中旬。初霜冻主要危害的作物有棉花、地瓜和蔬菜等，终霜冻（俗称倒春寒）对小麦、果树影响较大。果树中，杏树受终霜冻影响最大，桃树也常受终霜冻影响而减产。

人口与姓氏

人口

2000 年 7 月 1 日全国第五次人口普查时，全村人口 505 人，其中男 254 人、女 251 人。2010 年 11 月 1 日全国第六次人口普查时，全村人口 568 人，其中男 285 人，女 283 人。至 2016 年末，棋山观村有 280 户 604 人。全村 80 岁以上的长寿老人 21 人，占总人口的 3.48%，90 岁以上的寿星老人 2 人，占总人口的 0.33%。男性平均寿命 72.8 岁，女性平均寿命 75.6 岁。

1996—2016 年棋山观村人口情况表

表　　单位：人

年份	人口	年份	人口
1996	500	2007	553
1997	503	2008	561
1998	502	2009	562
1999	503	2010	568
2000	505	2011	576
2001	508	2012	571
2002	514	2013	582
2003	523	2014	589
2004	525	2015	598
2005	525	2016	604
2006	526		

姓氏

村内家庭姓氏是延续了近千年的男性姓氏，有邵、朱、郑、陈、李、张、尚、刘、曹、王、仲 11 姓，现有人口含村内人口和户籍外迁的男性人口。

邵姓　邵思文在 230 年前从里辛村迁入棋山观村定居，娶妻生 2 子，至今繁衍后代 12 辈，现有人口 181 人。

朱姓　从河北枣强迁入莱芜，7 世朱宝迁入棋山观村定居，至今发展到 23 世，现有人口 213 人。

郑姓　11 世郑士镖迁入棋山观村定居，至今发展到 22 世，现有人口 94 人。

李姓　15 世李勤修从东沟里村迁入棋山观村，至今发展到 22 世，现有人口 65 人。19 世李志松从郑王庄迁入棋山观村，至今发展到 23 世，现有人口 28 人。

尚姓　16 世尚恒吉 110 年前从涝洼村迁入棋山观村，至今发展到 21 世，现有人口 57 人。

张姓　17 世张同林从杨家楼村迁入棋山观村，至今发展到 21 世，现有人口 85 人。

刘姓　由山西洪洞大槐树移此建村，至今发展到 25 世，现有人口 16 人。

陈姓　11 世陈万青从新泰市张家兰子村迁入棋山观村，至今发展到 21 世，现有人口 49 人。

曹姓　20 世曹万祥 1977 年从东马泉村迁入棋山观村，至今发展到 21 世，现有人口 5 人。

仲姓　21 世仲卫坤 1997 年从莱城区和庄乡马勺湾村迁入棋山观村，至今发展到 22 世，现有人口 3 人。

王姓　22 世王文帅 2008 年从莱城区羊里镇陈家庄村迁入棋山观村，至今发展到 23 世，现有人口 2 人。

齐鲁名村志

QI LU MING CUN ZHI

棋山观村志

QI SHAN GUAN CUN ZHI

仙迹觅踪

XIANJIMIZONG

山不在高，有仙则名，水不在深，有龙则灵。棋山虽然海拔不高，但自古以来，就有神仙驻足的美丽传说，山上山下更有棋山观、棋山后宫、佛洞子等道家、佛家静修之所，可见在古代，道家、佛家文化在棋山观村一带就非常盛行。

棋山观山门

棋山柯烂

莱芜古八景之一，由明朝嘉靖年间莱芜知县陈甘雨确立。

棋山柯烂传说

棋山，位于村南 1 千米处，山上松柏林立，山下流水潺潺。山顶有一平坦巨石，裂纹纵横，酷似棋盘。上面天然地摆着一块重约 3000 千克的圆形石头，宛如棋子。据明嘉靖《莱芜县志》记载，“碁山柯烂，在县东五十里。建元间，有樵子采薪，见二人弈，其一人授之药一丸，樵子咽之，遂在傍久观，其弈至斧柯朽烂。及归，无复时人。石盘、石子于今尚在”。又相传，晋建元年间（343—344）有位樵夫去山中砍柴，来到棋子垭，见有两位老者下棋。出于好奇，他便不声不响地站在一边观看，因口渴，他随手端起一位老者的一碗水喝了一口。谁知，喝后顿觉眼前忽明忽暗，似有白昼黑夜、春夏秋冬来去匆匆之感。等两位老者弈罢离去，他才想起砍柴之事，然而回头一看，斧炳已烂。回到村里，竟无一人认得他，原来人间已过百年。樵夫方知自己遇到神仙，从此，棋山柯烂传说流传下来。

棋山柯烂景点确立

明嘉靖二十四年（1545）闰正月，进士陈甘雨上任莱芜知县。上任后，除弊扬革，率先垂范，很有政绩。嘉靖二十六年（1547），雪蓑应陈甘雨邀请，到仙人山相聚，讨论立碑题词事宜。交谈中，陈甘雨说，正忙于编纂一部《莱芜县志》和选定莱芜景点，有仙人弈棋一景因与烂柯山景相象，因没去棋山实地考察，不摸实情，一直未定。雪蓑自荐代陈甘雨实地察看，陈知县欣然应允。雪蓑来到棋山脚下，问路人棋山柯烂在哪？路人说：“上山至半山腰，北山峰南侧处便是。”雪蓑爬到北峰南侧，发现一巨大平坦石头纵横裂纹，酷似棋盘，巨圆石头落于棋盘，好似一局残棋。于是回县府向陈甘雨汇报，连声说：“好极了！好极了！知县、知县，我到棋山一看，确有棋子、棋盘，是神之为，非人力为之，身临此处，有入仙境一般，真是一处绝好的美景，请知县大人命名。”陈知县听后，邀雪蓑第二天同登棋山，经实地察看，最后定名为“棋山柯烂”景，与“汶水流西（今称汶水西流），宫山夕照，矿山呈瑞，深潭龙见（今称龙潭星现），两洞云连（今称二洞云连），凤岩仙踪（今称仙人遗迹），龙峡雷鸣（今称苍峡雷鸣）”共称莱芜八景。

棋山柯烂雕塑

根据“棋山柯烂”传说中的故事情节，2003年，里辛镇（此时棋山在里辛镇界内）定制“棋山柯烂”人物雕塑群，以栩栩如生的人物造型再现当年的神话故事情景。雕塑群放置于棋山主峰下的棋山广场。

棋山柯烂歌咏诗词

碁山柯烂

明 · 陈甘雨

流水行云世代殊，石棋山上有樵夫。

至今传说樵柯烂，不识当年柯烂无。

碁山柯烂

明 · 谭性教

局终识腐柯，始知岁月改。

一息阅数秋，千年亦傀儡。

蔓草翳石枰，岫雲碧叆叆。

神仙解误人，不如任樵採。

枰棋[1]

明 · 雪蓑

谈棋搏琢鬼神惊，信手推枰[2]。

一局文武兴衰事，见烂柯、垂古云横[3]。

鸟丽洞天花发，猿呼海月风生[4]。

---

① 枰棋：谓棋局，喻局势。

② 搏琢：是“搏逐”之误。搏逐：搏击；搏斗（奋力争斗）。鬼神惊：形容使人极度惊恐。信手：随手。枰：古代的博局。此处指棋盘或棋局。

③ 文武：文德与武功；文治与武事。兴衰：兴盛与衰落。烂柯：南朝梁任昉《述异记》卷上：“信安郡石室山，晋时王质伐木，至，见童子数人，棋而歌，质因听之。童子以一物与质，如枣核，质含之，不觉饥。俄顷，童子谓曰：‘何不去？质起，视斧柯（斧柄）烂尽。既归，无复时人”。后以“烂柯”谓岁月流逝，人事变迁。亦借指下棋。垂古：自古流传至今。云横：云横浮于天空，形容高远。

④ 丽：美好；光彩焕发。洞天：道教称神仙的居处，意谓洞中别有天地。后常泛指风景胜地。海月：海上的月亮。

棋山民间文学读本

《棋山传说》《棋山民间故事》是当代作家田茂泉根据棋山观村一带民间传说整理而成的两本民间文学读物。两书共收录文章75篇，内容以棋山柯烂、棋山景点为题材，经过对单个民间故事进行系统整理编写而成。两本读物都集故事性、趣味性、传奇性于一体，对当地后人及外地游客全面了解棋山区域文化大有裨益。

《棋山传说》《棋山民间故事》读本

《棋山传奇》电影

2003年，钢城区文化体育新闻出版局乔化军根据《棋山传说》故事改编写成电影剧本《棋山传奇》。后经国家广电总局电影管理局审核，立项备案，于2005年10月10日核发摄制许可证。2006年3月，电影《棋山传奇》在“棋山柯烂”雕塑广场举行开机仪式。2007年10月摄制完成获得电影公映许可证，并被中央电视台电影频道买断电视播映权。2008年1月，钢城区政府在区宣传文化中心举行《棋山传奇》首映式，山东电视台、齐鲁电视台、莱芜市电视台、莱钢电视台以及多家报社、网络媒体进行跟踪报道。电影《棋山传奇》是以“棋

电影《棋山传奇》开机仪式

山柯烂”为主题，以宣传莱芜为主要内容的大型传奇故事片，是由莱芜人编剧并在莱芜拍摄的首部电影。牟卫红任导演，钢城籍青年演员侯京健、青年演员张玉洁饰演男一号、女一号，电影演员徐少华、图们、李明、牟霞、李东生等参加演出。2008 年 8 月，电影《棋山传奇》参加在大连举办的中国第十七届金鸡百花电影节，被评为优秀影片展映。先后获山东省首届泰山文艺奖影视作品三等奖、莱芜市文化艺术“精品工程”特等奖等荣誉称号，被中央电视台电影频道、北京电视台等多家媒体播放。

电影《棋山传奇》剧照

宗教印记

佛教、道教何时传入村域内，未见史载。北宋历代皇帝崇奉道教，各地道观相继建设，供奉玉清、上清、太清“三清”天尊塑像的道观较为普遍。供奉神明，祈求赐福，长命百岁，成为当地群众的宗教信仰。北宋徽宗崇宁五年（1106），棋山观始建。受佛教转世轮回学说的影响，佛教在基层群众中广泛传播，北宋大观三年（1109），棋山观村西南佛洞子开凿。明朝中期，皇帝对道教更加崇奉。明正德八年（1513），棋山后宫新建。清代，道教逐渐没落，棋山观时废时修，棋山后宫是莱芜的佼佼者，直至民国。民国初年，国民革命军北伐到莱芜，反对迷信，拆庙砸神，道教受到很大冲击。新中国成立后，棋山观、棋山后宫相继被拆除或荒废。20 世纪 90 年代末，随着旅游业的迅速兴起，到棋山观光旅游人数日益增多。1999 年，里辛镇郑加强、王尊松等人主持重建棋山后宫。2014 年，朱传宝出资易地新建棋山观。受封建朝代更迭，掌权利益集团对道教重视程度不同的影响，道教信徒人数随宫、观兴废而多寡不一；道士均为居家有妻室的信徒，不是出家住宫观的信徒。

棋山观

又名碁岩洞真观、碁岩洞真宫、洞真观、碁山岩真洞等。始建于北宋徽宗崇宁五年（1106），由信士焦宽、焦文二人筹资建造，相传焦宽、焦文是北宋大将焦赞的后人。初建时，建造规模不大，为一明两暗四梁八柱，三间庙堂，采用的是土坯、烧砖、土瓦等建筑材料。道观最早供奉的是三清神像，即玉清元始天尊、上清灵宝天尊和太清道德天尊，后又续建关帝庙。1127 年北宋王朝灭亡后，棋山观村属金人管辖。

金天德二年（1150）、承安二年（1197）棋山观重修过。据传金泰和八年（1208），全真教掌教丘处机曾到碁岩洞真观隐居，丘处机求皇帝为观赐名，皇帝赐曰“洞真观”。金贞祐五年（1217），全真教弟子张道源、刘朗然主持扩建棋山观，对观内三清殿在原址进行扩建，新建玉皇殿、大门、二门、牌坊，配套建设斋房、厢房等设施，规模变大，道观事务先后由道士张道源、刘朗然住持。又传，金兴定三年（1219），丘处机为躲避金与南宋皇帝的诏请，外出云游，又到棋山观隐居，并在此修行布道，今在棋山观村留有“长春井”“长春墓（冢）”等遗迹。据清朝叶方恒《新修莱芜县志·建

棋山观三清殿

置志·寺观》卷三载：“碁岩洞真观在县东南五十里，不知创自何年。金元兵戈时，有张道源修行于此。”同时载：“碁岩洞真观，前有三清殿，后有三官，雷神，真武殿，庙门阔绰颇称胜地，今亦稍圮坏矣。然群峰耸翠，万卉争妍，犹俨然一佳境云。”又载：“丘处机号长春子，居县之白龙店。长养白鹤以自娱，故名所居曰白鹤观。又居碁山之洞真宫，有残碑尚存。以全真为教引渡弟子，悉有道行。”但据南宋理宗宝庆二年（1227）重修莱芜白龙店白鹤观时，泰安州教授宋舜元撰写的《重修白鹤观记碑》，元代莱芜郑执中撰写的《碁岩洞真宫碑》，以及清代进士莱芜张严撰写的《重修棋山观幕缘引》等碑文，并没有丘处机到莱芜的记载，只记述丘派弟子主持或修建有关宫观的情况。可知旧志中有关丘处机到棋山观修行布道的记载并不一定准确，但丘处机对棋山观的支持与影响有翔实的多次记载。因碁山岩真洞主持是全真教道长丘处机弟子，全真教在金末元初名声显赫，丘处机道长受万民敬仰，加上碁山岩真洞周边优美的自然环境，使碁山岩真洞成了莱芜闻名的道教圣地。

元代，道观进行重修，莱芜郑执中撰写《碁岩洞真宫碑》，碑文如下：

皇元开国之初，太祖龙飞朔方

鼓楼

钟楼

时，则有若长春子者。金季末第，遇异人。慕泰上之学，隐居磻溪，诏见北庭，以清净无为之化，翊戴居多平定后，大阐全真之教，以传方外之士。大抵虚无为宗，修炼为本。其张道源及门第之达者，勤苦立志，务内悲外。常跣不履，时有赤足之名。一日，持钵东游至嬴之东方五十里原山之阳，汶水之上，峰峦环抱，涧谷萦回。观其地穹者、洼者、峻者、方者、蔚者、隈者，左右前后纵横布列，有似棋局，故命名曰碁岩，岩之幽邃高爽，殆飞尘寰可拟，因其基而筑高以居，自尔羽侣云集，辇石伐木，剃芜辟荒，然后穹者室焉、洼者湮焉、峻者平焉、方者耕焉、蔚者豁焉、隈者敞焉。不数岁，立本功成，以收获之积，缭垣以石创建正殿三楹，正设圣像以为朝夕参礼祈祝之所。至于文室云堂、庖湢、仓庾、次弟而备。其泉石呈秀，松柏合阴，宛然有蓬莱阆苑之胜。其接武受籙辅翼功行者，粤若孟志方、逄志蕴，王道润、夏道亨俱载前碑。至元间，今提点卢志诠，自总角师礼夏道亨，幼而诵习，长则树艺，孜孜忘倦，以效前绩为己任。参礼之暇，睹其殿宇遗像，经历岁久，雨沐云蒸，倾推剥落，何称礼客？斋舍疏漏难处，道众谋葺而新之，众议佥允。有同邑皇甫清者，尝为淘金吏。悟道同师，尘劳尤力，愿为协赞，方僝力而逝，志诠遂倡道众卒其事，出私帑及以公储，鸠功僦匠。

玉皇殿

凡再阅岁，殿宇塑像金碧轮焕，方丈廊庑增而新之者二十有四楹，新者十有三楹，乃赎前辈所值地为亩百。追延祐庚申，本宫闻诸掌教真人，嘉其行能，以法旨授寂然洞照大师本宗门下提点。锡及金襕道服，仍加号其观曰：碁岩洞真宫，同知山东冶司西郓李公亨甫尚其事，嘱冷掾嬴城孙文焕，道门提点坚然子沈志坚，赴泰山求予文，勒石以示将来。余闻而讳之。噫！长春之道圣矣乎！一得于君而全真之道立，上自国都，下及郡邑，至于山林原野支分派别，莫不有宫观以居其徒，宁与释氏角胜负。长春之道盛矣乎！有《磻溪集》作于世。诚以先圣之道，际遇圣武皇帝，而功烈又不止如是而已。然则较诸杨氏之为我远甚。以卢之功，李之旧，孙沈之请益笃。即次颠末，故系之以铭。铭曰：嬴之东，碁岩宫。汶水石，原山中、泉石秀，地势雄，宜树艺，可耕农、因基筑、张其宗，诸羽侣，如云从。卢氏子，接方踪，百废举，成厥功，长春道，尊且崇，衍修炼，迪仙风。克养寿，胜谈空。采真珉，坚且丰。勒勋迹，垂无穷。

据民国《续修莱芜县志·艺文志·碑记》记载，清代棋山观进行重修，清代莱芜进士张严撰写《重修棋山观募缘引》一文，内容如下：

入士而劳心莫如仕，轻世而肆志莫如仙，故棋山与观皆以仙传。俗谓昔有樵于山者遇两翁对弈，而腰斧坐视。移时起顾。斧柯腐无余矣，不知更何所年矣！今山上有石枰，子大如斗，盖仙人遗迹云。山下有观，幽僻如仙居，学士骚人，往往爱来此游息，称邑胜地。邑东南诸山美秀，疑有仙人往来。其中仙人山，亦传为安期生得道之所。类是而史迁云：汉武帝时，海上迂怪之士，多称安期、羡门。又云：安期尝以策干项羽，意谓安期避秦策士，其云仙者，出于迂怪妄说也，则烂柯之樵无乃类是欤？传者多妄，实不可考。然安期画策于战攻略取之日，进说于喑哑叱咤之侧，其志强胜必百倍于人。又能避秦，不屑浊世，富贵利欲无胶于心，其能自保而久于世，亦理所时有也，山樵乌知，非若俦，未可尽以为无也。其有耶、其无耶，于今之人无涉也。独是观也，则不可废也，彼秦皇汉武之好神仙而慕海居，其聪明雄略，岂若庸夫愚妇，牵惑于迂怪妖妄，而不自知也哉。盖好大喜功，罢蔽人民之余，久之而厌其扰扰，思退而休息此仙居，亦人情耳。今吾侪逐逐名利，患得患失，喜怒忧劳，杂乘互出，方寸之心，不胜扰扰，如厌之页思返，欲求僻静之地托处休息，而旷怡其心神，则此观其所也。呜呼废且，隆嘉间，雪蓑子不知何许人，尝游息于此，大书于碣，以箒为笔，笔试如蛟龙腾上，观者谓非仙不能。是观之碑，乃雪蓑真迹。而山上石枰，不过如秦皇汉武所见大人迹，恍惚荒略犹难言也。观之主持吴某，今募缘重修观宇，以待学士大夫之游息，意殊不鄙，非巫觋假鬼神惑庸夫愚妇之货贿者类也，不可以不辨。

至1945年，棋山观建筑群保存完好，其大致布局平面图如下：

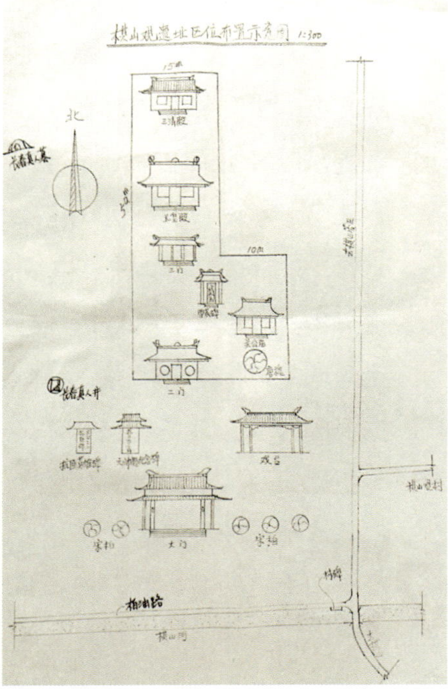

1945年，棋山观建筑群平面图

最南端是山门，门前左首是古槐，右首是三株古柏。进入山门，左前方是并排的抗日阵亡烈士纪念碑和抗匪烈士纪念碑，右前方是一处戏台；沿山门中轴线，往北依次是：二门、三门，玉皇殿、三清殿。在二门内北侧偏东一点是雪蓑碑，再往东一点是关帝庙。三清殿共有殿堂三间，东西长10.50米、进深8.90米、高7米，四梁八柱式建筑，硬山顶，内供奉玉清元始天尊、上清灵宝天尊、太清道德天尊塑像。玉皇大帝殿三间，建筑面积、建筑结构与三清殿大致相同，内供奉玉皇大帝塑像。关帝庙三间，长10米，进深5米，四梁八柱砖瓦结构，内供奉关羽、关平、周仓塑像。玉皇殿后院内东西两侧建有厢房，为住持道士居所。抗日战争胜利后，山东省兵工局二分会曾在观内设立兵工厂。1947年棋山观因遭到国民党部队飞机轰炸而彻底毁坏，仅留下“玄之又玄”碑、抗日阵亡烈士纪念碑和抗匪烈士纪念碑。

2014年夏，朱传宝出资易址新建棋山观。设施有牌坊、山门、增福殿、财神殿、钟鼓楼、放生池、放生亭、水榭、三官殿、慈航殿、元君殿、玉皇大帝殿、救苦殿、真武殿、三清殿、四御殿等，工期3年，于2016年初夏建成，为当地发展旅游业增添一处人文景观。

棋山观历次整修年表

1. 北宋徽宗崇宁五年（1106），信士焦宽、焦文初建；

2. 金天德二年（1150），信士焦允文、卢纯阳重修；

3. 金承安二年（1197），信士张温玉重修；
4. 金贞祐五年（1217），丘处机弟子张道源、刘朗然重修；
5. 元至元十二年（1275），丘处机徒孙张顺一重修；
6. 元皇庆元年（1312），丘处机传人王贞重修；
7. 元至正二十一年（1361），丘处机传人周瑞端重修；
8. 明永乐二十年（1422），信士皇甫一重修；
9. 明嘉靖三十七年（1558），道士徐清太重修；
10. 明万历四十二年（1614），道士吴本扬重修；
11. 清康熙十六年（1677），道士陈士元重修；
12. 清嘉庆十年（1805），道士张道成重修；
13. 清光绪十五年（1889），道士陈义华重修；
14.2014—2016 年，村内朱传宝出资易址新建。

玄之又玄碑

位于棋山观村西，又称雪蓑碑、雪蓑大字碑，建于明嘉靖三十七年（1558）。碑亭呈四棱柱形，碑圆额，龟座，总高 3.13 米、宽 1.18 米、厚 0.42 米。1947 年莱芜战役中，国民党军飞机将碑身炸出两条裂纹。2013 年，雪蓑大字碑被列为“省级文物保护单位”。

省级文物保护单位——玄之又玄碑

玄之又玄出处 最早见于《老子》：“道可道，非常道。名可名，非常名。无名，天地之始；有名，万物之母。故常无欲，以观其妙；常有欲，以观其徼。此两者同出而异名，同谓之玄。玄之又玄，众妙之门。”

玄之又玄碑文 碑题“玄之又玄”，

系雪蓑所书，阴刻，笔法奇古。“之”字为首，一点为龙头状，一捺延至下端，如神龙掉尾，长 2.62 米。“玄又玄”三字居捺左，中杂小字碑文，另刻有两位石匠和立碑人姓名。

夫莱芜治出东廓仅五十里许，有棋岩洞真宫，乃仙人刘朗然[①]旧基也。是故苟可以自见，则王屋[②]、天坛[③]、磻溪[④]、鹫岭[⑤]正足矣千载不朽。

谁知：

仰面观山凛屼屼，棋盘独隐；

扪心学道廓廖廖，胸次全虚。

山谷应声，岭上游人呼碧落；

地源琼海，望中膏雨敷虹霓。

四时岩花应未谢，

千年岸柳浑通神。

嵌鸢瓦丹泥、碧燕拥云、金错珞，

铺麟砖霞辇、苍龙出旻、玉涵光。

古桧参差滃郁郁，殿阁火云三万丈；

雪蓑题跋局部

① 刘朗然，元初道士，莱州人。居岱阳“老人寨”，如今泰山有“朗然子洞”，下有三叉沟，洞东为绝壁，名御风岩，为元初刘朗然修道处。

② 王屋：山名，在山西省垣曲和河南省济源等县间，一名天坛山，其山三重，其状如屋，故名。多道观宫庙。

③ 天坛：同注释

④ 磻溪：水名。在陕西宝鸡市东南，源出南山兹谷，北流入渭水，一名璜河。传说为周朝太公望未遇文王时隐居垂钓之处。

⑤ 鹫岭：即鹫山，或称鹫岳、鹫峰，亦称灵鹫，在中印度，传说佛教创始人释迦牟尼曾在此山居住和说法多年，佛教中的许多传说与此山有关，被视为佛教圣山。今四川省境内亦有一座风景名胜之山曰灵鹫山。

新龛雍肿昼闲闲，山林碧眼五千言。

野鹤飞来唳南溟，暖风浩瑞气；
角鸡报晓贯北宸，萝月印藜明。

给孤情高证佛觉，法门不二；
淮南量广列仙筵，天府无移。

有天上人间，一切由心随造化；
龟毛麟趾，千般大治总成功。

鼻头牵转家家月，
脚板追随处处通。

万幻本空，
俦天最上。

悉知：
诸恶莫作，
众善奉行。
予曰：
跣足蓬头聊以自适，
跨蹇登山幽情旷达。

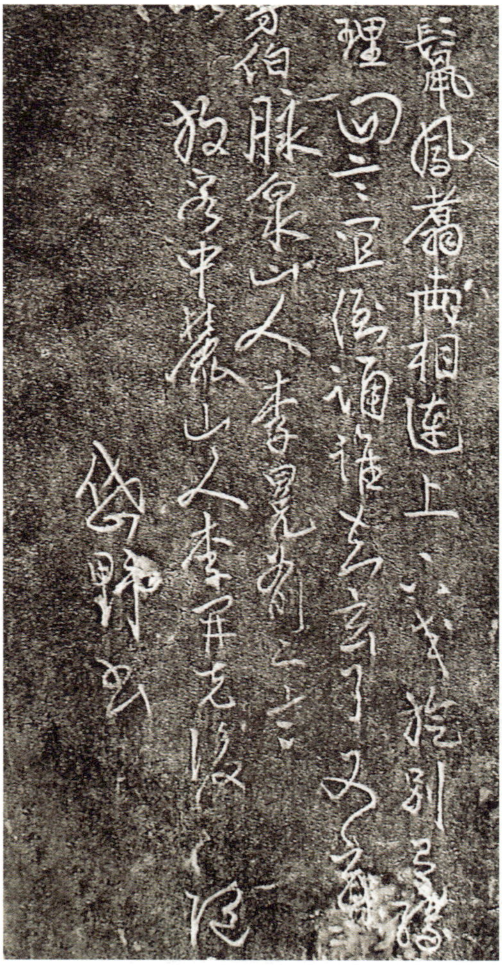
李冕、李开先咏玄之又玄碑

或问彼青山，曰见殿宇辉煌，金碧耀目。应知碑额磨砻[1]，光焰逼人，然而匠墨[2]久矣，兼无文字乎。

① 磨砻（lóng）：磨治（打磨治理）。
② 匠墨：工匠的绳墨。

余常访仙、棋①，法吟形胜真迹，邂逅道眼因缘，暇遇②本山住持某，接见言讫水乡③中，如此滋味，如此枯淡，又如此介辣④。啜茗毕，款予草堂，高卧旦夕，宿酒未醒。然而呼童磨墨，挥洒“玄之又玄”四字，兼识数语⑤云，况无外布施⑥。

明嘉靖三十七年四月吉

赐进士第出身、前浙江按察司巡海道副史、平原岱野山人张一厚⑦书丹

赐进士第出身、前陕西巡抚、都察院右副都御史兼兵部左侍郎、少溪归客谢九仪⑧书额

五湖散人兼三十六洞天牧鹤使者、雪蓑子苏洲薰沐百拜谨撰书

---

① 仙、棋：仙人山、棋山。

② 暇遇：从容遇到。暇，从容。

③ 水乡：河流、湖泊多的地方。

④ 介：助词。与“价”的用法相同。辣：将谷物粗粗磨碎，引申为粗劣的食物。

⑤ 兼识数语：（识 zhì）并写下（记载）几句话。

⑥ 无外布施：除此而外，别无施予的财物。

⑦ 岱野，张一厚之号，平原县人，与李冕为嘉靖五年（1526）同科进士，与李开先同称王廷相门生。

王廷相（1474—1544），字子衡，号浚川，河南仪封人，明弘治十五年（1502）进士，选庶吉士，授兵科给事中，正德间因惩治阉竖而遭诬下狱，嘉靖间以按察副使提山东学道，升任山东右布政使，后升以右副都御史巡抚四川，讨平芒部沙保，累迁左都御史，官至兵部尚书，卒谥“肃敏”。王廷相博学好议论，以经术著称，为明代实心思潮的重要代表之一，为“前七子”，气节文章并著于世，以学问培养许多弟子，主要著作《慎言》《雅述》《横渠理气辩》，后人编有《王氏家藏集》和《内台集》。李开先曾赋诗颂其曰：“台纲能独特，宿德真吾师，身没名难没，斯文谅在此。”嘉靖十三年（1535）张一厚为其《慎言》撰“后语”，为其《王氏家藏集》撰跋。

张一厚曾著《海道经》，系明代中国沿海的航路指南，记载了沿海5条航线的针路、海图的山厂形势以及水文气象资料，专辑有海上天气歌谣。内容分占云、占风、占月、占虹、占雾、占电、占潮、占海九类，按征兆预测天气演变，阐明气候的特点和规律，至今仍有意义。张一厚在海防任上曾为宋代范阳人张世杰立祠，体现了其对海防前辈的尊崇。张世杰累官签书枢密院事，曾奉益王入海，随卫王昺至崖山，封越国公。

⑧ 谢九仪（1501—？），字君赐，号少溪，嘉靖七年（1528）与李开先同时考中举人，次年同时考中进士。任雄县知县，调德清，升广东道监察御史，北畿提学，浙江副史，江西参政，江西按察使，陕西布政，巡抚都御史，兵部侍郎。

立碑邑人：

太学生　亓进孝[1]

庠　生　亓进礼

耆　英　毕　玉[2]

任邦臣

任　泽[3]

信　官　董廷金[4]

省　祭　董廷美[5]

朱世威

信　官　黄　孜

刘　进[6]

刘　暹[7]

信　士　范守良

范世良

吴存智

本观住持　徐清太

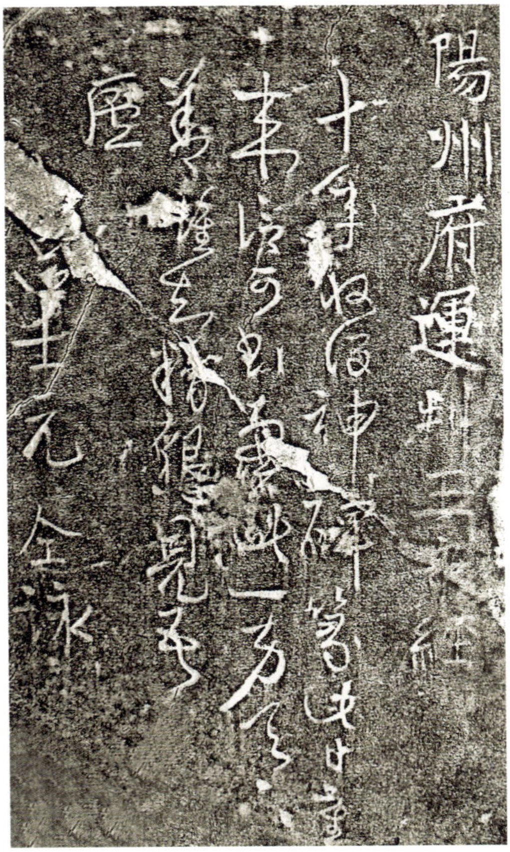

王守经等咏玄之又玄碑

① 亓进孝，字子顺，山东莱芜坡草洼村人，由例贡授孟县主簿，随任孟县知县，后调宜阳任知县，因治绩卓著，数次受御史台嘉奖。准备提拔时称病回乡，宜阳人攀辕卧辙为之相送。

② 毕玉，莱芜人，经商致富，“蓄资巨万，甲第云连，沃野锦接，嬴邑称首”。嘉靖三十一年（1552）大饥，他出粟赈济灾民，对有些借贷不能偿还者，焚毁其借券。

③ 任泽，任邦臣之子，庠生，曾在当时莱芜城东门外建汉代莱芜长范丹和汉代嬴长韩韶二公之祠，曾在城南凤凰山朝阳洞刻陈甘雨题写的“空谷”等摩崖大字。

④ 董廷金，莱芜人，号空壶（kǔn），嘉靖七年（1528）与在济南考举人的李开先相识，后曾至章丘求李开先为其伯父医学训科董敬撰写墓志。

⑤ 董廷美，莱芜人，德府膳膳官董空壸之弟，其父董让，其子董和。与董廷相皆与雪蓑为至交，情同兄弟。其孙董茂官，初选四川漳州吏目，后任四川井研县主簿，晚年精通医学。

⑥ 刘进，莱芜人，嘉靖二十九年（1550）贡生，任河南汤阴县县丞。

⑦ 刘暹，莱芜莱城东关人，任乾宁驿驿丞，不久辞归故里，嘉靖三十一年（1552）大灾，刘暹兄弟将所藏粮食全部救济灾民，免受大灾和大乱。

玄之又玄碑歌咏诗词

咏雪蓑书“玄之又玄碑”①

十年收得神碑篆，②
此日重来信可书。
兼此一方天下善，
惟知精悫见吾庐。③
扬州府运判王守经④

同咏邑人：（监生） 吕士元
太学 尚周文
举人 王守身
庠生 杨 善⑤

颂雪蓑书“玄之又玄碑”⑥

龙鬣⑦凤翥两相连，
上下交旋别有缘。
顺理四言宜倒诵，
谁知玄了又玄玄。

---

① 此诗为明嘉靖三十七年（1558）四月题刻在莱芜棋山观雪蓑所书“玄之又玄”碑左侧中下部。

② 十年：形容时间长久。《左传·僖公四年》：“一薰一莸，十年尚犹有臭。”杨伯峻注：“十年，言其久也。”唐贾岛《剑客》诗：“十年磨一剑，霜刃未曾试。”神碑：指湖南衡山云密峰上的禹碑。此句指雪蓑而言，并非指王守经。

③ 精悫：应指王守经书斋之名号。精悫之意犹真诚。

④ 王守经：嘉靖十五年（1536）岁贡，曾任两淮运判。

⑤ 吕士元：援例监生。尚周文：援例监生，任嵋县主簿。王守身：嘉靖十五年（1536）贡生、二十五年（1546）举人，初任顺义知县，后任开封知县、郑州知州。嘉靖二十六年（1547）知县陈甘雨在县治前为其立“鸣凤坊”。杨善（1512—1543）：十四岁为生员，在县考中二三十次为首，为莱芜知县陈甘雨和章丘李开先得意门生，但八次考举人未中。嘉靖四十三年（1564）以贡生任陕西郃阳县知县。

⑥ 此诗为明嘉靖三十七年（1558）四月题刻在莱芜棋山观雪蓑所书的“玄之又玄”碑上。

⑦ 龙鬣（liè）：龙颈上的长毛。凤翥（zhù）：形容字体笔势之妙，如鸾凤飞舞。

大方伯脉泉山人李冕[①]前二言，放客中麓山人李开先[②]后随之，岱野[③]书。

玄之又玄碑

冷吟

那石，不是石
那是一块光阴
被雪蓑道人切割下来
用四个汉字
封在了棋山观村

那树，也不是树
那是一把扫帚
扫净落叶尘土与名利
唯筋骨如笔
瘦硬地指向苍穹

龙吟之声自碑中裂出
那众妙之门
你没有看见
却被山前打坐的河流
智慧一样暗藏心中

① 李冕（1490—1563），字端甫，号脉泉，章丘明水人，嘉靖五年（1526）进士，官魏县知县，迁钧州同知，升永平府通知，转南京户部员外郎、郎中，升杭州知府，累升至云南布政使，为李开先文友。

② 李开先（1502—1568），字伯华，号中麓，章丘市埠村镇东鹅庄人，明代著名词曲、戏剧家，官户部云南清吏司主事，吏部稽勋清吏司郎中，提督四夷馆太常寺少卿，为雪蓑挚友。

③ 岱野，平原人张一厚之号，明嘉靖五年（1526）进士，与章丘李冕为同科进士，为李开先、雪蓑的好友。此碑虽署“岱野书”，但并非张一厚所书，雪蓑之所以署其名，体现了对好友张一厚的怀念与尊敬。

棋山后宫

棋山后宫

位于棋山山阴斜坡之上，始建于明正德八年（1513），于明天启五年（1625）、清康熙十六年（1677）、清乾隆九年（1744）、清同治八年（1869）多次重修。宫南北长 50 米，东西宽 22 米。原有三部分建筑：碧霞元君殿居中，老母殿居南，阎君庙居北。鼎盛于清康熙十六年（1677）重修以后，前来祈求国泰民安，风调雨顺，祛邪避灾，五谷丰登的香客络绎不绝，殿宇壮观，是人们膜拜纳福求祥的圣地。20 世纪 50 年代，建筑物被毁。

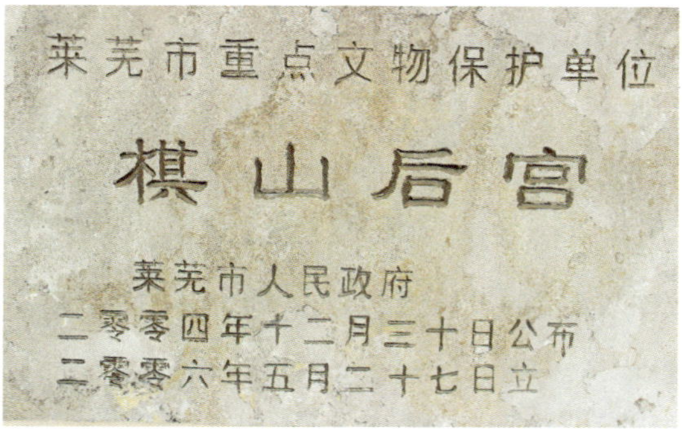

莱芜市重点文物保护单位——棋山后宫

1999 年，里辛镇郑加强、王尊松等人主持，在后宫原址保持原有的建筑风格对后宫进行新修，现有建筑包括山门和前后院。山门门匾“后宫”二字由郭广阳题写，门楹内容为：偶作碁山游得寻洞府须求道，何劳上帝问但到名山便是仙。前院迎门是阅台，阅台东西长 10.50 米、南北宽 9 米、高 1.50 米，是香客上香、祭祀的场所；前院中间是碧霞元君殿，该殿东西长 10.86 米、南北宽 6.75 米、高 7.55 米，四梁八柱，砖石墙，硬山顶，小黑瓦，门匾为“慈航普渡”4 个行书大字，由山东省书法家协会会员杨进华题写，门楹上联为“门口通天仰观碧空星辰近”，下联是“路承绝顶俯瞰翠微峦舆低”。殿内正中供奉碧霞元君塑像，塑像两旁有金童玉女；东西两侧为送子娘娘、蚕姑姑、茧姑姑、斑奶奶、卧奶奶等塑像。后院内有观音殿，观音殿长 10.50 米、宽 6.20 米，门匾上书“佛光普照”四个金色大字，由省级书法家李骏昌题写；殿内正中供奉观音菩萨塑像，东西两侧分立文昌帝君、平安帝君等塑像。

前院阅台处有几座古碑，其中保护完好的一块为清乾隆九年（1744）重修后宫时所刻，碑文如下：

碁山柯爛為我萊八景之一往時李士大夫執業文人罔不遊观焉邑有庠生李完生與庠生朱继昌亦携䑓作樂於此見地勢平坦泉水湾曲遂曰此亦宜建宫以為憩息之所一時之□言遂成功身之大願不得已折廷房一座以建此宫宫成告峻又呈開□一低地大畝十五畝縣公戎君批准存房永為善庙之資與臨近庄村全不相干宫已经六十餘年日久磚瓦摇動有善人邵思文自施資財復為重修焉住持道人陳教度恐日久掩没故立碑以誌之

后宫碑刻

清同治八年（1869）重修碑文记载，有正五品李勤修联席李泓儒等若干人参与，王庄李姓集财又复为重修，是为四次增修，并勒石记，道人信元道长李升笃及其祖上主持。2007 年重修观音殿碑记如下：

佛法西来，始于东汉，白马驮经，圣教弘传。经历南北，五代隋延，分宗立派，慧照棋岩。莱东圣地，佛卧棋山，蕴涵玄妙，鲁中奇观。慈眉善目，法相庄严，普度众生，国泰民安。康乾年间，兴胜佛院，悠悠历史，沧桑数变。几经兴废，历尽劫难，断碣残碑，历史证鉴。春华秋实，生息繁衍，几度重修，历历在案。国家变革，神洲巨变，国恩浩荡，法喜盈满。欣逢盛世，民众欢颜，信仰自由，宪法体现。丁亥孟春，众士志愿，解囊捐资，重修庙院。诸贤弘法，功德无限，历时一载，工程圆满。戊子桃月，招贤泰安，敬元妙手，金身重现。佛光普照，骏昌书匾，殿宇辉煌，古雅壮观。苍松盎然，八功德水，月楼云揽，风光无限。大连庞君，善心捐款，塑像金身，资助大半。里辛政府，弘扬文化，庙宇添砖，世人啧赞。元合会法，领命修建，挥汗如雨，功成德现。老翁进友，护法护院，早晚焚香，虔诚可见。尊友星贵，不负众望，加班加点，精心巧干。梵音呗乐，三宝俱全，佛门圣地，清静庄严。净修梵行，诵经安禅，上下和同，孝敬先贤。守持戒律，除恶扬善，奉法晓忌，深谙因缘。佛日增辉，佛法常转，利国护民，光耀大千。重修古刹，略纪其实，勒兹石上，永世流传。

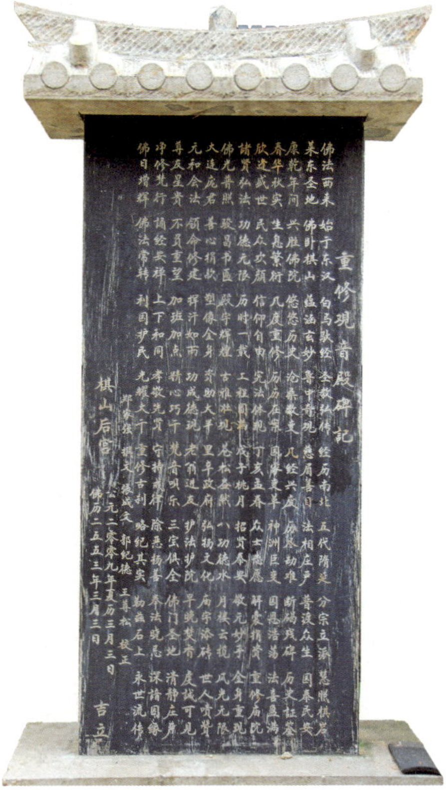

重修观音殿碑

2004 年，棋山后宫被列为“莱芜市重点文物保护单位”。

佛洞子

位于棋山观村西南约 1.50 千米处，有南北两个石窟组成，建于宋朝，是村域内唯一的石窟群。石窟是供奉佛像的场所，所供佛像由石头雕刻而成，体现了宋代时村内人民的建筑艺术与石雕艺术。

北石窟 北宋大观三年（1109）开凿。有东西2个石龛。东石龛门口高1米、宽0.80米，龛进深2.20米、高1.45米、宽1.50米。龛内正面有佛台，高0.40米，供奉大肚弥勒佛塑像；东墙上另凿一小龛，高0.46，宽0.65米，进深0.20米，供奉蚕姑姑像。龛门外周边刻有分水槽，水槽上方阴刻着“大小”两个楷书小字。西石龛门高1.20米、宽1米，龛进深3.20米、高1.90米、宽1.70米。龛北墙处佛台高0.50米，供奉佛爷和太上老君像，佛台沿上刻有“八经屋”字样，北墙上刻有“大观三年八月二十一日下壬七二月三十日毕”字样，楷书，阴刻；东墙上有一小龛，高1米，宽0.65米，进深0.36米，供奉送子娘娘塑像。西石龛门外左侧有两处石刻，一处高1米，宽0.60米，刻有“圣宋八军守门，大观三年八月二十一日”字样；另一处高0.50米，宽1.40米，有“土石匠潘巡”等字样，均为行楷，阴刻，字不规整，可能是佛龛开凿的主持人名字。东西石龛之间原建有三间庙堂，中间庙堂供奉的是玉皇大帝塑像，两位侍从分列左右，三面墙壁上绘有彩色壁画，东西两侧各配有一大间庙堂，内供奉的是十大夫塑像，原庙堂均已毁坏，现有建筑均为新修。庙堂院内遗有一尊石墩，鼓状，还有一尊石佛身。鼓墩高0.96米，中间周长2.80米，顶部直径0.58米，中间部位居中处有一圆孔，直径0.06米，深0.10米。石墩上一侧刻有“寀（采）”禅师塔铭。石佛像头已无，高0.50米，结伽趺坐，手施无畏印，下有高0.54米的方形束腰花座，原供于西石龛内。

佛洞子

南石窟 在院南岩石带上，分东西两处。西处有2个石龛。一个面北，高1.10米、宽0.83米、进深1.35米，佛台高0.20米，供奉观音菩萨塑像。另一个面东，高1米、宽0.93米、进深0.38米，内置佛台，高0.20米，供奉白音奶奶塑像。东石龛1个，高1.25米、宽1.20米、进深2.50米，面北，供奉文殊菩萨塑像。佛台前石板凹陷两小脚形印痕。

历史上的佛洞子环境优美，院内外有古柏数十株，一片葱茏，山溪长流，久旱不涸。庙西沟底有甘泉，冬温夏凉。佛洞子原主持姓名不详。据传有一位王婵居士，因在莲花山寺院修炼被他人打搅，便云游到棋山另寻修炼之地。本欲同雪蓑一道修行，因见雪蓑脾气古怪，便另寻他处。当王婵来到怪石嶙峋、松柏蔽日的佛洞子时，觉得此处优雅僻静，易于修行，便在此隐居。数十载，他道成之后，便云游天下去了。佛洞子在晚清以后，由棋山观村张姓主持并看护，现在新修的庙宇是张姓后人张义角及其后人完成的。

棋山庙会

棋山庙会是以民间信仰为主要内容的民间群众性文化活动，每年举办3次，农

三月三棋山观庙会

历三月三、六月六、九月九各1次。三月三庙会时间最长，一般为3~5天，六月六、九月九庙会时间为1~3天。庙会期间，各地虔诚香客自备纸帛香锞到棋山观、棋山后宫、佛洞子等地祭拜，祈求神明保佑，祛病赐福，国泰民安，风调雨顺，五谷丰登。此外，常常伴有戏曲、杂技、歌舞、民间艺术表演等文化表演项目和服装、餐饮小吃、奇石根雕、农林牧副特色产品展销等消费项目，是莱芜东部具有一定影响的民间活动。历次赶庙会人员没有定数。

仙风道骨

丘处机

丘处机（1148—1227） 字通密，道号长春子，登州栖霞（今属山东省）人，道教全真教掌教、真人、思想家、政治家、文学家、养生学家和医药学家，世称长春真人。据传金泰和八年（1208）、金兴定三年（1219），丘处机曾先后两次到莱芜棋山观隐居，传经布道，今棋山观村有长春井、长春墓遗迹。

丘处机生于金熙宗皇统八年（1148）农历正月十九日，卒于金哀宗正大四年（1227）农历七月九日。他是南宋、金、元交替时期的道教高人，为南宋、金、蒙古统治者以及广大人民群众所共同敬重，并以因73岁高龄而远赴西域劝说成吉思汗止杀爱民而闻名世界。在道教历史上，丘处机被奉为全真教“七真”之一、龙门派的祖师。元世祖追尊其为“长春演道主教真人”。天下百姓为纪念丘处机的无量功德，把其生辰正月十九定为燕九节，岁岁庆祝。燕九节是京津地区的著名风俗之一。成吉思汗对其评价为：“天锡仙翁，以寤朕志。”清朝乾隆皇帝评价为：“万古长生，不用餐霞示秘诀；一言止杀，始知济世有奇功。”

丘处机自幼失去双亲，尝遍人间辛苦。从童年时就向往修炼成“仙”，少年时栖身村北的公山，过着“顶戴松花吃松子，松溪和月饮松风”的生活。金世宗大定六年（1164），他出家宁海昆嵛山（今牟平区境内）的烟霞洞。金大定八年（1166），拜全真教祖师王重阳为师，王重阳为他取名处机，字通密，号长春子，并赠诗一首：

细密金鳞戏碧流，能寻香饵会吞钩。

被予缓缓收纶线，拽入蓬莱永自由。

金大定八年（1166）至十年间（1168），丘处机跟随王重阳在山东和河南传教。大定十年春，王重阳在河南汴梁去世后，丘处机跟随同门马钰、谭处端和刘处玄到陕西终南山拜会王重阳的朋友，后于金大定十二年（1170）将王重阳灵骨迁葬终南山。王重阳去世后，丘处机在马钰的教诲下，知识和道业迅速增长。与其他师兄弟合称“全真七子”，他们是：丹阳子马钰、长真子谭处端、长生子刘处玄、长春子丘处机、玉阳子王处一、广宁子郝大通、清静散人孙不二（出家前为马钰之妻）。“全真七子”是全真教早期的骨干，对弘扬全真教起了重要作用。

金大定十四年（1172）八月，丘处机隐居磻溪（今陕西宝鸡境内）潜修7年，又到陇州龙门山潜修6年。这期间，他“烟火俱无，箪瓢不置”，“破衲重披，寒空独坐”，生活极为清苦，但“静思忘念，密考丹经”，潜心于养生和道学的研究，并广交当地文人学士，获得丰富的历史、文化知识。金大定二十八年（1186）三月，丘处机应金世宗召，从王重阳故居赴燕京（今北京），奉旨塑王重阳、马丹阳（时已去世）像于宫观，并职“高功”。在此期间，他深得信奉道教的金世宗的青睐，一月内两次在京召见，寻问长生与治国保民之术。丘处机对金世宗“剖析天人之理，演明道德之宗，甚惬上意”。金世宗不仅亲赐大桃以示褒奖，让他主持“万春节”醮事，而且下令在宫庵中塑全真教创始人王重阳像以为纪念，扩大了全真教的影响，提高了丘处机的社会地位。金明昌二年（1191），丘处机东归故里，修建一处修道之所，金章宗赐匾额“太虚观”，即后来的“太虚宫”。因该宫地处滨都里村，栖霞人俗称之滨都宫。

金泰和三年（1203），刘处玄去世，丘处机任全真教第五任掌教。丘处机掌教时间长达二十四年，期间他在政治和社会上积极发挥自己的影响，使全真教的发展进入兴盛时期。金泰和三年至金兴定三年（1219），他在山东蓬莱、莱芜、芝阳、掖阳、北海和胶西等地传教。金贞祐二年（1214），山东发生杨安儿起义，金国驸马都尉仆散朝恩请丘处机协助招抚，凭借丘处机的声望，登州、莱州等地很快恢复平静。金贞祐四年（1216），金宣宗下诏派东平军王庭玉召丘处机赴汴梁，但丘处机认为金国皇帝有“不仁之恶”，推辞未前往。南宋嘉定十二年（1219），南宋宁宗派遣将领李全、彭义斌持诏书敦请丘处机赴临安，丘处机认为南宋皇帝有“失政之罪”，也推辞未前往。为了不得罪金、南宋朝廷，丘处机外出云游，沿维阳（今潍坊）、青州一路西南而行，至莱芜时，在棋山脚下的棋山观、张家洼的白鹤观隐居下来。

期间，他始终坚持实践师父提倡的苦行，每天只化缘一饭，而且自我限制只能“日化七家”，如果化缘七家仍无所得，就不得再化，只好忍饥受饿一天。他出门时只带一囊，连瓢碗之类的食器都没有，用这种方法磨炼自己。他向棋山观周边的信徒讲授全真教的教义理论、修行方法、信徒戒律等，认为儒、释、道“三教一祖”，“教虽三分，道则唯一”“天下无二道，圣人不两心”。为融合贯通三教的“性命之道”，在修行方法上，主张“性命双修”，并强调“先性后命”，把精神的修炼置于身体修炼之上，以精神修炼带动身体修炼，最后达到二者的统一。每次听他布道的人很多。他提倡素食，“道法自然”，人与自然和谐，凡事不可强求。规定了基本五戒：“不杀生，不偷盗，不邪淫，不妄语，不饮酒。”对当时鲁中地区的道教起到规范提高作用。丘处机重视养生，他的医学养生主张在棋山观村一带有着广泛影响。他坚持全真教“修仁蕴德济贫拔苦，见人患难，常怀拯救之心”宗旨，不仅做到匡救时弊，而且时刻乐于助人。他认为养生学和医学知识是救人性命不可缺少的手段。因此，长期研习中国传统医学知识，充分汲取《皇帝内经》等理论，写出《摄生消息论》这部养生学、医药学专著。在这部书中，他根据人身及其活动与四时相适应的原则，从起居、饮食、精神、环境和防病等方面进行了详细的研究。如在起居方面，主张人体气血运行盛衰及腑脏经络生理机能，要与四季昼夜之间阳消阴长、阴消阳长的生理变化相适应。春季要“夜卧早起，广步于庭”；夏季要“夜卧早起，无厌于日”；秋季要“早卧早起，与鸡俱兴”；冬季要“早卧晚起，以待阳光”。起居要保持一定的规律。还根据内脏病理变化与症状表现，分述了相肝脏病法、相心脏病法、相肺脏病法、相肾脏病法及内脏病变的外在表现等，提出了因时制宜，运用理、法、方、药辩证治疗的方法。强调肝病欲散，急食辛以散之，用酸以补之，当服升麻疏散之剂。心病欲濡，急食咸以濡之，用苦以补之，甘以泻之；宜服补肾汤药，壮肾阳，濡心阴，制心火。肺病宜酸以收之，用辛以补之，苦以泻之；肺气燥，宜食芝麻以润其燥。肾病，宜食咸以补之，用苦以泻之，辛以润之；宜以温补肾阳，滋补肾阴，利湿化痰等等。书中还把一年四季按五行、五味与脏腑相配，依照生克制化与阴阳消长原理，论述了每季摄生消息及注意事项。认为人应随四季气候变化，分别采用不同的养生方法。对人体五脏，在四季中各有哪些生理变化，如何加以调摄保养，哪些脏腑容易出现哪些疾病，如春肝、夏心、秋肺、冬肾以及如何处理这些疾病，均属实践经验谈，其系统性、实用性与科学性融为一体，至今仍不失其保健指导作用。丘处机的养生主张可以归纳为 4 个方面：顺其自然，清心寡欲，炼养合一，德养结合。在棋山观隐居期间，丘处机还完成了《大丹直指》的后半部分，主要为内丹修炼理论，有较高的医学价值。

金兴定三年（1219）十二月，成吉思汗的使者刘仲禄携带诏书到达山东莱州昊天观，邀请丘处机前往蒙古与成吉思汗会面，丘处机说："我循天理而行，天使行处无敢违。"金兴定四年（1220）正月，丘处机挑选赵虚静、宋道安、尹志平、李志常等 18 名弟子跟随自己启程西去，此时他已 73 岁。几个月后到达蒙古国统治的燕京（原金国中都，被蒙古国攻陷后改名燕京），丘处机一行入驻天长观。"燕京八会"的旧友不理解丘处机为何不辞万里奔波之苦，去应蒙古之诏，纷纷前来问询，丘处机借题老子像作诗答道："蜀都西游日，函关东别时，群胡皆稽首，大道复明基。"众人知道他要学"老子化胡"，不免大加赞同。成吉思汗因统兵忙于西征中亚的花剌子模沙朝，未能与丘处机见面。金兴定五年（1221）春，丘处机继续西行。他一路西行，一路传经布道，传戒渡人。一行走了三个多月，行至龙阳观，他再次写诗寄给燕京的同道们，言明此行的目的，诗曰：

十年兵火万民愁，千万中无一二留。
去岁幸逢慈诏下，今春须索冒寒游。
不辞岭北三千里，仍念山东二百州。
穷急漏诛残喘在，早教身命得消忧。

过了张家口野狐岭，向北穿过大沙陀和茫茫草原，中途粮草断绝，蒙古人一路杀牲畜招待，但丘处机与道众们用路边的野菜充饥，又走近两个月到达捕鱼海子（呼伦湖）畔的斡辰大王行宫。斡辰大王向丘处机询问道法，丘处机说："恐怕不合天意，三日内天若无变，我自向大王讲道。"第二日忽然天降大雪，斡辰大王惶恐说："皇上不远万里派使臣请先生问道，我怎敢先于皇上呢？"于是斡辰大王赠给马牛车数十辆，并派兵护送。大家沿陆河（今祛鲁莲河）西行，一日午时天空出现日全食，丘处机解释说："这是自然现象，按照孔颖达《春秋疏》中所言，月体遮住了太阳就会出现日全食，不用恐慌，过一会就好。"众人称赞丘处机博学。金元光元年（1222）四月，丘处机途经铁门关抵达"大雪山"（今阿富汗境内兴都库什山）八鲁湾行宫觐见成吉思汗，实现龙马相会（成吉思汗属马，丘处机属龙）。丘处机利用成吉思汗对他的敬慕，从宗教的角度，进行种种劝诫。他所讲的皆能契合成吉思汗的心意，以致被尊为“神仙”。秋冬，成吉思汗 3 次召见丘处机，询问治国和养生的方法。成吉思汗问如何才能长寿？丘处机说：“应以清心寡欲为要，学道人首要戒色，去掉淫欲，固精守身，这样就会阴消阳全，升天为仙，就如火向上燃一样。”成吉思汗又问如何才能取得天下？丘处机说：“戒杀戮，养民心，求民富、图国强，可一定天下。”又问：“如何才能治理国家长久平安？”丘处机答：“陛下应以敬天爱民为本，今民因兵火流散，可以免去他们三年的赋税，使之获得苏息，军中才能有足够的物资，一举两得，这也是一种安民祈福的方法，如果能这样做，天自佑之，吉无不利。”成吉思汗思忖良久说：“神仙的话正合朕意。”及后，成吉思汗下诏耶律楚材将这几次的对话编集成《玄风庆会录》。金元光二年（1223）春，丘处机向成吉思汗辞行，成吉思汗几度挽留，邀其共同治理国家，被丘处机婉言谢绝，并说：“贫道来时曾向同道、友人保证三年中回，今三年已过，不能负言。”成吉思汗只好允准，他说：“朕听了神仙的话，很快也要撤军了。”成吉思汗派兵相送，并宣差阿里鲜和喝剌八海带着赐封丘处机与减免道士税赋的诏书与差官、车夫、徒弟同时返回，其诏书上写到：“邱神仙所到之处，如朕亲临。”一行人于冬天抵达宣德府。随行弟子李志常撰《长春真人西游记》一书，详载了一路见闻和事件。丘处机返回不久，成吉思汗停止西征。后来，蒙古铁骑大举南下，金国灭亡，中原数十州郡百姓，因得到全真教的保护而幸免涂炭，老百姓无不感念丘处机止杀恩德。

金正大元年（1224）春天，丘处机应燕京官员的邀请住持天长观。金正大四年（1227），成吉思汗下诏将天长观改名长春宫（今北京白云观），并赐“金虎牌”，以“道家事一切仰‘神仙’处置”，诏请丘处机掌管天下道教。农历七月初九，丘处机在长春宫宝玄堂去世，享年 80 岁。丘处机一生主要著作有《摄生消息论》《大丹直指》和诗词《磻溪集》《鸣道集》等。

雪蓑

雪蓑（生卒不详） 姓苏名洲，号雪蓑、雪蓑道人、五湖散人兼三十六洞天牧鹤使者等，世人称雪蓑。原籍河南杞县，约生于明成化末、弘治初年，因家庭遭受变故，父母双亡，随伯父苏伯当徙居唐县。12 岁时随伯父苏伯当以卖酒为业，后酒店倒闭，从此浪迹天涯，广交文友。对于这段流浪生活，雪蓑有一段精彩记录，他言道："有时跨一骞，有时著双剑，有时栖于山，有时丐于市，有时吹一角，有时牧一鹤，有时披一蓑，有时挂片毡，有时包巾而丫髻，有时跣足而蓬头。有时走鹿门，对月狂歌；有时卧鸡足，仰天长啸……"从十余岁开始云游，到进入山东前，雪蓑飘泊四十多年，"足迹且半天下"，他阅尽苍桑，历尽人间磨难，参透世故人情。

明嘉靖二十五年（1546），雪蓑游至山东，谒孔庙，登岱宗，观沧海。在泰安，巧遇去泰安办事的莱芜籍济南德王府腆膳官董空壶，相识并定交，雪蓑遂同董空壶到莱芜，结拜为异姓兄弟。在莱芜，在董空壶及其父董让的关怀下，雪蓑结识了一大批名宿耆旧，如太学生亓进孝（历任孟县主簿、知县，宜阳知县），庠生亓进礼，乡宿谭风岩。蓄资巨万、甲第连云、沃野锦接、嬴邑称首的耆英毕玉，建汉代莱芜长范丹、嬴长韩韶"二公祠"以及"孟止亭"的耆英任邦臣、任泽父子，省祭官朱世威，信官黄孜与汤阴县丞刘进、乾宁驿丞刘暹兄弟，棋山观住持徐清太以及时任莱芜知县的陈甘雨等。之后，又结识了罢官归故里的"嘉靖八才子"之一章丘李开先，青州二世衡王朱厚熿，均成为莫逆之交，最好的文友。

雪蓑聪颖好学，明代著名文学家、戏剧家章丘李开先称他："恃其颖性，学一事则精一事，而字书、弹琴、蹴鞠、歌唱皆可具海内第一流。作半笔片纸小画，亦差可人意。后极口谈内外事，津津涎唾俱出。自负有独到处。"人虽狂妄，心地却无杂念。见到有人病了或者贫穷的，就出钱、出药救济他们。曾经被人连累，监禁七八个月，被释放后，他与人拱拱手，就走了，没有一句怨言。有人对他冒犯无礼，他也不计较。生性古怪，不拘礼法，善于搭配古董，配制药材。别人赠送他钱物，他接着就分给了他人。雪蓑长处多，缺点也多，玩世不恭，不易接近。

雪蓑善书，其书法如老干怪虬，苍古逼人。他特别喜欢书写大字，往往信手飞步，倏忽而成，矫健有势。在莱芜经常与朋友游历山川，歌咏题词，留下许多墨宝。仙人山与棋山，是莱芜两座具有仙风道韵的历史文化名山。嘉靖二十六年（1547），莱芜知县陈甘雨的老乡林建邦到莱芜，陈甘雨引荐雪蓑陪同登临仙人山。在仙人山东侧的悬崖峭壁上，雪蓑题刻有"神在"二字，字高 4 米、宽 3 米，其右边的"申"字中间一竖贯通到底，而左侧的"礻"部只占上半部分，下半部分为"在"字，整体字势气韵生动，气势宏大；结构布局独具匠心。在大字不远处，题刻有"雪蓑纶巾""苏雪蓑石榻""野客琴座""阳春台""少渠公锦云岩"等手迹，此外还摩崖题刻有 4.20 米高的一个"鏊"字，仙人山是雪蓑题刻最集中的地方。棋山不仅峰峦环抱，

摩崖题刻“雪蓑纶巾”拓片

涧谷萦回，而且道佛兴盛。雪蓑在莱芜时，常游息于此，今棋山山阴有“雪蓑洞”遗迹，据传“雪蓑洞”是当年雪蓑在棋山修行道法的居所。明嘉靖三十七年（1558），应棋山观住持徐清太邀请，雪蓑为棋山观题写了“玄之又玄”四个大字，四字笔势如蛟龙腾空，观者以为非仙不能。雪蓑在“玄之又玄”碑的题跋中称：“余常访仙（仙人山）、棋（棋山），法吟形胜真迹，邂逅道眼因缘。”2013 年，雪蓑大字碑被列为“山东省文物保护单位”。此外，雪蓑还为莱芜口镇玄武帝庙、矿山魁星楼及西邹村邹家林等题写匾额、对联与碑文，在城北塔山题刻摩崖大字。他与港里刘元翰为莫逆之交，在刘村东题写龙王庙碑，并署刘元翰之名。在口镇北门的亭阁上书有“铜雀化身”四个大字匾额（亭阁与匾皆无存）；在高庄街道对仙门村溪桥一块大石上题刻“仙溪”二字。雪蓑为人狂放，书法小字有龙腾蛇惊之态，大字神韵卓绝，不为世俗所羁。其人其字虽没载入正史，但书法界评价其是一代书法怪杰。明代李开先、王世贞等名家都为之揄扬，当时颇有盛名。古人述其人云：性嗜饮，酒酣披发长啸，旁若无人，时而挥毫、淋漓奇宕，如老干怪虬，苍古逼人。又云：笔阵雄健，理趣深长，初若放狂涉怪，细目之则敛锷藏锋，微妙难名，变化莫测，及神之所为，非力之可与也，故曰神。2000 年，里辛镇开发棋山，请时年95岁高龄的书法泰斗武中奇题写“碁山柯烂”，赠其“玄之又玄”拓片1幅，武老爱其有加，挂于中堂，叹曰“我再临摹20年也不及也”，可见其之珍贵。

雪蓑能诗赋，精谙词曲。除了他的碑文、诗赋与联语外，最有代表性的是《风人松》，存世的有八十三阕。《风人松》最早是曲牌，后逐渐演化成词牌，也是雪蓑最喜欢与最擅长的。中国社科院文学研究网所载王兆鹏、胡晓燕“《全明词》1000首补目”的文章中，以山东图书馆珍藏的、双行精舍主人（王献唐）校藏的《清抄本风人松八十一阕》为依据，将雪蓑《风人松八十一阕》补入《全明词》，不仅丰富了《全明词》的内容，也确立了雪蓑在明代词坛上的地位。雪蓑词作大多涉及佛释仙道，在内容上多为描写庙宇辉煌、道崇佛尊、佛觉释悟、仙风道韵。其中老庄思想比较显明，如：“天上人间，一切由心随造化”“四顾星辰原有自，一川造化浑无心”“始知遇庐则居”“十年顿悟玄机”等。雪蓑十分崇拜南宋、金、元时期的丘处机，常寻踪丘处机去过的地方，因传说丘处机曾在棋山观传经布道，且与棋山观住持徐清太是好友，明嘉靖三十七年（1558）至四十三年（1564），雪蓑先后多次到棋山观，并常常隐居在棋山山阴半山腰的山洞（此洞后被命名为雪蓑洞）里，在此逍遥泉石，修炼神仙。

除此之外，雪蓑的诗词在内容上有对大自然的歌颂、对真情实感的流露与宣泄、对世故人情的感叹，大都积极向上。如：“诸恶莫做，众善奉行”“梅填瑞雪精神在，玉砌冰衣胆气秋”“水火翻成铁汉，星辰笑我髯翁”“准备孤琴短剑，安排跨海长鲸”“身后宁知谁保，眼前莫假为真”“已知体用浑由我，谁道穷通似有传”“白云一抹团松盖，战西风，烂漫清秋”“有时豆炮灰心死，冷疙丁、铁树开花”等，都给人一种蓬勃向上，鼓舞振奋的情绪。雪蓑诗词也有反映忠孝节义的，他在送好友张龙岗走马上任的诗中写道：“龙岗走马襄阳道，南去北来只有书，身系国家心系母，曾参还让一肩舆。”就称颂了其忠孝行为，并拿孝圣曾参与之相比。雪蓑的诗词，也充满家国情怀，希望国家安定，他颂道：“乐尧年，正识清平”“保尧年，寿比弥嵩。”并在一首《太平》词里颂道：“尧年一统振纲常，圣寿无疆。须知海晏河清日，大纲来，感谢吾皇。祥云东拥丹诏，荏苒秋月年光。”充分表达了这种思想。雪蓑的诗词也充满人文情怀，他在《怀古人》一诗中言道：“镇日山中卧泽云，故人消息久忘闻，寒岩忽见金兰发，千里殷勤寄与君。”在一首联语中，更是以极高的艺术形式，把他的人文关怀达到极致，他吟道：“雪里披蓑，寒动一天星斗；云间补衲，暖回大地阳春。”嘉靖三十七年（1558），董空壶去世，雪蓑忆往事，念旧情，百感交集，为董空壶连写两篇祭文，一篇为《祭茶文》，一篇为《哭空壶贤弟俚言二章》，诗文悲怆苍凉，饱含真情，感人至深。

雪蓑具有佛觉释悟、仙风道韵的诗词九首

真境

鸠声唤雨带春来，
磨洗尘埃[1]。
六合大块黄芽长[2]，
撼乾坤、一夜轰雷。
此是无中真境，
不须有象疑猜[3]。

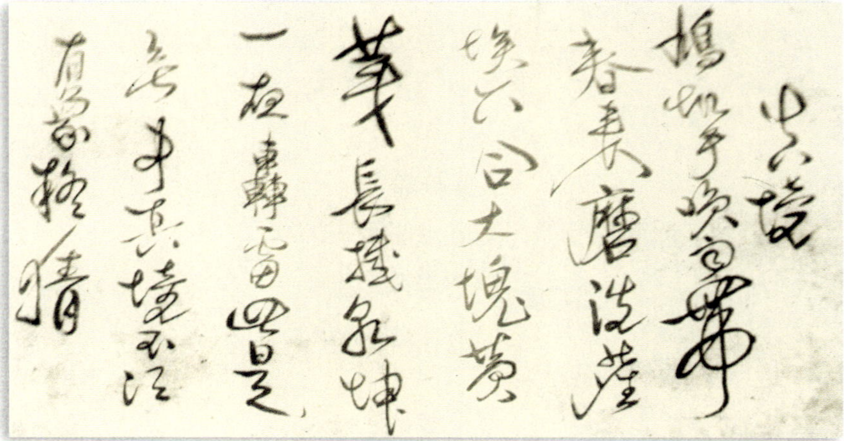

雪蓑《真境》词手迹

---

① 磨洗：摩擦冲洗。尘埃：犹尘俗（日常的礼法习惯等）。

② 六合：天地四方；整个宇宙的巨大空间。大块：大自然；大地。黄芽：道教称从铅里炼出的精华。元李好古《张生煮海》第一折：“一心好道，修炼三田，种出黄芽至宝。”

③ 无中：谓万有生于无。无中真境（仙境），亦即虚无缥缈的幻境。有象：有形象。疑猜：怀疑猜测。

有无

敧云卧月古山堂，
胜景沧茫①。
晓来丹叶烧新火，
到江干、人境双忘②。
想象江南湓浦，
神参玄漠虚皇③。

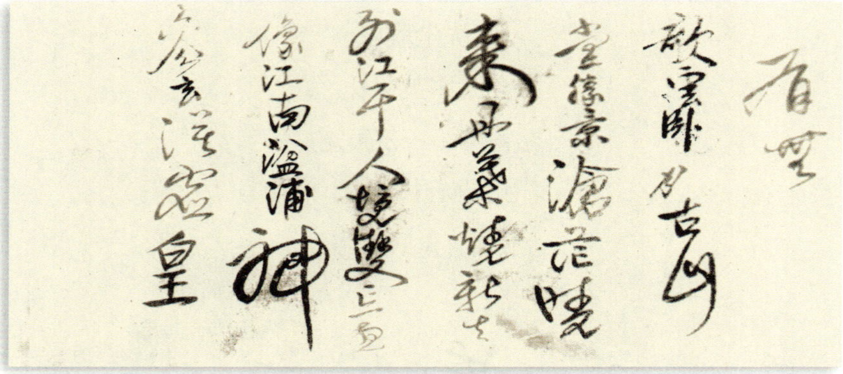

雪蓑《有无》词手迹

仙游篇④

一肩云水任西东，
珞珞春风⑤。
有时放花将不去，

---

① 敧云卧月：指隐居。敧通“倚”。斜倚，斜靠。山堂：指隐士山中的居所。胜景：联系下文，应是“胜境”。胜境：佳境，风景优美的地方。沧茫：苍茫，旷远。

② 晓来：天亮时。丹叶：红叶。新火：点燃火的柴草。新通“薪”，柴薪。江干：江边；江岸。

③ 湓浦：即湓水，或称湓江，今名龙开河。源出江西瑞昌西南青山，东流经县南至九江市西，北流入长江。神参：参拜神仙。参：参拜。玄漠：恬静，寂静。虚皇：道教太虚之神。

④ 仙游：指信奉道教的人远出求仙访道。

⑤ 一肩：用肩负物时，换一次肩的行程称为一肩。云水：谓漫游。漫游如行云流水的漂泊无定，故称。珞珞：喻多。春风：比喻教益；教诲。

翻觔斗、透澈虚空①。
不二法门由我，
全三道脉无穷②。

神霄

柴门无锁倚云封，
垅外林松③。
十山九水不足数，
颔神霄、乙点飞鸿④。
为习丹阳活计，

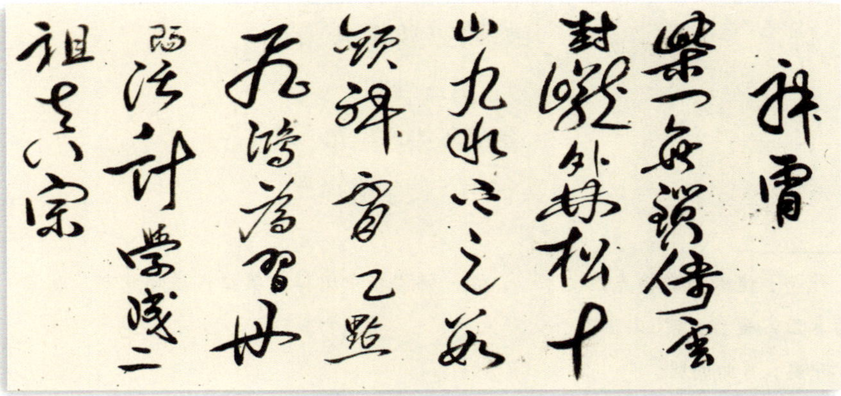

雪蓑《神霄》词手迹

---

① 放花：放纵（自己）。花，风流浪荡。透澈：亦作“透彻”，彻底。虚空：空虚。

② 不二法门：佛家语。谓平等而无差异之至道。后来用以指独一无二的门径、方法。由我：意谓要想入道，看自己是否潜心修行，别无选择。全三：其义不详，似指整个，全，整个，三，终（竟；尽）。道脉：犹道统。宋明理学家称儒家学术思想授受的系统。《宋史·道学传三·朱熹》：“尝谓圣学道统之传散在方册，圣经之旨不明，而道统之传始晦。”无穷：没有穷尽。

③ 柴门：用柴禾做的门。言其简陋。倚：凭借；仗恃；依赖。封：封闭。垅外：崇山之外。

④ 颔（qìn）：下巴向上翘起。可理解为“张望”“远望”。神霄：道教谓九天中之最高者，即指高空。乙：《中华大字典》注：“象春草木冤曲而出。”此处指雁队飞行的形状。点：小黑点。亦指小的痕迹。飞鸿：飞行着的鸿雁。

学成二祖真宗[①]。

折腰[②]

丹鹤叫月上蓬莱，

金凤同阶[③]。

瑶池千载蟠桃洒，

步踜蹬、几度归来[④]。

白首老腰倦折，

红尘笑口常开[⑤]。

渊峪逃禅[⑥]

破琴烧火炼汞铅[⑦]，

自古神仙。

贪嗔不去应杂事，

买青牛、便学逃禅[⑧]。

---

① 丹阳：道教谓煅粉点铜之术。二祖：佛家指中国禅宗第二代祖师慧可。真宗：释道两教谓所持的真正宗旨；正宗。

② 折腰：弯曲的腰。

③ 丹鹤：即丹顶鹤，又称仙鹤。手稿作“丹寉”。寉（hè）同“鹤”。蓬莱：蓬莱山，古代传说中的神山名，亦常泛指仙境。金凤：台名。《北齐书·文宣帝纪》：“至是三台成，改铜爵曰金凤。”同阶：手稿为“堦”，同“阶”。

④ 瑶池：古代传说中昆仑山上的池名，西王母所居。蟠桃酒：原指西王母在瑶池举行的蟠桃酒（宴）会，后借指庆祝宴会，多用于祝寿。踜蹬（lèng）：行走失足，踏空受挫。

⑤ 白首：犹白发，表示年老。倦折：因疲倦而弯曲。红尘：佛教、道教等称人世为红尘。

⑥ 渊峪：深山穷谷。逃禅（chán）：逃出禅戒（佛教的戒律）。杜甫《醉中八仙歌》：“苏晋长斋绣佛前，醉中往往爱逃禅。”

⑦ 破琴：毁琴。汞铅：汞和铅，道家炼丹的两种原料。用铅汞炼制的丹砂叫铅砂。据说道家用丹砂炼成的丹药，食之能令人不老不死。见葛洪《抱朴子·金丹》。

⑧ 贪嗔：佛教语，谓贪欲与嗔恚。明汪廷讷《狮吼记·谈禅》：“欲登彼岸，尽打灭贪嗔。”因此，贪嗔为佛法所戒。嗔恚（chēn huì），恼怒。杂事：琐碎事务；各种差事。青牛：汉刘向《列仙传》：“老子西游，关令尹喜望见有紫气浮关，而老子果乘青牛而过也。”后因以青牛为神仙道士之坐骑。

十二楼台风雨，
五千文字天玄[1]。

金莲[2]

毒龙墨雨砚生春，
人在天津[3]。
放狂五岳亡羊客，
渡海杯、自觉生神[4]。
五叶金莲色界，
千年老树成真[5]。

太和[6]

南崖翠壁紫霄雄，
一柱凌空[7]。
万山巩固朝北斗，

① 十二楼：指神话传说中的仙人居处。五千文：即五千言。《史记·老子韩非列传》：“老子迺著书上下篇，言道德之意五千余言而去，莫知所终。”后以“五千言”为老子《道德经》的代称。天玄：玄玄。“玄之又玄”之省。《易·坤》：“天玄而地黄。”以“玄”指天。《老子》（即《道德经》）：“玄之又玄，众妙之门。”玄之又玄，谓“道”幽昧深远，不可测知。

② 金莲：指莲座，呈莲花形的佛座。

③ 毒龙：佛教故事。佛本身曾作大力毒龙，众生受害。但受戒以后，忍受猎人剥皮，小虫食身，以至身干命终，后卒成佛。砚：磨墨的文具，通称砚台。生春：显现春意。天津：指天津桥，古浮桥名，故址在今河南洛阳市西南。宋张耒《和周廉彦》：“修禊洛滨期一醉，天津春浪绿浮堤。”

④ 放狂：放纵性情，不受拘束。亡羊：喻步入歧途而一无成就。典出《列子·说符》“杨子之邻人亡羊”。渡杯：释杯渡（亦作“杯度”），晋宋时僧人，不知姓名。相传其常乘一木杯渡河，因号曰杯渡。见南朝梁慧皎《高僧传·神异·杯渡》。生神：产生神异之感，一说有精神。

⑤ 五叶：五个花瓣。色界：佛教语，三界之一。在欲界之上，无色界之下。有精美的物质而无男女贪欲。唐李绅《龙宫寺》诗：“真相有无因色界，化城兴灭在莲基”。化城，指佛寺。成真：成仙。

⑥ 太和：山名，即武当山，位于湖北省西北部十堰市境内。相传为玄武（真武）得道飞升之地，有“非真武不足当之”之说，因名“武当”。唐吕洞宾有《题太和山》诗。

⑦ 翠壁：青翠的崖壁。紫霄：高空。雄：雄壮；雄伟。一柱：一根柱子，亦指像柱子的东西。凌空：高升到天空或耸立空中。此句说，青翠的南崖像擎天一柱，耸立于高空，甚是雄伟。

保尧年、寿比弥嵩①。
亘古名山有数，
乾坤福地无穷②。

高泉洞

嵩山夜火旧丹炉，
月片梅孤③。
短蓑掉背泽云冷，
一丸药、石老松枯④。
掀倒炉中活计，
不须架上搜书⑤。

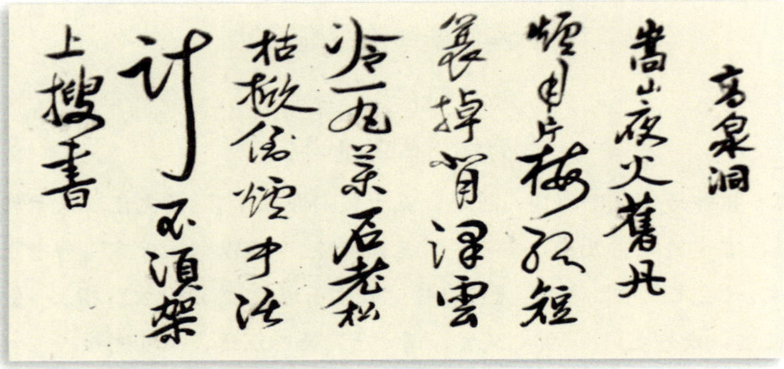
高泉洞
嵩山夜火舊丹
爐月片梅孤短
蓑掉背澤雲
冷一丸藥石老松
枯掀倒爐中活
計不須架
上搜書

雪蓑《高泉洞》词手迹

---

① 巩固：坚固；稳固。北斗：《晋书·天文志上》："北斗七星在太微北……斗为人君之象，号令之主也"。后因以喻帝王。尧年：古史传说尧时天下太平，因以"尧年"比喻盛世。弥嵩：像嵩山一样久远。弥，久远。嵩，中岳嵩山的简称。

② 亘古（gēn）：自古以来，从来。名山：著名的大山，古多指五岳。乾坤：国家，江山，天下。福地：指神仙居住之处。道教有七十二福地之说，亦指幸福安乐的地方，旧时常以称道观寺院。无穷：无限，形容极多极大。

③ 嵩山：山名，在河南省登封县北，为五岳之中岳。丹炉：炼丹的炉灶。片：单个，亦为孤独意。

④ 短蓑：雨具，短蓑衣。掉背：从背上掉落。石老松枯：谓炼成丹药历时之久。

⑤ 活计：指宗教徒修行的功课，此处即指炼丹。不须架上搜书：不想再学炼丹术。嵩山道士在孤寂冷清的环境中炼丹，历久而不成，情绪烦躁，灰心丧气。

雪蓑悼念董空壶祭文

祭茶文[①]

空壶空壶：

八拜为交[②]，忝以长之[③]。几载交怀[④]，乃贵心知。

听我宝瑟，太古遗资[⑤]。汝乏后裔，我有解词。

未重信顺，荣秀二芝。始见肝膈[⑥]，九渊怡怡[⑦]。

其形惕惕[⑧]，安无别离。闻君痿疲[⑨]，我授天医。

非弟不显，妥痊阿谁[⑩]？心驰足阻，乃隔天涯。

闻君弃世，坠泪斯颐[⑪]。恨无缩地[⑫]，过雁哀思。

远奔吊章[⑬]，芳草凄凄。洁箪祭浆[⑭]，表兄率意。

傍午招魂[⑮]，罗列兄弟。死生之交，五伦一义[⑯]。

---

① 载民国亓因培《续修莱芜县志·艺文志·传序表志》。另见存世碑刻。

② 八拜：古代世交子弟见长辈的礼节。后世称异姓结为兄弟为“八拜之交”。

③ 忝：谦辞，意辱，有愧于。

④ 交怀：交集于心中。

⑤ 遗资：遗产。历史上遗留下来的精神财富。

⑥ 肝膈：犹肺腑。比喻内心。

⑦ 九渊：原始社会五帝之一少昊创造的古乐。如元结《补乐歌序》称：“九渊，少昊之乐歌也。”怡怡：快乐和谐。

⑧ 惕惕：忧惧的样子。

⑨ 痿疲：谓疲弱不振。

⑩ 妥痊：妥，妥当、齐备；痊，病愈。

⑪ 颐：下巴。

⑫ 缩地：神仙传说中能瞬间缩短距离。

⑬ 吊章：吊唁亡者的文章，即祭文。

⑭ 箪浆：箪，竹制或苇制盛制食物用的器物；浆，浓汁饮料，此指祭祀用的食物。

⑮ 招魂：古代丧礼，谓人始死时升屋招回其灵魂。

⑯ 五伦一义：五伦，也称五常，封建宗法社会以君臣、父子、夫妇、兄弟、朋友为五伦。一义：谓符合正义或道德规范。

中天节届[①]，神符带被[②]。愿保汝翁，百龄庞眉[③]。

愿保汝嗣，攀乃桂支。愿保伊门，再恳再诚。

哭斯歌斯，永如斯！

嘉靖三十七年蕤宾望日[④]，五湖散人兼三十六洞天牧鹤使者，愚兄雪蓑子苏洲顿拜悼。

哭空壶贤弟俚言二章[⑤]

一

济药怜贫夙世音[⑥]，高情相类野人心[⑦]。

远思八拜天医显[⑧]，一别十年岁月深。

血泪染成江上草，茶茗化作古交吟[⑨]。

尘埋太古无人见[⑩]，唯有空壶听我琴。

二

独抱瑶琴傍古羸，恸思贤弟两交情[⑪]。

---

① 中天节：指端午节（夏历五月五日）。届：至，到。

② 神符：祭悼亡灵的秘密文书。

③ 庞眉：眉毛黑白杂色，形容老貌。

④ 蕤宾望日：古以十二律代表十二月，蕤宾为夏历五月；望日，即十五日。《国语·周语下》：“四曰蕤宾，所以安靖神人，献酬交酢也。”三国吴韦昭注：“五月蕤宾。”蕤宾为十二律的第七律，而周历以建子之月（夏历的十一月）为正月，周历的七月即夏历五月。

⑤ 明雪蓑撰，载亓因培民国《续修莱芜县志·艺文志·诗》。该碑由董廷金之子董平和董易刻立。董平为增生，“广于交游”。董易为阴阳官，“字法极精”。雪蓑还署名“交怀二贤弟董廷美、董廷相”。董廷美为董廷金之弟，任省祭官。董廷相为董廷金堂兄，为贡生，授巩县主簿，致仕后“耽于诗酒，乐习名家法贴”。在同年雪蓑题写的棋山观榜书“玄之又玄”碑上，亦有立碑人董廷金、董廷美兄弟之名，也印证了雪蓑与董氏兄弟的情深谊厚。

⑥ 夙世音：前世的庇荫，音通“荫”，庇荫。

⑦ 野人心：士人之心。野人，士人自谦之称。士人有道德修养。

⑧ 天医：仙医，仙医有仙药。

⑨ 古交吟：古代交友的诗篇。吟，古代诗歌体裁的一种。

⑩ 太古：久远，太久。

⑪ 恸思：痛哭思念。恸，痛哭。

采芝献水为浇奠，见月招魂代石铭[1]。
谁料好怀归去早，独遗衰朽望长陵[2]。
写诗无限伤心泪，空竞心神动太清。

① 石铭：刻有文字的碑石。
② 长陵：高大的土山，指陵墓。

1941 年，山东纵队第一旅在棋山观村召开纪念“八一”暨山纵第一旅成立一周年大会

齐鲁名村志
QI LU MING CUN ZHI

棋山观村志
QI SHAN GUAN CUN ZHI

红色记忆

HONGSEJIYI

20世纪20年代，匪患不断。为防匪患，棋山观村及周边村庄纷纷成立防匪武装，设立红、黑旗会。1932年后，红、黑旗会自行解散。

1938年1月1日，中共山东省委在部署全省开展游击战争的同时，亲自发动领导徂徕山抗日武装起义，建立八路军抗日游击第四支队，并率领起义队伍进驻鲁中山区，抗日烽火迅速燃遍齐鲁大地。棋山观村位于莱（芜）、蒙（阴）、新（泰）交界边缘，属鲁中地区，是沂蒙山区的北大门，也是泰山区通往鲁东南的门户。鲁中区是中共中央山东分局、八路军第一纵队及所属山东纵队指挥机关所在地，是山东军民抗击日军的指挥中心，是日、伪、国民党军不惜重兵争夺的地段。1939年7月夏季反“扫荡”胜利后，八路军第一纵队司令员徐向前着力加强这一地区的兵力部署，把鲁中区作为八路军山东纵队第一旅的驻防区和作战区。为配合八路军主力部队作战，棋山观村村民积极为部队筹措给养，站岗放哨，救护伤员，传递情报，拥军支前，被鲁中区授予“抗日模范村”称号，山纵一旅广大指战员伸出拇指称赞棋山观村为“红色小延安”。

抗匪烈士纪念碑

1927年2月27日，土匪刘黑七（刘桂棠）的部下李常纲、马峰率百名土匪到银山前、铁山后、张家岭、陶家岭一带抢掠，附近红旗会闻讯集结，持大刀长矛上阵。棋山一带各坛红旗会几百人冲锋在前，里辛、郑王庄、颜庄各坛红旗会千余人，青泥各坛黑旗会几百人相继赶到，大家不顾雪后山陡路滑的危险，很快对敌人形成包围之势。土匪见势不妙，不敢恋战，边打边退，红、黑旗会奋勇追杀，打死打伤土匪多人，土匪溃不成军，仓皇逃走。战斗中，棋山各坛红旗会阵亡9人，伤若干。从此，土匪不敢再入境。广大群众为纪念他们，1933年2月14日，在棋山观村立烈士纪念碑一座，励彰烈士之功绩，以志不忘。碑高1.56米、宽0.65米、厚0.25米，碑文如下：

從來殊勳名於鐘鼎盛烈紀之旂常凡所以勒金石播聲詩載志乘而垂竹帛者示不忘也且豐功湮没無以慰死者在天之靈偉績表彰庶足成生者勸善之志若吾鄉防匪捐軀之九烈士含冤地下者已數年於玆故當壬申之冬李君學敬李君學孝鄭君毓

琨魏君成名等敬赴颜壇虔請柳仙師乩賜以文與諸烈士立碑以為紀念文曰道之所立者修己度人救世化刼無爾我之偏見無彼此之分别同心救世協力度人生則不喜死則不懼見義勇為雖則以革裹身死而無悔矣嗚呼名垂千古者烈士也今因世界不靖匪刼連綿人無他法設立紅門道以免匪患自民國十六年颜壇為各處之首領嗣後各處分設守望相助以杜匪患至十八年正月十八日土匪竄入碁山西带各壇號令齊發鼓角齊鳴炮聲連綿諸烈士與土匪交戰陣亡者數人受傷者若干雖則死傷匪力不敵而竄是諸烈士之勇為資以保全治安也哈哈諸子仝建此碑永留紀念云由是觀之孔曰殺身成仁孟曰舍生取義諸烈士當之詢無愧焉庶幾生者被其榮名死者有光泉壤矣是為誌

抗匪烈士纪念碑

山東法政學畢業武聲揚謹誌

縣立中學校畢業吕峻德敬書

烈士姓名如下：

刘圣孔　魏鸿远　张成文　郑守田　郑毓顺　苗润生　李福先　朱相义　任清涌

八路军山东纵队第一旅

八路军山东纵队第一旅的前身是山东纵队第一、第四支队，1940 年山东纵队第四期整军时，为使部队迅速正规化，并有更大的机动作战能力，以便担负更重大的任务，山东纵队将所属部队整编为 4 个旅、4 个支队和 2 个直属特务团。将第一、四支队各两个团合编为第一旅，王建安兼任旅长，周赤萍任政治委员，廖容标任副旅长，钱钧任参谋长，汪洋任政治部主任。第一旅下辖第一、二、三、四团。第一团团长李福泽，政治委员王文轩；第二团团长吴瑞林，政治委员李伯秋；第三团团长陈明，政治委员陈宏；第四团团长刘遇泉，政治委员王文介。第一旅是八路军山东纵队的主力部队，主要作战区域为胶济线以南，津浦路以东广大地区，适时机动

1941 年，山东纵队第一旅与四团模范党员合影

于鲁东南、鲁西南地区，棋山观村就位于山纵一旅的作战区域。

1938 年底，为策应晋察冀八路军的反“扫荡”作战，山东纵队集中第三、四、八支队对胶济铁路青州至济南段、津浦铁路济南至大汶口段进行大破袭。1939 年 1 月 14—17 日，山东纵队在泰（安）莱（芜）新（泰）边区粉碎敌人的 4 路进攻。2 月初，国民党山东省政府主席、鲁苏战区副总司令沈鸿烈号令鲁中各部队对敌发起

总攻击。山东纵队第四支队的作战任务是破坏津浦路泰安至大汶口段，袭击博山蛟岭之敌。15 日夜，第四支队一部将北坡、车站附近铁路破坏 10 余段，炸毁铁路桥梁 1 座、敌军车辆 2 辆，顺利完成破袭任务；第四支队先遣大队等部于 15 日夜袭博山八陡及蛟岭之敌。4 月上旬，山东纵队第四支队动员民众 2 万余人，在游击队掩护下，仿效冀南、鲁西破路办法，将泰莱、泰新公路破坏 100 余千米，拆毁公路沿线重要据点 7 个，并粉碎敌人的 5 路围攻。5 月 1 日，山东纵队命令第四支队组织南下挺进支队，开赴邹县东部，开辟尼山抗日根据地。11 日，南下挺进支队第三连在泰泗宁自治委员会第五中队配合下，夜袭大汶口镇，俘伪警察局局长田道元以下 30 余人，缴枪 30 余支。12 日晚，又兵分两路，一路袭入吴村车站，炸毁铁路桥梁 1 座，烧毁站房 3 间，破坏铁路 1000 余米；一路袭击南驿车站，炸毁铁路数十段。6 月 12 日，南下挺进战队到达泗水西部的柘沟一带，在此击退日伪军 200 余人的进攻。之后，挺进支队进驻邹县东部素有“四十八寨”之称的小山、立（历）山地区，开展抗日活动。

1939 年 6 月初，日军以第五师团为基干，配之以第二十一、三十二、一一四师团及独立混成第五旅团各一部共 2 万余人，对鲁中山区进行抗战以来的首次大“扫荡”。此次大“扫荡”，日军的主要进攻路线和目标是由淄川、博山、安丘、诸城向南，由泗水、新泰、莱芜向东，分进合击驻沂蒙山区的共产党和国民党的党政军首脑机关及其主力部队。“扫荡”历时一个半月，鲁中的县城及公路沿线重要村镇大多沦陷。1939 年 6 月，八路军第一纵队司令员徐向前、政委朱瑞抵达鲁中山区，立即投入这次反“扫荡”的作战指挥中。山东分局、山东纵队指挥部率领特务团等少量部队，转战于沂水、蒙阴一带，坚持内线作战；主力部队迅速分布于外线，开展外线作战。第一支队活动于新泰、蒙阴、泗水之间，第四支队控制泰莱边的莲花山区，原活动于鲁东南地区的山东纵队第一支队第二营进入沂蒙区参加反“扫荡”斗争。6 月 21 日，日军集结 1000 余人由邹县、南驿、吴村等地分 4 路奔袭第四支队南下挺进支队司令部驻地解甲河。担任警戒任务的基干一营二连及四连 1 个排，为掩护支队机关及其他部队转移，于小山据险抗击敌人，遭敌重兵包围，指战员浴血拼杀，毙伤日军 200 余人，终因众寡悬殊，加之敌人炮火猛烈，被围挺进支队官兵除一部被接应突围外，支队司令部作战科科长王坤、副教导员王志耕、特派员黄文山、副连长陈华堂等 47 名指战员壮烈牺牲。战后，南下挺进支队返回泰山区归建。6 月 25 日，

1940 年秋，山东纵队在沂蒙抗日根据地合影

莱芜城日伪军 350 余人进占莱芜东北的苗山，活动于博莱边的山东纵队第四支队基干第三营及先遣大队，乘敌立足未稳之机，兵分两路，向苗山之敌发起突然袭击，激战至晚上 8 时，敌退至后坡村。次日，博山、莱芜的敌人增兵数百，分 3 路向四支队官兵进攻，激战一天，各自退回原防。此次战斗，毙伤日伪军 100 余人，俘敌 10 余人，缴获颇多，四支队官兵伤亡 20 余人。与此同时，山东纵队第一支队于滋（阳）临（沂）、新（泰）汶（大汶口）公路沿线，主动出击，袭击占下桥，攻克复华村，侧击张家兰子、大刘杜、南流泉的敌人，破坏敌人交通运输线，给敌人以沉重打击。7 月 15 日，第四支队三营在莱芜北部的栖龙湾袭击日军，毙伤敌人 60 余人。在这次反“扫荡”斗争中，山东纵队一旅所属部队与敌作战 20 余次，毙伤日伪军 1000 余人。鲁中反“扫荡”结束后，山东纵队第一支队继续坚持鲁中沂蒙区的对敌斗争，并扩大了沂山区和鲁山区的淄河根据地，保持与清河区的联系；第四支队坚持鲁中泰山区的对敌斗争，多次粉碎日军的进犯，巩固和扩大了泰山区抗日根据地。

五井镇坐落在临朐城西南约 15 千米处，是临朐通往南麻、莱芜的必经之地，地理位置十分重要。1939 年 8 月中旬，山东纵队第一支队拔掉沂水东里店日军据点外围的 3 个工事后，在支队长马保三、副支队长钱钧的率领下，经淄河流域进驻临朐县西南山区，保卫沂山、鲁山根据地并面向胶济铁路，以保持鲁中根据地与胶东、清河根据地的联系。8 月第四支队一部在新泰谷里歼灭日军 20 余人，并袭击津浦铁路之敌，破坏泰安至大汶口段路轨，一度中断敌人交通。9 月中旬，山东纵队第一旅一团和山纵特务团，在青驼寺大柏山歼灭日伪军 300 余人。旋即日伪军集结万余人，发起以鲁中沂蒙山区和泰山区为重点的大“扫荡”。山东纵队第一旅一团和山纵特务团展开破袭战，连续攻克青驼寺、垛庄、汤头、沙河等 8 个日伪据点，毙敌 400 余人，缴获步枪 200 余支，粉碎日军封锁鲁中沂蒙区的阴谋，巩固和扩大临费边区。9 月下旬，泰（安）莱（芜）新（泰）边沿地区 10 个据点的日伪军出动 400 余人，围攻活动在徂徕山的四支队一部。经过一天激战，毙伤日伪军 100 余人，粉碎日伪军的围攻，保卫了徂徕山抗日根据地。10 月 16 日凌晨，驻扎在临朐及附近的日伪军出动 400 余人偷袭驻五井镇的第一支队一营，企图围歼第一支队一营并占领该镇。驻五井镇的山东纵队两个连在副支队长的指挥下顽强抗击，利用迂回包围战术，辅以政治攻势，打击瓦解伪军。三连和机枪连赶来增援，日伪军受到夹击，抛下数十具尸体逃散。这次战斗历时 17 个小时，共毙伤日军 40 人，伪军 120 余人，俘日军 1 人，缴获重机枪 1 挺，轻机枪 4 挺，迫击炮 1 门，掷弹筒 2 门，步枪 30 余支和手榴弹 1 批。战后查明，日军守备队长及 2 名小队长在战斗中被击毙。11 月，日军第三十二师团 2000 余人分 8 路对泰山区进行合围“扫荡”，企图打通章（丘）莱（芜）公路。四支队在章莱公路以东的山区，开展机动灵活的游击战，先后毙伤日

1940 年 5 月，山东纵队政委胡奇才骑着在反“扫荡”战斗中缴获的日本战马

伪军260余人，粉碎敌人的“扫荡”。1940年1月，四支队一营一部在莱芜马家庙歼灭查线的日军1个小队，缴获轻机枪1挺、掷弹筒1门。后日伪军合击莱芜西部的周王许，中午侵至寨里。四支队一营二连与二营七连、八连突然向寨里发起攻击，毙伤敌数十人，迫使残敌逃窜。4月上旬，莱芜日伪军出动1000余人，分3路对莱芜西北根据地进行“扫荡”。八路军经过3天激战，毙伤敌150余人，缴获大批武器弹药，取得这次反“扫荡”的胜利。

5月中旬，第四支队与第一军分区基干部队，除留一部坚守莱芜西北部山区根据地外，其余部队进入杨家横东北的常庄、文字现一带，配合根据地其他部队的夏季反“扫荡”斗争。当时，为钳制胶济铁路西段的敌人，决定用1个团的兵力攻打博山城，并做好攻城准备。此时四支队接到情报，日军已从泰安出动1000余人进驻莱芜城。四支队队长廖容标和政委胡奇才，召集会议分析敌情，认为敌可能是阻止八路军攻打博山而先发制人，遂决定在敌必经之路杨家横摆开围歼敌人的阵势。5月19日拂晓，日军分3路分别从博山、莱芜、历城西营向八路军阵地扑来。上午10时左右，日军进入杨家横。埋伏在杨家横村内的四支队指战员，打得日军措手不及，死伤惨重。下午4点多钟，双方进入白刃战，打得敌人乱作一团。闻讯后，济南、章丘、周村、淄川的敌人集结于博山，约1500余人增援杨家横被围之敌。四支队适时机动，由二团一营监视敌人，另2个营撤出战斗，待机打撤退之敌。时近黄昏，敌增援部队与杨家横残敌会合。当晚10时左右，敌趁夜色撤出杨家横，至西南山一带时，遭八路军伏击，激战1小时，日军丢下20余具尸体狼狈逃窜。四支队官兵乘胜追击敌人至博山八陡镇，又毙敌20余人。杨家横战斗毙伤日伪军250余人，俘3人，日军大队长畏罪自杀。缴获重机枪3挺，轻机枪5挺，掷弹筒3门，步枪100余支，电台1部，战马和军用物资一批。6月，第二支队与第四支队第三团在临（沂）费（县）沂（水）边区打退国民党顽固派王洪九部，开辟了这一根据地，继而进入蒙山北麓坦埠、小营一带，扩大抗日根据地。之后，为巩固3县边区，保持鲁中与鲁南、滨海区的联系，中共山东分局决定在此建立临费沂边联县。

至1941年，八路军山东纵队第一旅6名旅团级干部、11名营级干部、63名连级干部、85名排级干部以及众多革命先烈用生命和鲜血捍卫了中华民族的尊严，谱写了一曲曲民族正义之歌，为夺取抗战胜利立下不朽的功勋。

抗日阵亡烈士纪念碑

纪念碑位于棋山观村西，建于 1941 年 7 月，是山东省乃至华东地区现存抗日战争纪念碑中时间最早、规格最高的纪念碑。2015 年 7 月，被列为“省级文物保护单位”。石碑呈二层檐亭状，总高 3.35 米，坐落在方形碑台上。碑身呈正四棱柱形，高 2.08 米，每面宽 0.76 米；碑帽用石刻成重檐亭帽形，高 1.27 米，四檐角飞翘，角梁端部有龙头，面饰瓦纹，顶浮雕有 4 个左右相接且两相对称的五角星。方形碑台每边长 3 米，高 0.80 米。

省级文物保护单位——抗日阵亡烈士纪念碑

建碑缘由

纪念碑是经鲁中军区、山东纵队四支队商定，报请八路军第一纵队司令员徐向前批准而建立的，目的是纪念抗战爆发以来，四年间坚持抗日，保家卫国，保卫鲁中根据地，英勇牺牲的八路军山东纵队第一旅的先烈们。因棋山观村素有“红色小延安”之称，又是八路军山纵一旅的驻防区，故定址于此。于 1941 年 5 月由山东纵队第一旅段应傅主持修建，由桑园子村弟兄 2 人、棋山观村朱洪利、三岔河村任度等 4 人组织施工。经过 2 个月施工，于 7 月 7 日建成。

碑文内容

碑阳中刻有“抗日阵亡烈士纪念碑”9 个阴刻楷书大字，上款为陆军第十八集团军山东纵队第一旅，下款为中华民国三十年七月七日，徐向前题，上眉是“精神不死”4 个篆字。

碑左面为八路军山东纵队政委、山东省委书记黎玉题词，题词共 5 行，每行 42 字，楷书，阴刻，具体内容如下：

四年来坚持保卫山东游击战争，坚持创造抗日根据地，在无数次与敌伪生死搏斗当中，虽然与敌伪以不少的杀伤，然而山纵本身也遭受到一些不可避免的伤亡，他们的创伤是光荣的创伤，他们的牺牲是有代价的牺牲，是为了山东广大的同胞，是为了全中华民族而彻底解放，是为了打击全中国人民的敌人，是为了广大的工农阶级，所以他们的死是流芳万世而不朽，我们敌人尚未打出鸭绿江边，我们仍需努力，继续我们光荣的先烈不死的精神，坚决为新中国而奋斗到底。

碑右面镌刻着 165 名烈士的姓名、籍贯。其中旅团级干部 6 名、营级干部 11 名、连级干部 63 名、排级干部 85 名。分别是旅团级干部：洪涛，湖南长沙人，自幼参加红军，充战斗员，继充班、排、连、营、团长，迄代理师长;七七抗战后，抵山东发动部队，任原山纵四支队支队长。鹿省三，山东莱芜人，曾任原山纵七支队政治委员。韩明柱，河南光山人，自幼参加红军，抗战后抵山东，任八路军鲁东游击队第八支队副指挥。王一充，山东文登人，曾任山东原八支队政治部主任。魏培德，山东寿光人，曾任山东原八支队第五区队长。李梅生，山东寿光人，曾任山纵原八支队三团团副。营级干部：周绍南，山东省莱芜县。王堃，山东省。刘震，辽宁省辽阳县。钟鸣，山东省博山县。王志畊，山东省博山县。李文光，山东省潍县。孙善卿，山东省寿光县。王博昌，山东省博兴县。张玉癸，山东省潍县。单玉明，山东省潍县。黄文山，山东省博山县。连级干部：简戍，广东省。王效全，山东省淄川县。杨殿进，山东省潍县。张绍南，山东省淄川县。孙荣廷，山东省济宁县。杨镇，山东省潍县。张东元，山东省寿光县。李贤三，山东省昌邑县。杨庭兰，山东省掖县。胡焕斌，山东省昌邑县。王绍先，山东省临邑县。马子纲，山东省安丘县。郭绍周，山东省博山县。王敏言，山东省历城县。郭全光，山东省寿光县。王信文，山东省寿光县。崔毓芹，山东省寿光县。韩德，山东省蒲台县。李树芳，山东省益都县。周立诰，山东省桓台县。邢希三，山东省益都县。陈永远，山东省桓台县。韩文齐，山东省莱芜县。丁★玉，山东省博山县。王宝玉，山东省长山县。马桂荣，山东省寿光县。李洪三，山东省广饶县。翁尔田，山东省安丘县。马银齐，山东省潍县。李宗祥，山东省高密县。焦中正，山东省博山县。梁国栋，山东省郓城县。张太先，山东省莱芜县。王伯儒，山东省长山县。史清田，山西省。庞希良，山东省潍县。王培山，山东省寿光县。张★家，山东省长山县。徐春荣，山东省益都县。张书琴，山东省章丘县。张洪波，山东省蒙阴县。李彦，山东省寿光县。王维昌，山东省益都县。宋岳，山东省淄川县。马云龙，山东省莱芜县。贺守臣，山东省泗水县。李林谷，山东省益都县。邹光桐，山东省淄川县。亓春亭，山东省莱芜县。韩法亮，山东省淄川县。刘琪，山东省牟平县。周奉山，河北省沧县。徐文华，山东省桓台县。白继祯，山东省桓台县。秦向涛，山东省莱芜县。边逢时，山东省莱芜县。张作楹，山东省博山县。王忠吉，山东省莱芜县。庞继绪，山东省莱芜县。黄汉兴，山东省博山县。王景荣，山东省寿光县。韩学忠，山东省潍县。黄维新，山东省益都县。排级干部：李西智，山东省潍县。张德义，山东省潍县。范学文，山东省寿光县。张荣书，山东省博兴县。赵金亭，山东省潍县。任洪尊，山东省安丘县。韩雨亭，山东省广饶县。孔德友，山东省潍县。吴荣芝，山东省寿光县。周德烈，山东省掖县。曹在仁，山东省寿光县。丁福升，山东省寿光县。乐庆增，山东省潍县。王云生，山东省寿光县。李清江，山东省寿光县。刘文治，山东省寿光县。王春和，山东省寿光县。侯学武，山东省寿光县。孙佩英，山东省寿光县。亓洪法，山东省莱芜县。朱庆增，山东省新泰县。辛云瑞，山东省潍县。刘岐，山东省博山县。赵学礼，河北省信阳县。马仲崙，山东省益都县。王盛三，山东省安丘县。刘元禄，山东省莱芜县。徐和芝，山东省临沂县。刘玉卿，山东省莒县。胡家良，山东省沂水县。赵纪芳，山东省莱芜县。王殿科，山东省博兴县。郭惠堂，山东省潍县。隋忠福，山东省寿光县。李会英，山东省寿光县。程奎一，山东省新泰市。刘乐增，山东省莱芜县。张连奎，山东省桓台县。肖安常，山东省淄川县。秦玉言，山东省莱芜县。王树永，山东省桓台县。单元礼，山东省新泰县。任纪增，山东省莱芜县。李元候，山东省博山县。张福顺，山东省博山县。董玉坤，山东省博山县。李登科，山东省博山县。周文通，山东省博山县。彭升德，山东省博山县。王玉山，山东省长山县。国洪现，山东省沂水县。罗本固，山东省淄川县。陈★珠，山东省莒县。孙瑞华，山东省淄川县。纪津，山东省泰安县。杜玉可，山东省泰安县。程春水，山东省泰安县。★仁中，山东省莱芜县。赵汉坡，山东省博山县。郑希岑，山东省寿光县。赵国桥，山东省寿光县。李登顺，山东省博山县。赵美亭，山东省博山县。赵洪一，山东省博山县。丘方瑞，山东省益都县。潘玉常，山东省淄川县。李胜，山东省博山县。侯俊杰，山东省寿光县。陈群才，山东省郓城县。王朋，山东省桓台县。马桂荣，山东省寿光县。李文华，山东省寿光县。董立友、王继随、刘士庆、魏新傅、刘若曾、许元林、李平孝、张士武、刘玉青、翟易云、李现远、朱胜腾、闫朝胜。

碑阴为山东纵队第一旅司令部的撰文，碑文 9 行，每行 36 字，楷书，阴刻。内容如下：

> 山东纵队为山东人民之队伍，自从成立以来在中国共产党正确领导之下，即以坚持山东抗战、保护山东人民、保护山东乡土、建立山东抗日根据地及为实现民主共和国而奋斗而深得山东广大人民之拥护与帮助，民族优秀子弟爱国热血青年均踊跃参军，我山东纵队第一旅更与泰山区人民结成了血肉不可分离的关系。过去数年中，在朱总司令、彭副总司令正确领导之下，在第一纵队徐司令、朱政委、山东纵队张指挥、黎政委正确领导之下，第一旅有不少烈士在对敌搏战中为民族国家流尽了最后一滴血，获得或大或小无数次之胜利，给敌寇严重之打击，对抗战有不可磨灭之功绩。缅怀先烈，令人肃然起敬。深恐年久失传，故勒石建碑，以资纪念，既使众人之赞扬景仰复得发扬光大中华民族之伟大气节，千秋万世永固长存。
>
> 陆军第十八集团军　山东纵队第一旅司令部、政治部

落成典礼

纪念碑建成后，山东纵队第一旅、鲁中军区及下属各军分区，在棋山观村召开庆祝八一和抗日实施大会，会期3天。第一天，山纵一旅的一团、二团、三团，鲁中军区各部队，泰安、莱芜、新泰、蒙阴几个县的民兵营、县大队、农救会、妇救会、兵工厂、军服厂的部队官兵及地方武装、抗日政权、群众团体工作人员从早7时陆续进入会场，至10时入场完毕，与会人员12000余人，入场式进行3个小时，入场期间，所有司号员集中起来列队吹号，青年、儿童团站立两边，举着小旗夹道欢迎，周边村庄抬着食盒前来恭贺，规模空前。彩旗飘飘、红旗招展、锣鼓喧天。会议从上午10时一直进行到下午4时；第二天，周边各县、乡、村抗日民主政权继续在此开会；第三天，莱东县各级组织在此开会。

1941年7月，山东纵队修建的“抗日阵亡烈士纪念碑”在棋山观村落成，徐向前题写碑名。图为落成典礼

石碑保护

1942年，汉奸把抗日阵亡烈士纪念碑碑帽掀下来摔坏。1947年，莱芜县政府将

其修好。1979 年，纪念碑被列为“莱芜市重点文物保护单位”。2008 年，钢城区文化体育局出资建设“抗日阵亡烈士纪念碑”碑亭，加强对纪念碑的保护，山东省书法家协会会员杨进华给碑亭取名为“怀英亭”，并题写亭名。2015 年 7 月，抗日阵亡烈士纪念碑被列为“省级文物保护单位”。

八路军鲁中军队修械所

1942 年初，鲁中军队修械所迁至棋山观村。棋山观村腾出村里的棋山观做军工生产车间，并贡献出大片的山林，在村党支部书记带领下，男女老少齐上阵，站岗，放哨，送水，送饭，碾炸药，拉风箱，全力支援军工生产。修械所当时有工人 50 余人，主要任务是修理枪炮及战场器械。工序分翻砂、割丝、碾药、装配等。兵工厂人员在设备简陋、材料奇缺和敌人频繁“扫荡”的情况下，不畏艰险，因陋就简，修理从战场上退下来的枪支和小炮，陆续补给到抗日前线。修械所在此生产一年后，驻博山、沂源的日伪军侦察到修械所位置，派飞机前来轰炸，修械所设备及物料在群众配合下安全转移，但车间被炸毁。为尽快恢复军工生产，棋山观村民集中木料柴草，在原址上重新建起车间。之后，根据任务调整，修械所由原来主要修理器械改成专制炸药，后转移至他处。

棋山区中队

1941 年 5 月，莱城及主要交通干线上的村镇被日伪占领，抗日根据地被分割蚕食。为适应对敌斗争需要，莱芜县划为莱东、莱北、莱南三县，四区（颜庄区）划分为南冶、清泥、棋山、黄花 4 个区，棋山区隶属莱东县。9 月，莱南县改称新甫县。11 月，黄花区并入棋山区，区委驻地棋山观村，隶属新甫县。在调整区划的同时，为加强地方抗日武装力量，棋山区中队于 1941 年 5 月成立，并沿袭以往的机制，由区长尚子贞兼任区中队队长，区委书记毕奎芳兼任区中队指导员，有队员 30 余人。

棋山区中队积极配合抗日武装部队开展对敌斗争，利用骚扰、突袭等方式巧妙消灭敌人的有生力量。1942 年 7 月下旬，配合莱东县大队拔除玥庄日伪炮楼，俘敌 12 人，缴获步枪 12 支，子弹 1000 余发，手榴弹 2 箱，并放火烧了炮楼，前后只用了半小时。还有一次为筹集粮食，一面派出部分队员到颜庄敌伪据点进行骚扰，一面派人到南下冶村召集附近部分村长开会，当夜就筹措购粮券约 5 万元、茶叶 100 余斤、鞋子 80 余双、土布 400 余尺。1942 年下半年，对敌斗争进入极其残酷的阶段，棋山区中队有一名副队长叛变投敌，但区中队仍然在区委书记毕奎芳、区长田志轩的带领下坚持地下斗争。1945 年队伍发展到 60 余人。至抗战胜利，棋山区中队先后对日伪军作战 120 余次，毙、伤、俘日伪军 150 余人，缴获枪械 120 支、子弹 2000 余发。抗战胜利后，接受部队改编，部分人员回家务农。

颜庄区武工队

1947 年 2 月，国民党第二绥靖区副司令李仙洲率 3 个军攻占莱城及南北公路沿线。为支援前线，保卫人民胜利果实，组建颜庄区武工队，区委书记黄宝恒兼任指导员，区长孟雪峰兼任大队长。队员由区干部和从村里选拔的基干民兵组成，共计 120 余人。武器装备有步枪、机枪和手榴弹等。根据斗争需要，武工队分三大片进行活动。东片（颜庄以东里辛、郑王庄一带）由武装部部长陈合静和区干部吕子仁、李学玉率领，有队员 48 人，因这片区域大，多数由吕子仁、李学玉各率领部分人员活动；西片（颜庄以西澜头、港里一带）由武装干部吴希彬、复员军人吴希连带领，有队员 48 人；南片（颜庄以南）由区委组织委员赵子生和武装干部赵祥带领，有队员 26 人。李学玉领导的武工队紧紧依靠棋山人民，运用灵活机动的游击战术，开展对敌斗争。在一个多月的时间里，先后进行大小战斗 13 次，打死打伤敌人 20 余人、俘 83 人，缴获步枪 3 支、子弹 58 发、马车 1 辆、军用品 1 宗。8 月 13 日黎明，李学玉带 5 名武工队员在西马泉村西黄沟掩护群众隐蔽转移时，突然被国民党部队发现，敌人从四面八方黑压压地包围过来，李学玉沉着冷静，一面指挥邵怀启、秦光利阻击敌人，一面命令吴士桥、刘训仁、刘训诗转移疏散。突围中，李学玉、邵怀启中弹牺牲。秦光利负伤，吴士桥、刘训仁、刘训诗刚藏好武器，敌人就冲到眼前，4 人一起被俘。国民党军为获取共产党基层组织和武装情况，为炫耀自己，恫吓群众，将李学玉、邵怀启头颅砍下，挂在刘训仁、刘训诗脖颈上到黄庄示众。第二天，敌人将秦光利等 4 名武工队员带到前朱山村，在村南的场园里用铡刀布下刑场，威逼群众说出谁是共产党员，谁是武工队员。秦光利大义凛然地说："我是共产党员，要杀要砍随你的便。"吴士桥、刘训仁因化装穿着国民党军衣，也站出来说："我是武工队员。"刘训诗一身铁匠打扮，国民党军问到他时，众人都说是打铁的，方免于难。国民党军随将秦光利等 3 人用铡刀杀害，并将首级挂在高杆上"示众"3 天。1948 年春，莱芜全境解放。为了让后代永远记住李学玉烈士，棋山周围的百姓自发地将棋山乡改为"学玉乡"。1950 年，经莱芜县人民政府批准，棋山乡正式命名为"学玉乡"。1956 年 11 月，学玉乡、黄金乡合为棋山乡。

村级组织

抗日战争爆发后，泰山区各级党组织在创建抗日根据地时，注重发动群众，组织群众，教育群众，使群众的思想得以提升。在八路军部队的配合下，各种抗日训练班、妇女识字班相继举办，农民抗日救国会、青年抗日救国会、妇女抗日救国会等抗日团体踊跃成立，群众自发地以不同形式参与到抗日工作中来，支援八路军部队作战。解放战争时期，积极开展参军支前、土改和发展生产，为参加莱芜战役的部队官兵提供给养，有力地支援了部队作战。

党支部

1939 年春至 1940 年，根据中共中央关于"大力发展党"的指示，积极发展基层党组织。1940 年 1 月，中共棋山观村党支部成立，支部由朱相慈、郑绪吉等三人组成，朱相慈任支部书记。村自卫团、妇救会、儿童团相继组建，朱相慈兼任村自卫团团长。村党支部秘密发展党员，壮大组织力量，积极开展"抗日救国十大纲领"

和武装斗争的宣传教育，开展抗日救亡运动。1941 年 5 月，日伪军在棋山观村一带疯狂进行“清剿”“扫荡”，并实行“自首”政策，村党支部带领全体党员，开展反“扫荡”、反“蚕食”、反“伪化”、反“自首”斗争，经受了严峻考验。1946 年 7 月，按照中共中央《关于清算减租及土地问题的指示》，开展土地改革运动，把土地财产按等级分配给烈、军属和贫农、中农。在参军支前、土改和发展生产中，教育党员发挥先锋模范带头作用，进行“三查三整”（查阶级、查思想、查作风，整顿组织、整顿思想、整顿作风），使党员保持良好的精神状态。1947 年 2 月，莱芜战役打响后，村党支部积极响应莱芜县委“家家储粮秣、随时供急用”的号召，带领广大村民踊跃参战支前，供给给养。7 月，按照中共中央华东局《关于土改复查的新指示》，开展以查田查财为内容的土改复查工作，12 月复查工作停止。1948 年 3 月，全村解放。1962 年春，农村建立“三级所有、队为基础”的经济体制，村改称生产大队，村党支部改称大队党支部。1966 年 5 月，“文化大革命”开始后，大队党支部受到冲击，以致瘫痪。1971 年 2—8 月，大队党支部恢复。1984 年 4 月，进行体制改革，大队改称村，大队党支部改称村党支部。1993 年 1 月钢城区建立后，村党支部认真贯彻区委确立的“扎根钢城、艰苦奋斗、团结实干、争创一流”的钢城精神和“为莱钢服务，靠莱钢发展”的基本工作思路以及有关农村党建的重大决定和各项规章制度，推动了全村经济和社会各项事业的发展。进入 21 世纪后，村党支部认真贯彻新农村建设的有关要求，发扬“钢铁意志，众志成城”的钢城精神，紧跟旅游经济发展步伐，坚持走旧村改造、新农村建设、生态旅游开发于一体的致富路子，使全村经济和社会各项事业的发展步入快车道。

民兵连

组织建设 1938 年夏，中共莱芜县委以梁竹航县政府动员民众抗敌委员会名义，公开组织抗日自卫团、青年抗日救国团等，并组织自卫团基干队、游击小组。1940 年 1 月，棋山观村自卫团基干队成立。1942 年 9 月 1 日，中共山东分局、山东军区在《为发动人民武装保卫家乡告同胞同志书》《人民武装自卫委员会条例》中，确定青抗先、基干队、游击小组统称民兵。1946 年，为适应大规模支援解放战争需要，对支前民兵实行统一定员的班、排、连、营、团序列编制。1952 年，按照《中华人民共和国民兵组织暂行条例》规定，即凡年满 16~40 岁符合条例的男性公民均编为民兵，其中 16~25 岁政治纯洁、身体强壮、家庭劳动力充裕的青年编为基干民兵，其余为普通民兵。棋山观村组建基干民兵连。1958 年，响应毛泽东“全民皆兵”和“大办民兵师”的号召，村建民兵连，村党支部书记兼任连指导员。将 16~50 岁的村民组织起来，实行全民皆兵。之后，随着行政区划调整，民兵组织相应进行变动，大队一直称民兵连。1984 年公社改设办事处，设民兵营，村设民兵连。1985 年 11 月，撤办事处并乡，乡镇设民兵营，村设民兵连。1993 年 1 月，钢城区建立后，村设民兵连，之后随着机构调整，民兵组织相应变化。1998 年，深化民兵工作调整改革，压缩基干民兵数量，加强专业技术分队建设，扩大城市基干民兵队伍。进入 21 世纪后，民兵经过调整、改革，建立专业分队，突出民兵“三队”（应急分队、对口专业分队、专业技术分队）建设，战斗力得到提高，在完成急、难、险、重任务，参加经济社会建设，维护社会治安等方面发挥重要作用。至 2016 年末，棋山观村有基干民兵 20 余人。

武器装备 抗日战争时期，村内民兵、自卫团主要武器是长矛、大刀、土枪和

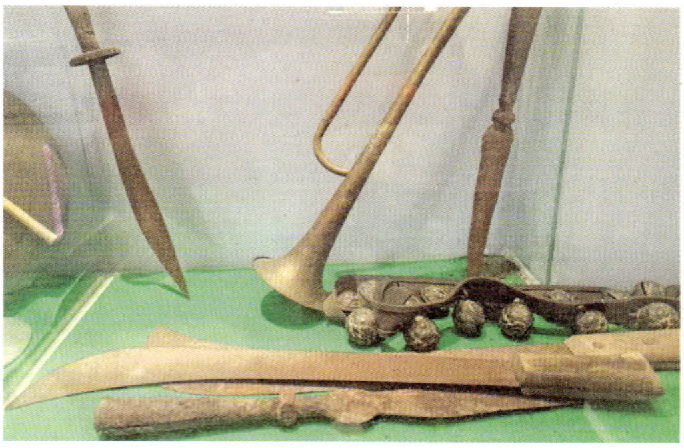

冲锋号

大刀

地雷

长枪

少量的步枪、手榴弹等。解放战争时期，普通民兵支前，一般无武器装备，基干民兵装备步枪、手榴弹和少量轻机枪、冲锋枪等。新中国成立后，民兵的武器装备在种类、数量和质量上有很大改善。1968 年，全部装备国产新式武器。1980 年，武器和通讯装备主要有“五四式”手枪、“六三式”全自动步枪、“五六式”半自动步枪、“五六式”冲锋枪、“五六式”班用轻机枪、10 门电话交换机、65-1 电话机等通讯器材和探雷器、常规工兵作业器材等，有保管维修基地，严格的使用管理制度。1982 年 8 月，武器收缴，公社统一保管。

政治教育 抗日战争时期，以“冬学”、夜校等形式向民兵进行抗日救国教育。解放战争时期，在复查、土改等运动中向民兵进行阶级教育；在支前参战中对民兵进行保卫胜利果实、保家保饭碗、打倒蒋介石、解放全中国、将革命进行到底等教育。1951 年 7 月，按照中国人民解放军总政治部《关于民兵政治工作的指示》，向民兵进行以抗美援朝、镇压反革命、取缔反动会道门为中心的阶级、爱国主义和革命英雄主义教育。1953 年，以《民兵入队誓言》《民兵守则》为教材，对民兵进行“怎样当好民兵”的教育。中国共产党十一届三中全会以后，按照中国人民解放军总政治部《关于加强民兵政治教育的意见》，建立村级“民兵之家”，以 10% 的训练时间，对基干民兵进行国防教育和坚持“四项基本原则”做“四有”新人教育。1993 年 1 月钢城区建立后，区人武部以马列主义、毛泽东思想为指导，多形式、多渠道对民兵进行新形势、新任务的教育。1994 年区人武部印发《关于在民兵基层开展“六个一”活动的通知》，按照要求，积极开展建立了一支服务组织、一个科普小组、一支社会治安巡逻队伍、一个民兵活动阵地、承建一项民兵工程和一个以劳养武项目活动。2015 年，组织村全体民兵深入学习贯彻习近平总书记的系列重要讲话精神，深入开展“学习践行强军目标，做新一代革命军人”主题教育、“坚决服从改革大局、忠实履行职能使命”专题教育和“新一代革命军人样子”大讨论活动。

军事训练 抗日战争和解放战争时期，民兵的军事训练一般是根据战时需要开展射击、投弹、刺杀和埋地雷等科目训练，现用现学，边学边干，不搞统一训练。新中国成立后，民兵军事训练不断加强。1951 年 5 月，按照中共中央、中央军委《关于加强民兵建设的指示》，坚持不违农时、不误生产的原则，在农闲季节采取小型、就地、分散方法进行训练，主要内容是步枪射击、投弹、站岗放哨和利用地形地物训练等。1964 年，开展“民兵大比武”活动，掀起民兵训练高潮。20 世纪 70 年代，按照总参谋部先后颁发的《1973—1975 年民兵军事训练纲要》《1977—1980 年民兵军事训练纲要》，组织民兵排以上干部，武装基干民兵和专业技术分队进行集中技、战术训练，在规定时间内完成纲要规定的课目，经考试全部合格。1985 年起民兵免训 3 年，积蓄资金进行经济建设。1989 年，恢复正常军事训练，莱芜市民兵集中训练基地建成，从此民兵训练由分散改为集中到县（市）统一训练。2014 年，认真贯彻习主席“召之即来，来之能战，战之必胜”“能打仗，打胜仗”的要求，突出抓好民兵应急分队的训练实施，完成民兵分队的编配任务。2015 年，坚持把民兵干部和民兵“三支队伍”训练作为重点，严格组织训练，提升了各类分队执行多样化任务的能力。

参战支建 抗日战争时期，村内民兵以破袭战、麻雀战、袭扰战、政治宣传战等战术，配合主力部队对日伪军进行作战。抗日战争最艰苦的阶段，广大民兵实行劳武结合，坚持和发展抗日根据地生产，保障前线部队供给；站岗放哨，反奸防特，保卫根据地治安秩序。解放战争时期，参军参战，支援前线，维护解放区治安。新中国成立后，带头参加土地改革、镇压反革命、“三反五反”、互助合作等运动。在农业学大赛、学习雷锋等活动中发挥骨干带头作用。20 世纪 90 年代以后，积极参加地方经济建设，在修建盘山公路、桥涵、开发荒山等方面做出重要贡献。

妇救会、妇联

1940 年 1 月，村妇女救国会（简称“妇救会”）成立。妇救会组织带领广大妇女积极争取民主解放，开展抗日救亡运动。她们组织妇女放足、剪发，同旧的势力作斗争，时常掩护救助革命干部和八路军伤员，动员青壮年参军，组织妇女做军鞋，送给养，站岗放哨，传递情报，部分女青年直接参加被服厂、医院等部队后勤工作，抗日救亡活动十分活跃。解放战争时期，组织妇女以各种形式开展“蒋军必败，我军必胜”战争形势宣传教育，在生产备战中发挥主力军作用，并积极参加支前和对敌斗争。莱芜战役期间，有组织地救护伤员，筹备给养，看押俘虏，捕捉散兵，同时投入土改复查和除奸反霸运动中。

1949 年 10 月，妇救会改称妇女联合会（简称“妇联”）。1952 年底，村妇联向广大妇女宣传党在过渡时期的总路线，发动广大妇女加入互助组、合作社，参加社会生产劳动，学习宣传贯彻执行《中华人民共和国婚姻法》。1966 年“文化大革命”

开始后，妇联组织活动中断。1973 年，各级妇联组织陆续恢复，积极响应“工业学大庆，农业学大寨”的号召，在工农业生产中发挥“半边天”作用。1979 年，认真贯彻上级妇联号召，带领广大妇女学文化，学技术，学科学，开展争创“三八红旗手”“五好”家庭活动，同时对广大妇女进行“自尊、自强、自重、自爱”的“四自”教育。1993—2005 年，组织妇女开展“双学双比”（学文化、学技术、比成绩、比贡献）“巾帼建功”活动，在“双学双比”中，重点实施以庭院经济开发和“三八”基地开发竞赛活动，建立以养殖、林果、棋山炒鸡为龙头的“妇字号”致富项目。2014 年组织动员广大妇女积极投入到“乡村文明行动”中，开展“新农村新生活”培训教育和寻找“最美家庭”活动，深受广大妇女欢迎。2015 年，引领妇女在“大众创业万众创新”中建功立业，充分发挥妇女在经济建设中“半边天”的作用。

儿童团

1940 年 1 月村儿童团成立，有儿童团员 20 余人，儿童团长朱庆功，团员有邵功甲、邵等甲、邵先甲、邵光宗、朱庆玲、邵光琛、邵钦甲、朱庆香、高庆和等，年龄一般在 8~15 岁。在朱庆功的带领下，儿童团成立高跷队、秧歌队，分批分期到各村进行抗日宣传，配合民兵、妇救会张贴标语，站岗放哨，盘查行人，传递情报，看护伤员，给部队官兵送水送饭，并经常帮助烈、军属挑水，拾柴，打扫院子。有时集结在村头、会场或抗日部队开赴前线的路旁高唱革命歌曲，振奋人心，鼓舞士气。许多儿童团员还积极参与支前活动。

拥军优抚

拥军

抗日战争时期，村党支部、村公所从人力、物力等方面积极支援抗日战争。村内爱国人士、青壮年踊跃参军参战，配合部队打击日伪顽军。解放战争时期，村内群众积极参军支前，有力地支援了莱芜战役、孟良崮战役、南麻战役、济南战役。

新中国成立后，继续发扬优良传统，每年春节、“八一”建军节等节日期间都组织开展形式多样的拥军活动。

优待

抗战初期，村公所设优抚委员，具体负责优抚工作。为优抚对象发放“优待证”，及时为烈、军属挂光荣匾，送光荣灯，春节时发慰问信、送慰问品等。“八一”建军节等节日召开座谈会，为优抚对象设“光荣席”。每遇敌人“扫荡”，及时掩护烈、军属转移。每逢人民军队过境时，组织群众列队欢迎或欢送。在赈灾时对优抚对象重点照顾；对战争中牺牲的军人、民兵、民工实行公费安葬，并按标准给以钱、田和粮等予以抚恤；对外地逃荒来的优抚对象，也发给一定安家粮和生活必需品。1943 年，对牺牲烈士发放公葬费和抚恤金（解放战争时期发小米），对残废者按等级抚恤，对抗属子弟免费入学。1946 年土改运动中，把没收的地主财产优先分给优抚对象。1948 年后，优抚内容增加对烈、军属和荣残军人实行包种代耕制度。1949 年以后，在优抚方面，按照国家政策标准，保证各类抚恤金及时足额发放到位。优先安排烈、军属子女上学和招工就业，在校学生中的烈属子女享受一定数量的助学金并免收学杂费，对突遭困难的优抚对象实行临时补助。1956 年农业合作化时期，村内优抚对象在合作社购买生活必需品时，享受九折优惠。1982 年推行联产承包责任制时，优待形式改为粮款定额补助办法。1991 年执行新的优待标准。

抚恤

村“两委”严格执行抚恤金发放政策，坚持做到执行政策不走样，抚恤金及时发放到位。1994 年 1 月，区政府印发《莱芜市钢城区优抚对象抚恤优待办法》，对现役军人死亡的，根据死亡性质和死亡时的工资收入，发给其家属一次性抚恤金，其中属于革命烈士的，发给 40 个月工资；因公牺牲的，发给 20 个月工资；病故的发给 10 个月工资。并为其家属办理定期抚恤手续，发给定期抚恤金。志愿兵、军校学员和立功者，按比例增发抚恤金。1994 年 6 月，按照山东省民政厅、财政厅《关于提高革命烈士、因公牺牲军人、病故军人家属定期抚恤金标准的通知》精神，提

解放军官兵到棋山观村义务劳动

高革命烈士和因公牺牲军人家属的抚恤标准。1995 年 3 月，区政府出台《钢城区优抚对象抚恤优待办法》后，严格执行文件规定。

双拥共建

发扬战争年代优良传统，棋山观村村民与部队官兵之间一直保持着浓浓的鱼水情谊，军民之间共同营造了“军爱民民拥军，军民共建一家亲”的浓厚氛围。新中国成立后，全村先后有 30 人应征入伍，村“两委”先后 10 余次到部队走访慰问；部队官兵多次到棋山观村开展打扫卫生、植树、走访慰问贫困户等活动。2014 年 5 月，棋山观村被中国人民解放军某部评为军民共建示范村。

抗日歌谣

抗日战争时期，有关抗日的歌曲在村内流传较广，有《鬼子真可恨》《满江红》

《反正歌》《快把战场上》《我们是抗日的八路军》《反"扫荡"歌》《放下锄头把兵当》等，这些歌谣和小调大部分由部队传播到当地。

鬼子真可恨

鬼子真可恨，鬼子真可恨，
奸淫掳掠放火又杀人。
你看他狼心狗肺多残忍，
多残忍！

鬼子真可恨，鬼子真可恨，
他向我们全国来进攻。
同胞们快快起来参加八路军，
（参加）八路军。
大家要齐心，大家要齐心，
拿起枪刀去和鬼子拼。
要把那日本强盗赶出境，
赶出境。

满江红

七月初七，
日本鬼子大演习，
用机枪大炮炸弹向我袭击。
发兵占我绥察冀，
又来攻（我）山东山西，
各地里奸淫带抢劫，不讲理。
同胞们，联合起，
今日要，出口气，
应有钱出钱有力出力。
有枪拿枪上火线，

组织起来打游击。
要把那日本强盗赶出中国去！

反正歌

慢打枪来别开火，
听我唱个反正歌。
兄弟们，仔细听着，
兄弟们，仔细听着。

咱们都是中国人，
一无仇来二无恨，
为什么打自己人，
为什么打自己人？

日本鬼子到咱家，
谁能给他当牛马？
要当兵就把敌杀！
要当兵就把敌杀！

当兵就该打日本，
收复失地享安宁。
当兵就该打日本，
收复失地享安宁。

快把战场上

叫老乡，你快去把战场上，
快去把兵当。
不要等到日本鬼子杀到咱家乡，
老婆孩子遭了殃，

（你）才把兵当。

你别说，日本鬼子他难找我，
咱自享快乐。
你不当兵我不出枪，只想法儿躲，
无人打仗亡了国，
看你怎么过。

你别想，谁家来了我给谁纳粮，
纳粮自在王。
日本鬼子奸淫烧杀还要抢粮，
一家老小杀个光，
我的个老家乡。

我们是抗日的八路军

冲、冲、冲，大家来向前冲，
哪怕那飞机大炮迎头轰。
我们是抗日的八路军，
做先锋。
我们是抗日的八路军，
做先锋。

赶、赶、赶，大家向前赶，
要叫那日本鬼子快滚蛋。
我们是抗日的八路军，
做模范。
我们是抗日的八路军，
做模范。

杀、杀、杀，大家来向前杀，
砍掉了日本鬼子的脑袋瓜。
叫他那日本强盗，
回老家。
叫他那日本强盗，
回老家。

反“扫荡”歌

烈火燃烧在沂蒙山上，
愤怒充满了人们的胸膛。
鬼子们各路进攻来“扫荡”，
杀人放火，奸淫又抢粮。
山川震惊，林木动荡，
到处是救国的歌声，
到处是抗日的武装。
兄牵弟，儿别娘，
前应后呼上战场，
同心协力打东洋。
展开游击战争，
打到敌人后方，
拆桥破路，攻城夺梁，
造成犬牙交错的战场，
向鬼子们来一个反“扫荡”。
展开游击战争，
打到敌人后方，
拆桥破路，攻城夺梁，
造成犬牙交错的战场，
向鬼子们来一个反“扫荡”。

放下锄头把兵当

放下锄头去改行，
背起行李辞爹娘。
张三李四跟我来，
八路军里把兵当。
把兵当，把兵当，
老兄何必这样慌。
你在门前等一等，
辞别爹娘就到场。

就到场，就到场，
主力军里把兵当。
今年打败日本鬼，
明年胜利回家乡。

回家乡，回家乡，
大家相见喜洋洋。
这个就说真英雄，
那个就说真荣光，
真荣光！真荣光！

山清水秀棋山美

齐鲁名村志
QI LU MING CUN ZHI

棋山观村志
QI SHAN GUAN CUN ZHI

生态旅游

SHENGTAILVYOU

棋山观村牢固树立绿水青山就是金山银山的发展理念，始终坚持走生态建设带动旅游发展，旅游发展促进经济建设的致富路子，实现了人与自然的和谐相处，村民财富的快速增长。2013 年 1 月，被中共山东省委农村工作领导小组命名为“山东省生态文明村”。2014 年 1 月，被山东省旅游局命名为“山东省旅游特色村”。

旅游资源

自然旅游资源

村域内棋山是国家级森林公园，山上森林植被茂密，山下万亩果园飘香，更有望海石、南大顶、北大顶、棋子石、一线天、龟石、猪嘴崖、垛石、冠子石、后洞、雪蓑洞、情侣石、人站泉、石棚、燕子崖、石瓮、尖子山等 30 余处自然景点，是游客拥抱自然、休闲观光、生态采摘的旅游首选地。

望海石 是矗立于棋山主峰上的巨石，石高 4.50 米，长宽各 3 米。据说，若于晴日晨曦，站在此巨石上，向东眺望，可以望见旭日东升。只见太阳从东方地平线上跳跃几下之后冉冉升起，瞬间眼前闪现银光似波，即为阳光反照下的东海之水。又传棋山望海石是碧霞元君绣鞋所变。一日，碧霞元君等众神东游大海途经棋山，

望海石

发现此处有神仙气息，为保佑此间黎民百姓，丢下一支绣鞋作为信物，后绣鞋化作棋山望海石。棋山一带村民世承碧霞元君恩泽，因此碧霞元君成为棋山村民虔诚膜拜的女神，一直为人们所敬仰。

南大顶　棋山主峰，海拔高度596米，山顶有望海石景点。站在山顶，可远眺“汶水西流”、十里钢城美景。

南大顶

北大顶

北大顶　棋山海拔次高峰，位于山脊北部。山顶建有大地测量水准点，围栏保护，旁立碑提示。

棋子石　位于北大顶南侧下方，一块巨大平整的岩石平放山侧，面积10余平方米，上面裂纹纵横，酷似棋盘，巨石上有一浑圆砂石似棋子，重约数吨，似天外飞来，稳稳地落在岩石上。棋盘下的东北方，形如斧柯的巨石弃之一旁。相传这是太白金星与南极仙翁对弈的地方。

棋子石

一线天

一线天 棋山后宫东侧的半山腰，有一处绝壁，长 30 余米、高 11.30 米、宽 0.90~1.10 米不等，只容一人上下。于瀑布崖、涧池相连，是游人从中路上山往返游览棋山的必经之处。棋山索道从一线天上空通过，形成一道靓丽的风景，是游人不可不游的景点之一。古人有两首诗词赞美“一线天”景点,其一是“山腰天一线，众称一线天。不从此中出，焉知天地宽”。其二是“悬崖瀑布响，峰峻云偏闲。踏阶拾级上，仰视一线天”。

龟石 位于棋子石正东 10 余米处，有一块长约 5 米、宽 4 米的巨大石块，形状酷似乌龟，昂首眺望着东海方向，被当地人称之为“龟石”。相传很久以前，在棋山西南方向有一条深沟，沟中有一深潭，潭中长着一只千年乌龟，它有一个最大愿望就是去东海，拜见东海龙王，让其点化成仙，然而苦于自己行动迟缓，又无仙人引荐，迟迟无法成行。忽然有一天，天赐良机，它听说太白金星与南极仙翁要到棋山，于是乌龟急急忙忙游出深潭，爬上山涧，滑下山坡，越过岩石，穿过荆棘向棋山山顶爬去。功夫不负苦心人，不知过了多少天，流了多少血，乌龟终于爬到山顶一颗参天大树下。只见太白金星与南极仙翁两位仙人端坐大石板上，戏棋对弈。出于好奇，乌龟不声不响挪到大石板前，蹲在一旁观战。两位仙人你攻我守，攻城略地，互不相让，只杀得天昏地暗，令乌龟大饱眼福。忽然间，一朵祥云飘忽而至，两位小童站在大仙面前禀报，“玉帝有旨，请两位仙翁即刻回宫，有要事相

龟石

商”。两位大仙激战正酣，棋意正浓，不忍离去，又怕玉帝怪罪，正犹豫间，抬头才发现一旁观战的乌龟，得知乌龟心意后，两位仙翁答应帮忙，把乌龟举荐给东海龙王，但要求乌龟在此看好棋局，不被他人破坏，他日再来续棋。乌龟诚惶诚恐赶忙允诺。两位仙翁回宫忙于玉帝吩咐之事，时间久了，也许是考验乌龟的诚信，也许已把续棋和许诺之事忘却，一天又一天，一年又一年，几千年几万年过去，两位仙人还是没有回音，而看棋局的乌龟，还在痴痴地等待着两位仙人再来续棋，等待着大仙的举荐，等待着龙王的点化……至今还在翘首东望，相信奇迹终会发生，梦想定能成真！

猪嘴崖　位于北大顶的西山坡，在高有丈余的悬崖之上，有一块重约百吨的巨石，形状酷似猪头，张着猪嘴，下面有天然的石柱支撑着，栩栩如生，被人们称为“猪嘴崖”。相传，很久以前此处有一头神猪在这里生存。神猪渴饮棋山西南方“饮猪沟”（今三岔河果园，小水库一带）里的山泉水，饿食棋山山南不远处“豆山子”（三岔河村东一小山，名为豆山子）的豆子，用棋山正西几里处的“喂猪盆”（原高家岭村西北处红石沟），一日三餐饭食无忧，条件优越。一日，南方一风水先生来到棋山，见到神猪，便想据为己有，硬取无果，他搜肠刮肚想了一个坏主意，决定破坏神猪的生存环境，让其无吃无喝，逼其就范。他首先将“饮猪沟”改名为“野长沟”，断了神猪的水源；其后，又把“豆山子”改名为“支锅山”，断了神猪的细粮，而且作出要宰猪的架势；最后，将“喂猪盆”改名为“接血盆”，准备用来接盛猪血。至此，神猪水饭皆无，只能困于此地，坐以待毙。他用石钎撬开石头，取走神猪。从此，此处只剩下猪嘴崖了。

猪嘴崖

垛石　位于东北赵老峰顶北坡。由若干奇形怪状的巨石自然堆砌而成。其形或似人，或似兽，或似物，其状或似老道弯腰力举千钧，或似众兽聚集合力抗鼎，或似大鹏展翅凌空欲飞，千姿百态的怪石搭成一个天然凉棚，可容十几人同时乘凉，是避暑胜地。

冠子石 垛石往下约200米，有一巨石，上面平坦，能容纳七八十人，中间有一大缝，长出大量的花草。据古人传说，有一仙人挑石至此，累了休息，再就挑不动了，只好把石头劈开取走宝心。巨石东面人可以上下，南边有一奇形石头像鸡冠子，所以取名“冠子石”。

冠子石

后洞 位于棋山北麓山腰下。此洞由多层巨石自然棚起，洞内有沙有水，洞口隐蔽，且有多处进出口。容一人弯腰进出的洞口有6个，或直下，或斜插，或转角。后洞由多个洞穴组成，洞穴大小不一，总计可容纳四五百人。洞之间有通道相连，可从这一洞口进从另一洞口出。除洞口外，洞内还有多处缝隙与洞顶地面相通，虽然洞内光线昏暗，但能对面视物。此洞距棋山观村约1.50千米，因其易于进出，且较隐蔽，在战争年代曾作为藏身宝地发挥重要作用。20世纪20年代，土匪横行时期，百姓有时来不及上山寨避难，便躲到后洞里，土匪明知，却也无可奈何。抗日战争时期，山东纵队第一旅廖容标、吴瑞林等高级将领曾多次在此住宿；新甫县县长王醒、莱东县县长贾东明也常到此洞落脚;颜庄区区委书记黄宝恒、区长孟雪峰都曾在此洞隐蔽过;棋山区干部及区中队队员更是时出时入。他们凭借山洞隐蔽，背靠棋山，利于机动的有利地形，与敌人斗智斗勇，有效地打击敌人，保护自己，从未出过意外。如今，因多年水冲沙埋，后洞多处洞口已被封闭。

后洞

雪蓑洞 位于棋山山阴半山腰处，洞进深6.6米，宽10余米，高1.69米，面

雪蓑洞

积 70.8 平方米。洞的东南方有一条容一人爬行的蹩巷，据说能行进百余米。由于自然塌陷淤积，爬行已不通畅。相传此洞是明代雪蓑修道、炼丹之处。雪蓑时而在此隐居，时而云游他乡。雪蓑与章丘李开先结识后，两人成为文友，李开先时而到雪蓑洞找他，此洞成了二人探讨诗文戏曲，修炼打坐，炼丹制药的地方。一天，雪蓑在洞内打坐，忽听到有脚步声向洞边起来，雪蓑知是好友李开先，便大声吟道："人对青山山对人，不知谁是主和宾。"李开先听到雪蓑吟出的两句诗文，知是让其对答。正在这时有一牧羊姑娘吹起了牧笛，李开先随吟道："猛然谷里一声笛，吹出梅花陇外春。"吟罢，二人相视哈哈大笑。在此，雪蓑还作有赠山翁、真境、枰棋等诗词。

情侣石 位于棋山南大顶上。山峰上有两块形似人体的巨石相偎相依，人称"情侣石"。传说齐宣王时，公差奉旨征召天下民夫修筑齐长城，圣旨到处，无论城里山里，男性壮年劳力皆无处躲藏。棋山脚下有一猎户，祖辈单传。猎户只身一人，到 40 岁，才娶妻生子，取名丰良。丰良 5 岁，他娘上山挖野菜，不慎坠崖身亡。父子二人艰难度日。丰良 18 岁，他爹求亲告友为儿提亲，娶了漂亮善良的媳妇田英。婚后第三天，丰良被县衙差人抓到锦阳关修筑齐长城。丰良爹又急又气，没几日含恨离世。媳妇田英思夫心切，常常在梦中大喊："丰良回来！丰良回来！"一日丰良趁监工不注意，果然偷偷跑了回来。正当夫妻相拥而泣时，

情侣石

公差跟踪而至，夫妻俩为躲避公差追捕，逃上棋山，从山脚跑到北大顶，再到南大顶，最后无路可逃。当公差把锁链缠到丰良、田英身上时，相拥的两人忽然化作石头，相偎相依不再分开，变成了今天的“情侣石”。传说，后世情侣只要牵手绕“情侣石”环绕一周，就可以厮守一生，幸福终生。如今游人游览棋山，特别是年轻情侣，“情侣石”成为他们的必游之地。

人站泉 位于南大顶东北山下，有一清泉，人站可饮，故名“人站泉”。相传北宋开宝年间，有一年大旱，大量土地荒芜，民不聊生，辽国兵马趁此侵扰北方边境。宋太祖赵匡胤看到内忧外患的困苦景象，忧心忡忡，一面布置全国人民抗旱救灾，一面决定御驾亲征讨伐辽兵。时值盛夏，烈日当头，当宋朝兵马行至棋山南大顶东北山下时，人马口渴难忍，派出寻找水源的兵马接连失望而回，大批的兵马已渴昏在地。赵匡胤心急如焚，一会儿也渴得说不出话来。赵匡胤的战马被拴在1.60米高的悬崖坡上，直弹蹄子，而其他的马匹则有气无力地纷纷趴在地下和山上。就在众人马死一般沉寂时，忽见赵匡胤的战马长啸一声，腾空而起，四蹄落地，像4把利刃，有力地踩挖下去，刹那间，只听“噗”的一声，一股清泉从石缝奔涌而出，水柱溅起一丈多高，那马四蹄已鲜血淋漓。众人不禁惊喜交加，纷纷跑到泉边，喝了个痛快！赵匡胤大喜，望着清澈喷涌的泉水大笑到：“真乃神泉，马助我也！”赵匡胤抚摸着马，连连称赞说：“宝马呀宝马，朕封这口泉水为马泉。”那马听后，两眼流泪。突然，摇身一变，变成了一个五大三粗的小伙子，他站着喝了口甘甜的泉水，双手一抱给赵匡胤作揖说：“皇上，我不是马，我是人，请皇上恩准，就叫我人泉吧。”赵匡胤令部

人站泉

下抬来一块石头，挥笔写下“人泉”二字，并派一名雕刻匠人出身的士兵迅速雕刻而成，立在泉旁。

就在这时，辽国兵将蜂拥杀来，赵匡胤下令全体将士迎击敌人，兵将们士气大振，奋勇杀敌，经过一番厮杀，打得辽兵大败，落荒而逃。由于这泉水是从 1.60 米左右高的石缝中流出，可供人站着饮用，后人因此将“人泉”改为“人站泉”。

石棚 棋山观村东南 100 余米处有一条大沟叫石棚沟，沟口中央有一块很大的圆形石头，高约 2.50 米，体积约 25 立方米，村民给它取名“救命石”，顺沟向上 120 米，有一块长方形巨石，长 15 米、宽 6 米、厚 2 米，棚下能容纳六七十人，故名“石棚”。沟内常年流水不断，空气凉爽。石棚沟与井桶沟相连，战乱年代是老百姓避难的一条必经之路，人们一听到敌人枪响，就顺着这条大沟通往弯弯曲曲的井桶沟，然后上后洞。

石棚

燕子崖 位于北大顶之阴。很久以前，一位老者来到燕子崖，一眼看中这块宝地。但见燕子崖正阳处有个洞门紧闭，上面挂着一把金锁，光彩夺目。老人一边在燕子崖下徘徊，一边沉思，既有封库之锁，定有开锁的钥匙。但不知打开宝库之门的金钥匙在何处，深思间，忽然看到北大顶上有一把高大的铁扫帚。老人凭着多年的经验，断定这就是宝库的金钥匙。于是他奋力扛起铁扫帚，忽然铁扫帚变小了，变得像平常扫帚一般大小。他扛着铁扫帚围绕燕子崖左转 3 圈，右转 3 圈，口中念念有词:“施主已到来，宝库快快开。”话音刚落，只听哗啦一声巨响，如同天崩地裂一般，洞门大开。

老人提起铁扫帚，信步往里走去。前面有个小庭院，一位漂亮的少妇正赶着一头毛驴碾米，他走上前去向妇人打招呼，谁知妇人光瞪眼不说话，再往前走是一条大街，两旁树木成行，房屋幢幢，飞禽走兽样样俱全，所不同的是里面的人不语，鸟不鸣，到处一片寂静。老人沿街串巷逛了一会儿，肚子饿了，发现街边一处饭铺，

燕子崖

走了进去。只见铺内锅台两边明烛高照，蒸笼内满满一笼馒头。他放下扫帚，抓起一个馒头吃了起来，刚吃一个，便觉得肚子里沉甸甸的难受。他蹲下身子，掏出烟袋想抽烟，发现锅台边有3个黄豆，觉得丢了可惜，便拾起来装进口袋里。点上烟，一边吸，一边往外走，刚走出门口，只听轰隆隆一声巨响，震得山摇地动。老人定睛一看，哪里还有什么街坊庭院？自己依旧站在燕子崖下面，他伸手掏出兜里的黄豆，竟是3颗金豆子，忽又觉得肚子痛，方便完回头一看，竟是一堆金子。老人如梦初醒，想再进去拿点金银珠宝，可惜铁扫帚已被忘在宝库里了。

石瓮　棋山有一条石瓮沟。石瓮沟内，有一高5米，直径3.50米的巨石，其状如瓮，人称“石瓮”。传说很久以前，一个老汉在石瓮沟内放牛，发现许多蜜蜂，嘤嘤嗡嗡地挤在满山遍野的草丛之中，蜜蜂多得叫人奇怪。一天中午，老汉躺在一块青石板上歇息，迷迷糊糊地睡着了。这时，只见一位白胡子老头对他说：“这石瓮沟里，有一石瓮，石瓮盖上有许多小孔，蜜蜂可自由自在的钻进钻出。瓮内藏有千年的蜂蜜，如能打开此盖，这里的人们就能过上甜蜜的日子。”老汉听了忙问：“怎么才能打开石瓮的盖呢？”白胡子老头笑着对他说：“去找有10个儿子的人家，10个儿子手里的钎锤就是打开瓮盖的钥匙。”说完便不见了。老汉忙起身挽留，却被脚下的一块石头绊倒了，醒来原是一场梦。

石瓮

老汉细细地回忆着梦中的情景，高兴地跑下山去。

第二天，老汉领着10个儿子，拿着钎锤来到石瓮沟，在蜜蜂最多的石瓮盖的顶部凿起石盖来。天累成月，月累成年……终于有一天，石盖上渗出些青青的浓汁来，用手沾了舔舔，透心甜，老汉大喜，一声喊："打出蜜来了，快干呀，他大姐夫。"他一喊不要紧，石盖突然变得坚硬起来，并且也不往外渗蜜了，无论他怎样用力，也凿不下一点石片了，你说为啥？原来，老汉只有9个儿子，但他不想去找10个儿子的人家，便把自己的大女婿叫来，凑成10个儿子，并叮嘱9个儿子，以后管他们的大姐夫叫大哥。可是在关键的时刻，老汉得意忘形，自己却把这个秘密泄露了。打不开石瓮，老汉又沮丧又懊悔，只好领着女婿和儿子们走出了石瓮沟。

尖子山 位于棋山山阳，主峰海拔495米，外形象把锥子，这里风景怡人。传说很久以前，尖子山是泰山的一个山尖，有一年农历七月十五，张果老等八仙云游东海，路过泰山，因饮酒，碧霞元君慢待了张果老，张果老很生气，认为碧霞元君凭借泰山仗势欺人，妄自尊大。吕洞宾因与碧霞元君结有私怨，煽风点火地说："她

尖子山

不仁，你也别义，给她点颜色瞧瞧。”听了吕洞宾的话，张果老提起赶驴的鞭子，跳上毛驴，来到碧霞元君的住处叫骂不停。骂了半天，不见动静，进去一看，空无一人。张果老借着酒兴，绕到山后，扬起赶驴的鞭子，狠狠地朝山上抽了一鞭，把尖尖的山峰拦腰截断，被抽断的山尖化作一团青云升入空中，向东南方向飘然而去，落到棋山之阳，变成了尖子山。张果老一阵得意，待再次扬鞭，忽听一声："慢！"定睛一看，原来是碧霞元君搬的救兵——玉皇大帝到了，正端坐在平平的山峰上。张果老醉意顿消，连忙下跪，叩头求饶。游过泰山的人都知道，碧霞元君虽是泰山主宰，可山顶上是玉皇大帝神位，那是碧霞元君怕张果老再来找麻烦，特意将玉皇大帝的神位安在上边的。

人文旅游资源

有棋山观、玄之又玄碑、抗日阵亡烈士纪念碑、佛洞子、棋山后宫、索道、民俗博物馆、森林科普馆等。

棋山观 始建于北宋徽宗崇宁五年（1106），现存建筑物是2014年易地新建的仿古建筑，于2016年建成投入使用。主要设施有牌坊、山门、增福殿、财神殿、钟鼓楼、放生池、放生亭、水榭、三官殿、慈航殿、元君殿、玉皇大帝殿、救苦殿、真武殿、三清殿、四御殿等，是游客游览、研习道家文化的重要场所，详见本志“仙迹觅踪类目·宗教印记分目·棋山观条目”。

玄之又玄碑 又名雪蓑大字碑，位于棋山观村西。碑刻“玄之又玄”四个大字为明朝雪蓑所书，四字布局巧妙，笔法奇古，气势恢宏，是广大书法爱好者不可不游的景点之一。2013年，雪蓑大字碑被列为省级文物保护单位，详见本志“仙迹觅踪类目·宗教印记分目·玄之又玄碑条目”。

抗日阵亡烈士纪念碑 与雪蓑大字碑相邻，是1941年山东纵队第一旅司令部为纪念抗战牺牲的排级以上165名干部而立的，由徐向前元帅题写碑名，2015年，被列为省级文物保护单位，详见本志“红色记忆类目·抗日阵亡烈士纪念碑分目”。

佛洞子 位于棋山西麓，开凿于北宋大观三年（1109），详见本志“仙迹觅踪类目·宗教印记分目·佛洞子条目”。

棋山后宫 位于棋山山阴，是佛、道教合一的寺观。始建于明正德八年（1513），后进行四次重修，20 世纪 50 年代原建筑被毁。1999 年仿古重建，是游客上香、祭祀的场所。详见本志“仙迹觅踪类目 · 宗教印记分目 · 棋山后宫条目”。

索道　位于棋山山阴，建于 2017 年，索道总长 508 米，往来于南大顶至棋山柯烂雕塑广场，游客可乘索道空中观棋山。

索道

民俗博物馆　位于棋山人家社区服务中心，主要收藏 20 世纪村民生产、生活所使用的各种用具，如旧家具、旧农具、旧灯具、旧炊具、旧餐具等，教育后人牢记历史，勿忘过去。

森林科普馆　位于棋山人家社区服务中心，主要收藏棋山各种动植物资源标本 100 余种，供游客参观学习，掌握了解动植物的多样性，是青少年理想的学习场所。

民俗博物馆

森林科普馆

“棋”文化旅游资源

歌曲

天下棋山

词　范作军

山是一盘棋
棋是一座山
这道迷人的风景
看了很多遍
才子的风流
神仙的妙算
化作一枰美丽的棋子
存在人间

山是一盘棋
棋是一座山
这个精彩的故事
说了几千年
相对无言语
胜负在心间
天地成就的这手好棋
妙不可言

我说棋山美
观棋如看山
亦真亦幻成自然
流连忘返

我说棋山好
儒雅不一般
留得棋韵载千古
梦回当年

围棋歌咏诗词

王质观棋

宋·顾逢

弈边忘日月，况复遇神仙。
石上无多著，人间几百年。
指枰如料敌，落子欲争先。
想尔腰柯烂，回头亦骇然。

棋山院

宋·董渊

风际有云多世态，
海中无底是人心。
可堪更问棋山话，
一局闲争古到今。

赠棋者

宋·范仲淹

何处逢神仙，传此棋上旨。
静持生杀权，密照安危理。
接胜如云舒，御敌如山止。
突围秦师震，诸侯皆披靡。
入险汉钭危，奇兵翻背水。
势应不可隳，关河常表里。

南轩春日长，国手相得喜。
泰山不碍目，疾雷不经耳。
一子贵千金，一路重千里。
精思入于神，变化胡能拟。
成败系之人，吾当著棋史。

观棋绝句二首

清·钱谦益

其一

当局休论下子迟，
争先一着有人知。
由来国手超然处，
正在推枰敛手时。

其二

一局分明小劫期，
余尊尚堪日初移。
人间多少樵薪子。
努目仙人为看棋。

全国围棋甲级联赛

为突出棋山“棋”文化，弘扬围棋这一中华民族传统文化的瑰宝，展示山东围棋运动技能，在全国围棋界推介、宣传棋山，2008—2017 年，钢城区先后五次在棋山举办全国围棋甲级联赛（中国体育三大职业联赛之一）“棋山专场比赛”。

2008 年 6 月 14 日，全国围棋甲级联赛“莱芜棋山专场”

2008年6月14日，钢城区首次举办国家级体育赛事——全国围甲联赛“莱芜棋山专场”比赛。本次比赛由中国围棋协会、莱芜市钢城区人民政府主办，棋山管委会、齐鲁晚报棋院承办，钢都宾馆协办，是山东网通队对北京大宝队的主场比赛。山东队参赛阵容为：主教练曹大元九段，队员周鹤洋九段、邵炜刚九段、周睿羊五段、陶忻四段；北京队参赛阵容为：主教练谭炎午七段，队员孔杰七段、陈耀烨九段、汪洋六段、柁嘉熹五段。14日上午在钢都宾馆进行三盘慢棋赛，下午在棋山进行快棋赛。著名国手曹大元在“棋山柯烂”雕塑广场进行现场挂盘讲解，两队参赛棋手与当地围棋迷展开别开生面的擂台表演，再现当年“柯烂对弈”的胜景。

2009年5月9日，全国围棋甲级联赛在棋山举行，吸引7000余名游客前来观棋观光。

2015年9月3日，鲁军山东景芝酒业队主场摆擂莱芜棋山国家森林公园，迎战贵州百灵队。这是全国围棋甲级联赛下半赛季首轮交锋，两队队员全部为“90”后棋手，鲁黔上场的选手共有4位世界级冠军，其中贵州队的时越等级分排名国内围坛第一，山东队的周睿羊、江维杰、范廷钰等级分均排名国内围坛前十，可谓强强对决。新浪、搜狐两大网站现场直播比赛赛况。

2015年9月，全国围棋甲级联赛周睿羊主将战时越比赛现场

2017年5月16日，范廷钰战古灵益比赛现场

2016年7月4日，全国围甲联赛半程收官棋山，山东景芝酒业队主场迎战珠海万山队。两队共有4位世界冠军和5位九段高手出场。本轮比赛冠名“莱芜棋山·人保财险专

场”，由莱芜市体育局、旅游局主办，齐鲁晚报棋院联合莱芜市钢城区棋山管委会承办，中国人民财产保险股份有限公司莱芜市分公司协办。

2017 年 5 月 16 日，全国围棋甲级联赛再战棋山，王牌队伍山东景芝酒业队迎战成都园丁控股队，山东围棋队由主教练曹大元九段率领旗下 3 位“90”后世界级选手江维杰、周睿羊、范廷钰参战。比赛期间，围棋爱好者领略了顶级围棋赛事的精彩厮杀、聆听了主教练曹大元讲解的精妙棋局，与世界冠军们进行了擂台赛表演。

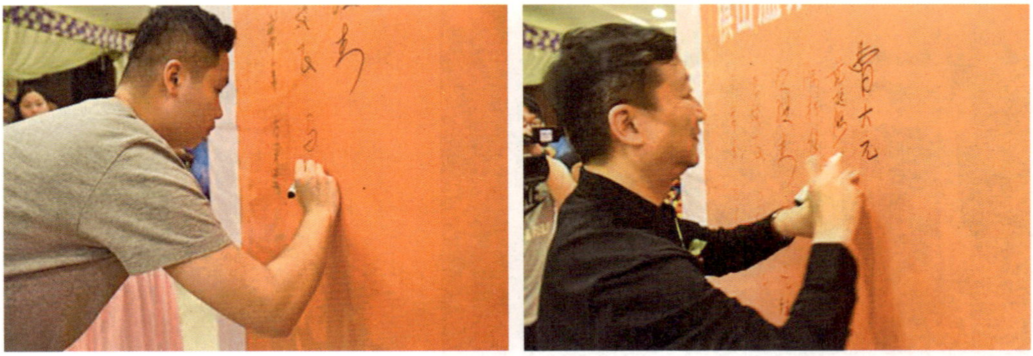

参赛教练与两队选手签名留念

旅游规划

20 世纪 90 年代中期，旅游开发开始起步。1997 年，旅游业提上莱芜市重要议程。1998 年，市旅游局对全市 18 处景点实地考察，完成旅游资源普查、整理归档工作，拟订《莱芜市旅游发展规划纲要（草案）》。1999 年，市旅游局对里辛镇棋山等 12 处景点实地考察。2000 年，对《莱芜市旅游发展规划纲要》进行修改和完善，将棋山确定为旅游重点开发项目上报省旅游局。2001 年，《山东省莱芜市旅游发展总体规划》（2001—2020 年）及齐鲁大峡谷、雪野、棋山等 3 个重点景区的详细规划编制完成。2002 年，《山东省莱芜市旅游发展总体规划》（2001—2020 年）编制工作的技术标准和内容分别通过专家组的评审和省旅游局审批，并通过市委、市政府和市人大常委会审议。齐鲁大峡谷、齐长城、棋山、王石门、华山、孔雀山、望夫山 7 个重点项目被列入省旅游优先发展项目库。

设施建设

登山台阶

1994 年，里辛镇政府加快棋山旅游开发步伐，累计投资 500 余万元，开发建设景点 20 余处，修通 7 千米环山公路，30 千米的营林路，4 条 2 米宽共 2 千米长的登山步游路，实现景区路、水、电、通信“四畅通”。发展各类经营业户 135 家，其中炒鸡店 80 余家、水处理厂 1 处，其他经营户 20 余家，搭建起棋山旅游的初步框架。1998—2002 年，钢城区重点实施棋山小流域综合治理工程，坚持把棋山流域治理与发展棋山旅游、观光农业相结合，在棋山流域规划建成苹果、桃、杏、枣、李子和葡萄等规模果园 6000 余亩，形成 6 大系列 20 余个果树品种，延长环山公路至 20 千米，开辟 3 条旅游线路，丰富了旅游内容。2000 年棋山被列为省级森林公园后，里辛镇于 2012 年 6 月成立棋山管理委员会，加强了对棋山的综合管理，初步把棋山建成集观光、休闲、娱乐于一体的旅游地，成为莱芜市主要旅游景区。2014—2015 年，钢城区旅游局先后开工建成棋山风景区内 16 千米长的棋圣路、10 千米长的棋盘路、1 千米长的天元路，形成景区路网体系。2014 年 12 月，棋山由省级森林公园晋升为国家森林公

环山公路

园后，为进一步提升景区的承载能力，2014—2016 年，棋山风景区吸引社会资本易地新建棋山道观，搭起道家文化产业园发展载体。2016 年 10 千米长的棋王路路基开始施工。2017 年规划建设棋山索道，丰富棋山旅游资源。2016 年 3 月，钢城区成立棋山国家森林公园管委会，实行景区与流域内村庄的综合管理，景区建设日趋规范。

宣传推介

2000 年，省、市 12 家旅行社对房干、棋山、雪野、莱芜战役纪念馆实地考察，推出一批较有影响力的宣传资料。2015 年，先后举办海外华裔青少年“中国寻根”到棋山，山东电视台“我是大明星”走进棋山国家森林公园，观棋山美景、享“骑”乐无穷、棋盘路通车暨“天马国旅”杯自行车赛，百名摄影家齐聚棋山、定格山水间醉美画卷等活动，拓宽了棋山的宣传面。2016 年，举办“棋山泉乡村记忆旅游文化艺术节”与你相约，名家云集、名模齐聚、棋山生辉等活动，把棋山建成中国传

棋山“天马国旅”杯自行车赛

“我是大明星”走进棋山国家森林公园

媒大学实习基地，提升了棋山的人气指数。2017年，举办枣庄学院影视创作实践基地落户棋山影视小镇，宋时道观今重现、祈福寻道问棋山，世界旅游仙子大中华赛区山东站走进莱芜暨棋山温泉小镇第一届青岛啤酒旅游文化节等活动，增强了棋山的影响力；5月6日，莱芜市PPP项目推介会在北京召开，莱芜市钢城区棋山风景区建设项目作为全市重点推介项目，与凯普康南京信用资产管理有限公司正式签约。棋山国家森林公园管委会与社会资本方——凯普康南京信用资产管理有限公司达成合作协议，双方合作范围包括旅游基础及相关配套设施，旅游景区的打造、推广、宣传以及与旅游相关的三产服务业等内容。

旅游服务

莱芜市有阳光旅行社、新世纪旅行社、莱钢蓝天国际旅行、新兴国际旅行社等

棋山温泉小镇

旅行社 37 家，钢都宾馆、新兴大厦等星级以上旅游涉外酒店 10 家，能够承接大型旅游团队，能够满足不同旅游群体的个性化要求。2016 年 10 月，位于棋山山阳的棋山温泉小镇建成投入使用，小镇集温泉、食宿于一体，日接待游客住宿能力 100 余人，进一步提升了游客的接待能力。棋山景区内有特色风味棋山炒鸡店 200 余家，能够为游客提供个性化饮食服务。棋山旅游公交专线、钢城汽车东站、游客服务中心及棋山小火车的投入启用，为游客旅行提供极大的便利。

旅游公交车

小火车

节庆活动

主要有文化旅游节、登山比赛、书画创作与展览等。

文化旅游节

2001 年，旅游促销工作得到加强，为发展和扩大莱芜主要客源市场，3 月 25—31 日，里辛镇在棋山风景区举办第一届棋山文化旅游节。2002—2005 年，里辛镇又先后举办四届棋山森林公园文化旅游节，巩固了莱芜市场，扩大了周边影响。

登山比赛

登山比赛

2007—2008 年，钢城区文化体育局先后两次在棋山举办全区登山比赛。2016—2017 年，棋山国家森林公园管委会先后举办“登高望远，风光无限——棋山登高节与你相约”“‘魅力棋山，健步同行’千人 10 千米健步大赛”“棋山徒步行，健康环保来”等比赛，增强了群众的健身意识。

书画创作与展览

棋山观村是莱芜市美术家协会写生基地，至 2017 年，先后有大批书法家、美术家、工艺美术家协会会员到棋山从事书画创作与艺术品展览。2013 年 3 月，钢城区工艺美术家协会在棋山举行书画根雕艺术展；2014 年 6 月，又在棋山进行了市内工艺美术家艺术交流；2015 年 8 月，为动员协会会员，积极参加莱芜市首届工艺美术家评选，促进会员作品上台阶、上水平，协会在棋山举行为期一天的作品展览；2017 年 5 月 19 日，中国旅游日当天，在棋山举行为期一天的书画根雕艺术展。莱芜市内的中国书法家协会会员、中国美术家协会会员每年都不定期、形式不同地到棋山进行书画创作与交流。2011 年 9 月，钢城区文化体育局举办“全国书画名家邀请展”，在棋山进行为期一天的创作，中国画名家李小可弟子——丁长林、夏野、石空、朱健等 20 余位实力派书画名家齐聚棋山，进行实地写生与书画创作。

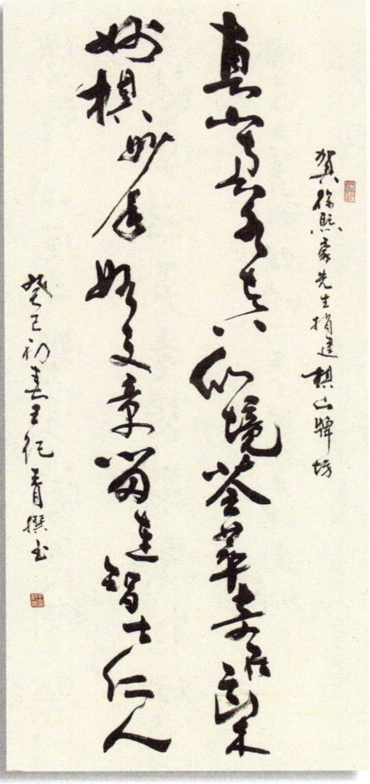

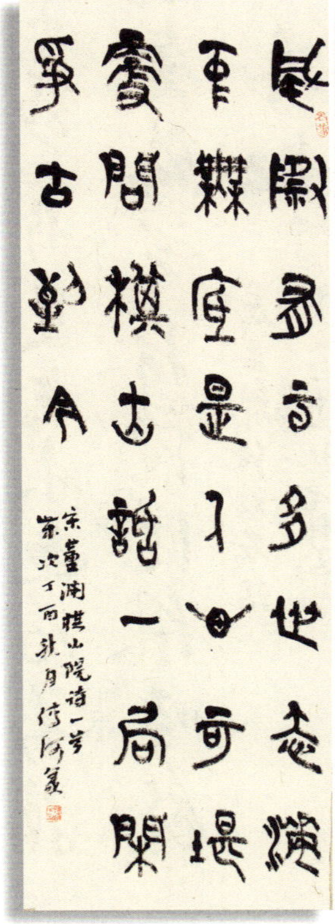

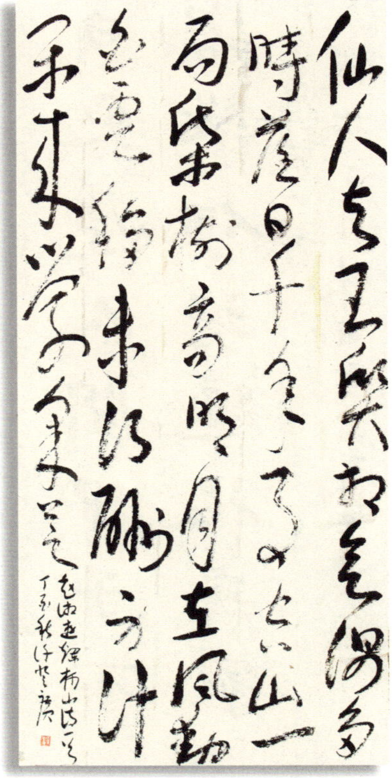

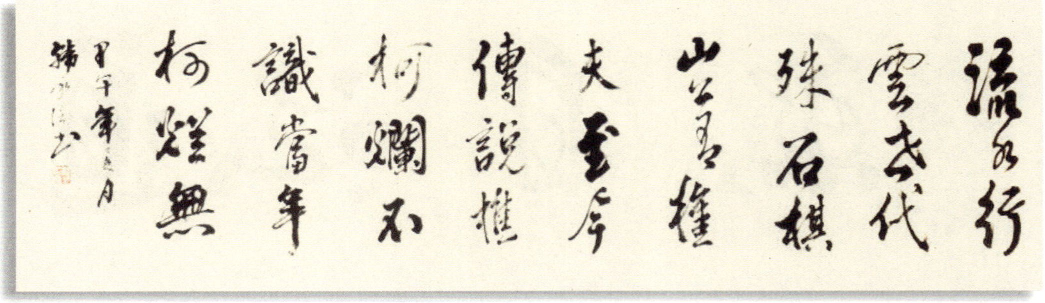

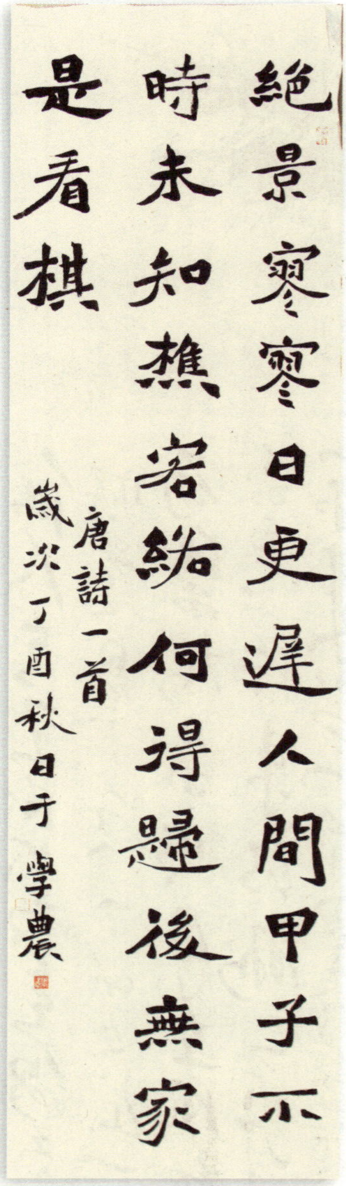
絕景寥寥日更遲人間甲子不
時來知樵客緣何得歸後無家
是看棋
唐詩一首
歲次丁酉秋日于學農

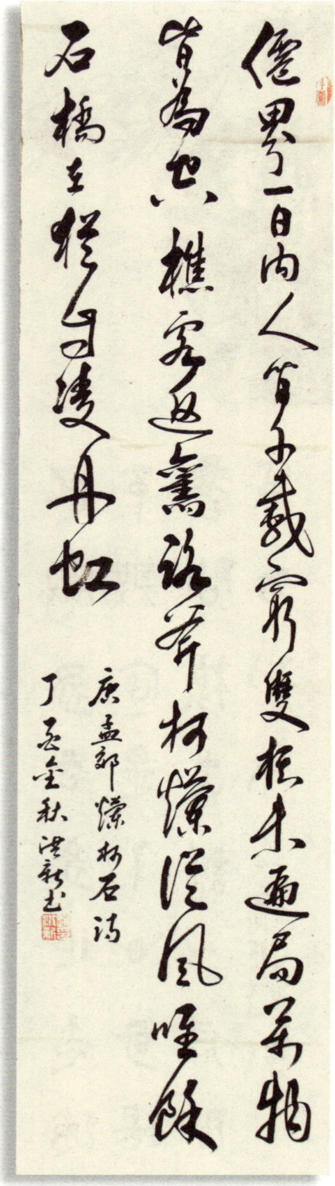

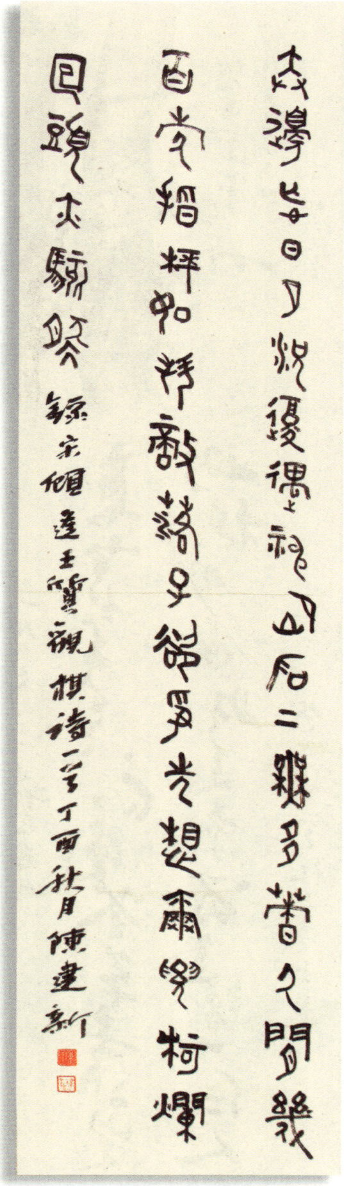

道法自然

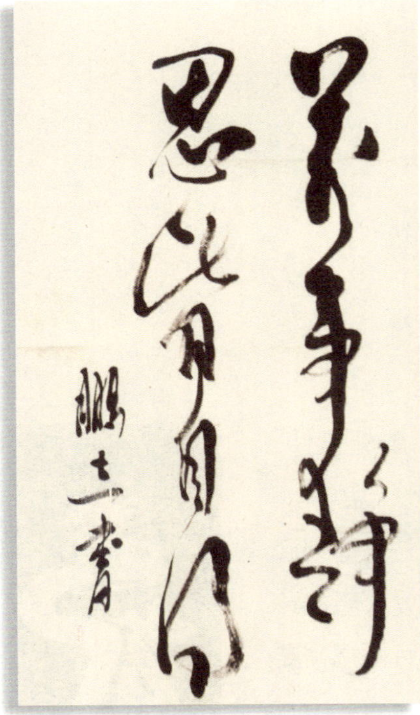

江南风情

旅游产品

分文化产品和农副特产两大类。

文化产品

主要有“玄之又玄”仿真拓片、“棋山柯烂”雕塑摆件、棋山玉印、“棋山柯烂”书画镇纸、《棋山传奇》电影光盘等。

“玄之又玄”仿真拓片

“玄之又玄”仿真拓片 是省级文物保护单位——雪蓑碑仿真碑刻系列拓品，是馈赠书法爱好者、古籍收藏爱好者的珍贵礼物，拓品尺寸有 1:1.1:2.1:5 等不同规格，游客可根据需要个性选择。

“棋山柯烂”雕塑摆件 摆件根据棋山柯烂民间传说进行设计，人物刻画形象逼真，栩栩如生。

棋山玉印 外形呈长方体的系列产品，长方体一面刻有“玄之又玄”四字，对面刻有养生精句，是文人墨客书桌摆放珍品。

“棋山柯烂”书画镇纸 镇纸表面刻有篆书“棋山柯烂”诗句，是书画界朋友日常用品，也是界内朋友互赠礼物的首选。

《棋山传奇》电影光盘 能够帮助游客及亲朋好友了解棋

棋山玉印

“棋山柯烂”书画镇纸

《棋山传奇》电影光盘

山，认识棋山，增强互动性，提升娱乐性。

农副特产

主要有棋山炒鸡、棋山小米、无公害蔬菜、绿色林果等。

棋山炒鸡　是 2010 年山东省旅游局评定的“到山东不可不品尝的 100 种美食之一”。真空礼盒“棋山炒鸡”是现场炒鸡的升级版，味道正统，携带方便，是馈赠亲友的理想佳品。详见本志“棋山炒鸡”类目。

棋山小米　粒小且匀，金黄色、有光泽，闻之清香，手摸凉爽，食之微甜味佳，是老、幼、体弱者的滋补美食。

无公害蔬菜　棋山山好水好土壤好，空气纯净无污染，按无公害标准种植的蔬菜，色泽新，质感好，味道佳，是居家饮食的首选食材，生姜、大蒜最为出名。

绿色林果　棋山西麓建有生态果园，桃、杏、梨、苹果、板栗、花椒等干鲜果品一应俱全，吸引了大批外来游客前来采摘。

真空礼盒“棋山炒鸡”

小米

大蒜

杏

核桃

板栗

山东省炒鸡美食大赛

齐鲁名村志

QI LU MING CUN ZHI

棋山观村志

QI SHAN GUAN CUN ZHI

棋山炒鸡

QISHANCHAOJI

棋山风景区是莱芜市著名的风景名胜地，素以三大特色而闻名，除自然景观优美、人文历史厚重外，还有特色餐饮——“棋山炒鸡”更是美名远扬。棋山炒鸡以其色泽红润、干香耐嚼、麻辣可口、经济实惠的风格，吸引着四面八方的游客游棋山、吃炒鸡，不仅成为当地的一道靓丽风景，而且棋山炒鸡已发展到济南、泰安、新泰、博山等地，使棋山观村成为远近闻名的“炒鸡之乡”。

棋山炒鸡由来

清朝乾隆十二年（1747），山东寿光、安丘、青州、历城、齐河等地遭受严重水雹灾，粮食生产连年绝产、减产，民不聊生，各地官员接连上书，请求赈灾，减免赋税，减轻黎民百姓负担，乾隆皇帝允准，对山东各地实施赈灾。为亲自体察灾情实情，了解当地官员赈灾情况，据传乾隆带领几个随从到山东进行了微服私访。一路行来，只见灾区一片萧条，荒无人烟，一路上乾隆皇帝也没能吃上几顿可口的饭菜。返回时，他从青州一带沿西南方向而行，继续了解百姓生活状况，所到之处，都令他忧心忡忡。一日傍晚，他来到棋山一带，因天色已晚，便借宿于棋山脚下的一位农户家，农户家姓尚，是一位年逾花甲的老妇人，膝下只有一女，母女俩靠炒鸡糊口度日。老妇人见来了客人，一面忙着为客人斟茶，一面吩咐女儿炒菜招待客人。姑娘来到厨房，生火、刷盘、葱花油盐准备停当，急火炒，慢火炖，半个时辰后，收拾停当，一盆香喷喷热腾腾的炖鸡端了上来。一路眉头不展、饥肠辘辘的乾隆皇帝，此刻看到棋山一带灾情较轻，百姓尚能糊口度日，心情稍觉宽慰，加上热气腾腾的炖鸡美味四处弥漫，顿使他食欲大开。他边品尝着味道鲜美的炖鸡，边不住点头称美，连声说：“好，好，棋山炒鸡就是好！”从此，棋山一带传统的农家炖鸡，有了一个响亮的名字——“棋山炒鸡”，棋山炒鸡的名字四处传播开来。后经逐步演变，渐渐形成莱芜人“杀鸡招待贵客”的传统习俗。通常只有贵客到访，才杀鸡待客，名曰“吉利”。只要看到酒席上端上一盘鸡，就知道今天的客人非常尊贵，客人也满心欢喜，只吃鸡肉，不吃鸡头，这是对主人热情款待的感激。

20 世纪 80 年代末 90 年代初，棋山西南脚下的莱芜钢铁集团公司产品产销两旺，经济运行态势良好，公司职工收入很高。许多职工业余时间喜欢到棋山游玩。他们来到棋山，看到山腰苹果园里农户养的鸡满山遍野，便和农户商量，给杀只鸡炖好，爬完棋山回来吃。农户就地取材，用石块支起土灶，用干苹果树枝烧火炖制。他们爬山回来后饥肠辘辘，闻到鸡肉香味，食欲大增，便在苹果树下饱尝了一顿棋山炒鸡。自此后，到棋山游玩的职工，大都先预定一只用苹果枝炖的鸡，爬完山后吃，再配上几道或拌或炒的田间野菜，边品尝炒鸡美食，边欣赏棋山仙景，呼吸着林间沁人心脾的空气，生活好不惬意。这种体验与享受，随着游人口口相传，伴随着新闻报道越传越远，以至于周边济南、淄博、泰安等城里人也带着家人、亲朋好友，专门驱车到棋山吃炒鸡。“棋山炒鸡”的名气越来越大，现如今已经成为棋山风景名胜区吸引游客的三大特色之一。棋山人看到了炒鸡的商机，棋山观村村民尚现忠在棋山山阴建起了第一家炒鸡店，炒鸡生意日益红火，村民李祯实、邵明春、郑星贵等也陆续开起炒鸡店，至 2016 年末，棋山周边已陆续建起 200 余家炒鸡店，仅棋山观村就有炒鸡店 40 余家。游人在游棋山、品炒鸡后也留下对棋山炒鸡的溢美之词：“棋山鸡飘香引五洲宾朋至，柯烂景传奇迷四海游人来。”

棋山炒鸡食材

棋山炒鸡以莱芜土公鸡为主食材，佐以棋山花生油、莱芜鸡腿葱、莱芜生姜和莱芜花椒等辅料烹制而成。

莱芜土公鸡

种类

主要有黑公鸡、白公鸡和花公鸡 3 种。

黑公鸡 莱芜本地土生鸡种，有生命之源绿色食品之美称，收入国家《地方优良畜禽良种基因保护库》。莱芜黑鸡全身羽毛呈黑色，具有金属光泽，单冠红色，头颈挺举，尾羽高耸，背部似“U”字形，具有黑毛、黑腿、黑脚、黑嘴、黑眼、

黑公鸡

白公鸡

花公鸡

红冠、白耳，五黑一白一红的特点；善攀爬，易飞翔，体格健壮，抗病能力强，食性杂，体型小，生长缓慢，肌肉发达，酮体洁白美观。鸡肉肉质鲜美，骨细中空，皮薄肉厚，滑嫩爽口。据山东农业大学检测数据，莱芜黑鸡每克肌肉中亚油酸含量 48.92 毫克，亚麻酸含量 17.91 毫克，红肌纤维含量 23.55 毫克。公鸡适宜温补阳气，母鸡适宜滋补血液。

白公鸡 莱芜本地土生鸡种，全身羽毛为白色，体型呈丰满的元宝形；单冠，冠叶较小，冠、脸、肉垂与耳叶均为鲜红色，皮肤与胫部为黄色，眼睛虹膜为褐（黑）色。炖制的鸡肉皮爽肉劲，鲜香可口，汤汁味美，富含硒、维生素 E 及肌苷酸等微量元素，易吸收，是滋补品中的美味佳肴。

花公鸡 莱芜本地土生鸡种，全身大部分羽毛为米黄色与黑色相间，颈项羽毛呈黄黑色，尾羽为黑色且短粗，爪部大部分为黑色。躯宽而丰满，整体呈元宝状。鸡肉肉质细腻、劲道，有药膳作用和保健功效。

营养价值

1. 相比饲养的肉鸡，土公鸡的肉更加结实，肉质结构和营养比例更加合理，土公鸡肉中含有丰富的蛋白质，微量元素及其他营养元素，脂肪含量比较低，有利于人体保健，是中国人喜欢的肉类品种。

2. 土公鸡鸡肉中含有丰富的氨基酸，鸡皮中含有丰富的胶质蛋白，能够被人体迅速吸收和利用。常吃土公鸡能够增强人体体质，提高人体免疫能力。土公鸡鸡肉、鸡汤作为滋补食品，常供孕妇、病患者保养身体食用。用土母鸡炖汤，可以促进产妇身体的恢复。

3. 土公鸡饲养周期长，生活空间广，鸡肉是绿色无污染肉类品种，营养价值高，滋阴补肾功效强。吃土公鸡肉既可增强人体体质，又不会使人过度肥胖，具有益五脏，补虚损，强筋骨，活血脉，调月经，止白带等功效。土公鸡是妇科药膳中的主要配料，鸡肝、鸡心、鸡肠、鸡血、鸡脑都可入药，能调理人体相应的脏器。

棋山花生油

棋山花生油，以棋山当地优质花生为原料，以独特生产工艺萃取而成，色泽淡黄，晶莹剔透，香味浓郁、醇正，透明度好、无浑浊，静置 24 小时后，清晰透明、不混浊、无沉淀、无悬浮物，在冬天低温时可凝固成不透明状。

莱芜鸡腿葱

鸡腿葱是莱芜本地品种，特点是个小，根部粗，貌似鸡大腿，因为辣香（区别于章丘葱的甜），所以被誉为莱芜鸡腿葱。莱芜鸡腿葱有两千多年的种植历史。关于它的来历，有一个古老的传说。据说修建齐长城时，各地征来的民夫，吃不饱穿不暖，缺医少药，承受繁重的劳动，死伤无数。有一次，一个民夫下山运料，饥渴难忍，就在溪边饮水。突然，他发现了一种奇特的野菜，就拿来充饥。这种野菜吃在嘴中清脆微辛，味美爽口，进入腹中便感觉上下通气，突然有力。于是，这个民夫便经常食之，身体也越来越健壮。在别人得病、传染瘟疫甚至死亡时，他仍然身体无恙。修完齐长城后，民夫便采集数株，回到故乡，精心培育，并分给众乡邻

鸡腿葱

栽培，并取名为“鸡腿葱”（传说是山胡葱的演变）。鸡腿葱是莱芜著名的特产蔬菜，营养丰富，气味芳香，具有特殊的辛辣气味，有助于健胃、增强食欲，食用价值较高，是人们日常生活中不可缺少的调味佳品，是多种名菜的佐料。此外，鸡腿葱还具有很高的药用价值，尤其在民间偏方用的较多。大葱全身都是宝，各个部分都可入药，能治疗 44 种疾病，葱白主治感冒风寒，头痛鼻塞，腹痛尿闭，霍乱痢疾，对痢疾杆菌、葡萄球菌、皮肤癣菌有杀灭和抑制作用；葱叶能消肿解毒；葱苒能散热止痛；葱须能通气止血；葱花能治心脾痛、腹胀；葱实能补中益气、明目。常吃能减少胆固醇在血管壁上的积累，还能破坏纤维朊，避免或减弱致命的血栓发生。化验分析结果表明，每 100 克葱白内含有蛋白质 1 克，糖类 6 克，脂肪 0.3 克，维生素 A12 毫克，维生素 C14 毫克，钙 12 毫克，磷 46 毫克，铁 0.6 毫克，还有硫化丙稀、葱油、苹果酸、无机盐等营养物质。

莱芜生姜

莱芜生姜具有色泽金黄、油光鲜亮、块大、皮簿、肉细、丝少、梨辣、味浓、营养成分高、耐贮藏、耐远运等优良特点，在国内外享有盛誉。1985 年荣获国家农业部优质产品奖，莱芜姜含淀粉 8.88%，可溶性糖

生姜

4.76%, 粗蛋白 9.68%，粗纤维素 3.8%，挥发油 0.25 毫克 /100 克，均高于全国其他品种姜。莱芜生姜用途广泛，既是很好的佐料、调味品，也是很好的医疗保健品；既可糖渍、腌制，也可加工成姜芽、姜汁、姜粉、姜片、姜油、姜酒、姜饮等；既可生食，也可做馅、炒食等。故古人称之为“蔬中拂士”。《本草纲目》中有“姜辛、微温、无毒”“除风邪寒热、益脾胃、散风寒、止呕吐、治反胃”等记载。姜末、红糖水热服，是农村常用的治感冒、去寒解热的验方。民间广泛流传着“冬吃萝卜夏吃姜，不劳医生开药方”的说法。

莱芜花椒

莱芜花椒具有高产、优质，适应性强，树势健旺，果穗紧密、粒大，出干皮率高，椒皮厚实，色泽鲜艳，香味浓郁等特点。主要栽植品种有：香椒子、大红袍、小红袍、青皮椒、大花椒等。花椒皮中各类挥发性芳香物质含量高达 9%，不仅是提炼制作高级食用香精的好原料，而且是上等的食用调味品；花椒种子含油量高达 30%，花椒皮和种子均可入药，具有开胃、健脾、增强体质的功能。

花椒

棋山水

棋山山泉水，又名棋山水，水质甘甜。据检测，水中含有钙、镁、钾、钠、锶、硅等 20 多种对人体有益的微量元素，常喝此水能祛病健身，延年益寿，是居民生活的理想用水。

棋山炒鸡系列菜品

炒鸡系列

棋山炒鸡品种很多，除炒鸡、炖鸡、肚子鸡、炒鸡丝外，还有清炖鸡、栗子鸡、葫芦鸡等，炒法各异，各具特点。在此介绍常吃的四种。

炒鸡

特点：色泽红润，干香耐嚼，麻辣可口。

配料：土公鸡、花生油、老抽酱油、鸡腿葱切断、姜片、干红辣椒、花椒、八角、香菜切段、味精、香料、棋山水。

炒鸡

制作方法：1. 由客人选鸡逮鸡，现场宰杀；2. 宰杀后，除去内脏，洗净剁块；3. 将鸡块放入高压锅内加水上火，加压 8~10 分钟后捞出，控干水分；4. 上火炒锅，放入花生油，下入花椒、辣椒略炸，下入鸡块煸炒，下入葱姜、香料粉，炒至啪啪作响时，放入酱油，撒上香菜段和少许味精翻匀，装盘即可。

炖鸡

特点：酱红色的大块鸡肉，褐色的松菇，柔软剔透的粉皮，香辣可口的热汤，浓郁诱人的香气。肉质细嫩，味道鲜美，有补肾暖胃、壮筋骨、抗疲劳等功效；产妇食之，可催乳、通乳；鸡肝可补肝明目。

配料：土公鸡、花生油、老抽酱油、鸡腿葱切断、姜切片、干红辣椒、花椒、八角、香菜切段、味精、香料、棋山水。

制作方法：1. 由客人选鸡逮鸡，现场宰杀；2. 把鸡宰杀后放入锅中浸洗一下，捞出后控干水分；3. 上火炒锅，放入花生油，下入花椒、辣椒略炸，下入鸡块煸炒，炒至啪啪作响时，放入老抽酱油翻匀；4. 添水，放入松菇煮开锅，再放入粉皮，待锅开翻滚后，出锅装盆即可。

炖鸡

肚子鸡

特点：猪肚爽口异常，鸡肉鲜嫩可口，汤味清甜。

配料：猪肚一个、土公鸡一只（或半只）、胡椒、蒜头、姜片、蜜枣。

制作方法：1. 猪肚洗净，晾干，然后再用适量盐、生粉清洗多次，去除猪肚异味；2. 用适量豉油、盐、酒、糖将土公鸡腌制 20 分钟；3. 把腌制好的鸡放入猪肚内，同时放入白胡椒、蒜头、姜片，然后把口用牙签封好；4. 放入汤煲，加水没过猪肚，在水里放些胡椒；5. 大火烧开后，转文火煲 3 小时左右，起锅时加适量盐；6. 将猪肚捞起，鸡和猪肚切开，放入汤里烧开即可。

炒鸡丝

特点：成菜颜色洁白，口味清淡，质地细软滑运。

配料：鸡脯肉、胡萝卜、精盐、料酒、味精、生粉、姜、葱、蒜等。

制作方法：1. 鸡胸脯肉清洗干净打成薄片后切成丝；2. 鸡丝里放入一点盐，一小勺料酒和生粉；3. 用手抓匀，放一小勺食用油再抓匀后盖保鲜膜入冰箱冷藏一小时；4. 胡萝卜切断后打成薄片，再切成丝；5. 热锅冷油加入生姜，葱和大蒜煸炒出香味；6. 加入鸡丝翻炒到变色，出锅备用；7. 利用锅里的剩油，加入胡萝卜丝翻炒到变软；8. 加入鸡丝，再翻炒几下；9. 加一点盐和几滴生抽调味即可出锅。

鱼虾系列

勾魂媳妇

勾魂媳妇，又名泡泡鱼，起源于莱芜市，山东省特色食品。用白鳞鱼、花生米、五花肉，辣椒和鸡蛋等原材料制作而成，搭配煎饼食用味道更佳。

勾魂媳妇

特点：营养丰富，香辣开胃。

配料：瘦猪肉 100 克、白鳞鱼（咸）100 克、鸡蛋 3 个、生抽适量、鸡精少许、干红辣椒 5~6 个、碎花生 50 克。

制作方法：1. 瘦肉剁碎，分几次加入白鳞鱼、鸡蛋、碎花生；2. 中火上火，不停翻炒，避免糊锅，中间加适量生抽上色，炒到起沫为止；3. 出锅前加入少许鸡精，配上煎饼。

干炸花叉鱼

马口鱼，俗名花叉鱼、花权鱼，生长于棋山河及周边水库、塘坝。

特点：酥脆干香，香入骨髓。

配料：新鲜花叉鱼、葱、姜、花椒、盐、花生油。

干炸花叉鱼

制作方法：1. 新鲜的棋山花叉鱼去鳃去内脏，清洗干净，控干水分；2. 用盐、料酒和葱姜拌匀，腌制 20 分钟；3. 用厨房专用纸擦干鱼身表面的水分；4. 起油锅，油烧至六七成热时，逐条下入小鱼，大火炸制；5. 炸至鱼身干爽表面微黄，捞出控油；6. 继续加热油，至油表面微有青烟，下入小鱼复炸一次，鱼身表面颜色变成金黄后，马上捞出，装盘控油，蘸椒盐食用。

提示：1. 河鱼一定要选新鲜度高的；2. 鱼下锅炸制之前，一定要把鱼身表面的水分处理干，否则溅油；3. 炸鱼的时候一次不要放太多，太多鱼同时下锅，油温迅速下降，鱼不容易炸透炸好，而且会吃油很多，一次少放，炸好一锅再来下一锅，这样速度快而且效果好；4. 复炸一次是为了让鱼的口感更加酥脆，而且高温油炸能逼出鱼身上的部分油脂；5. 干炸花叉鱼一次少做，现做现吃，口感酥脆，可以原味吃，也可以蘸椒盐或者自己喜欢的酱料食用。

干炸河虾

干炸河虾

特点:香香酥脆,可口好吃,补钙，养阳气。

配料：新鲜棋山河虾、花生油、葱、姜、淀粉等。

制作方法：1. 新鲜河虾用水洗几遍，再加入适量料酒，让虾吐尽泥沙后再洗两遍，控干水分；2. 加入适量盐，裹上干淀粉，油锅 5 分热，下锅炸；3. 炸焦黄出锅即可。

油炸河蟹

油炸河蟹

特点:味香肉嫩,略有酸味。

配料:新鲜的棋山螃蟹、盐、料酒、葱、姜、蒜、花生油、鸡蛋清、青蒜。

制作方法：1. 将螃蟹洗净，从腹部下刀，每只剖四块，放到容器内，撒上盐、胡椒粉、料酒腌制入味；2. 把鸡蛋清放入器皿中加入面粉、适量的水调成蛋清糊，葱、姜洗净切成丝，蒜切成片，青蒜洗净切成寸段，再将鸡汤、料酒、盐、醋、鸡精、葱姜丝、蒜片、青蒜段放到器皿中搅匀调成汁待用；3. 坐锅点火放入油，油温六七成热时，将螃蟹块逐个蘸上蛋清糊，放入锅中炸至金黄色捞出；4. 坐锅点火放入油，油温四成热时倒入炸好的螃蟹块，烹入调好的汁，颠翻均匀，装入盘中即可。

禽蛋系列

棋山柴鸡蛋

特点：棋山柴鸡蛋是指棋山周围农户在自然环境中散养的鸡所下的蛋。较之普通鸡蛋，棋山柴鸡蛋个稍小、壳稍薄，色浅，较新鲜的有一层薄薄的白色的膜。棋山柴鸡蛋具有健脑益智、保护肝脏、防治动脉硬化、预防癌症、延缓衰老等功效。

棋山柴鸡蛋

吃法：1. 用水煮着吃，配蒜泥食用更佳；2. 用盐腌渍 15 天后煮着吃；3. 做鸡蛋汤。

棋山咸鸭蛋

棋山咸鸭蛋

特点：蛋黄呈橘红色，沙瓤溢油，咸香可口。

制作材料：棋山鸭蛋、精盐等。

制作方法：将棋山鸭蛋放入瓷坛内，加适量盐水，用泥密封，腌 30 天即可。

棋山鹅蛋

特点：1. 棋山鹅蛋是老年人、儿童、体虚贫血者的理想营养食品；2. 棋山鹅蛋富含蛋白质和卵磷脂，可促进宝宝生长发育，吃了鹅蛋的妈妈，不仅有利于保胎，还有助于胎儿脑发育；3. 棋山鹅蛋个大，性甘温，可补中益气，故可在寒冷的节气里多食用一些，以补养身体，防御寒冷气候对人体的侵袭。

炒鹅蛋

吃法及做法：1. 鹅蛋羹。鹅蛋一个打入碗内加适量白糖（或盐）搅匀，蒸熟即可。2. 炒鹅蛋。棋山花生油上火加温至七八成，将事先搅拌均匀的鹅蛋鸡腿葱蛋液倒入锅内，炒至成形即可。

野菜系列

棋山槐花

每年四五月，是棋山槐花盛开的时候。槐花不仅好看，且有沁人的清香，还可以做成美味佳肴。

凉拌槐花

特点：色泽淡雅，咸鲜味美，清香宜人。

原料：新鲜槐树花 500 克、香葱节 50 克、精盐 6 克、味精 1 克、麻油 50 克。

制作方法：1. 槐花摘去老茎，用清水洗净，放入沸水锅中焯透后，捞出控干水分；2. 净锅入麻油上火，烧热后放入香葱节，爆至香味四溢时，捞去葱节不用，成葱油；3. 将槐花抖散放入一盘内，调入精盐、味精和葱油，拌匀即成。

槐花汤团

特点：软糯咸鲜，槐花清香。

原料：水磨糯米粉 2500 克、去皮猪硬五花肉 1000 克、鲜槐花 2000 克、鲜竹笋500克、姜末、葱花、精盐、味精、白糖、料酒、麻油、精炼油各适量。

制作方法：1. 槐花放入沸水锅中焯一下，捞入清水中漂凉，再捞出挤干水分；五花肉、鲜竹笋治净，分别切成小丁；取500克糯米粉加水揉成团，放入沸水锅中煮透捞出，然后放入余下的糯米粉盆中，加水揉成粉团。2. 净锅上火，倒入适量花生油烧热，先投入姜末、葱花爆香后，再下入肉丁、笋丁略炒，烹入料酒，调入精盐、白糖，掺入少许清水，烧至汤汁浓稠时，放味精，淋入麻油，炒匀出锅，盛入一大碗内，再加上焯过水的槐花拌匀，即成馅料。3. 净锅上火，掺入清水烧开，将糯米粉团揉成条，揪成30克重的剂子，用左手拇、食、中三指托住剂子，顺向转动，右手拇、食指蘸上麻油，将粉剂捏成小杯形，瓤入适量的馅料，然后收口捏拢搓成汤团生坯，逐一制完后，下入沸水锅中，煮至汤团浮出水面且熟时，分别捞入碗中，即可。

槐花鸡蛋饼

特点：色泽淡雅，清香宜人。

原料：新鲜槐树花、香葱节、精盐，味精。

槐花鸡蛋饼

制作方法：1. 先将槐花清洗干净，用篮子清洗，冲掉小渣子。用手清除夹杂在槐花里面的小梗子。洗净后，进行晾干，准备使用。2. 将备好的槐花放入碗里面，然后打入鸡蛋，加入适量面粉、葱、姜末、辣椒、盐、搅拌均匀。还可以加一点凉开水，会使炒出来的槐花更加的软嫩。3. 将锅烧热，倒油、当油烧热以后，倒入搅拌好的槐花鸡蛋液，用中火进行煎焙，直至成金黄色。

棋山茵陈

每年初春，阳气上升，百草发芽，棋山茵陈大量生长于棋山周边山坡沟壑，当地村民争相采挖，制作保健食品。

茵陈蒸菜

特点：松软连绵，满口清香，清肝明目。

茵陈蒸菜

原料：新鲜茵陈。

做作方法：1. 新鲜茵陈洗净。2. 用少量面粉拌一下让面粉薄薄的一层裹住茵陈上锅蒸15分钟。3. 猪里脊切丝。4. 放料酒、生抽、水淀粉拌匀。5. 锅里放油，花椒煸热。6. 下肉炒至变色。7. 蒜苔切丁入锅，炒3分钟。8. 放入蒸好的茵陈，翻炒，加盐。9. 出锅后可加点捣好的蒜汁。

茵陈粥

特点：味香可口，清热利湿，健脾胃、利肝胆。

原料：棋山茵陈30~60克，粳米50~100克，白糖适量。

制作方法：先将茵陈洗净，煎汁去渣，放入粳米后加水适量，待粥欲熟时，加入白糖适量，稍煮一二，沸即可。

棋山薄荷

薄荷具有医用和食用双重功能，主要食用部位为茎和叶，也可榨汁服。在食用上，薄荷既可作为调味剂，又可作香料，还可配酒、冲茶等。薄荷的特点是味辛，性凉，能疏散风热，清利头目，利咽喉，理气，是夏季饮食首选蔬菜。

白菜薄荷

特点：白黄双色，酸甜双味。

原料：圆白菜300克、薄荷叶30片、葱头85克、橙子3个、芹菜末5克、杏仁10克、山楂糕60克、生菜油100克、白醋10克、白砂糖75克、肉豆蔻粉3克、盐适量。

制作方法：1. 把圆白菜洗净，切细丝，放入水中泡5分钟，取出，控水；再把葱头横切成片，越薄越好，撒上盐揉搓一下，用冷水泡2分钟，取出，控水；然后，把橙子去皮，横切成2毫米厚的薄片；芹菜洗净，摘好，切碎末；杏仁去皮，切碎。2. 将白砂糖、白醋、肉豆蔻粉、盐拌匀，与圆白菜丝、葱头片、橙子片放在一起拌匀后，放在盘一边。3. 把山楂糕改切成薄荷叶大小，每片 5 毫米厚，共 15 片，用两片薄荷叶夹住 1 片山楂片，然后，沾上发粉糊，下七成热的油锅中，炸至呈金黄色，捞出，沥油，在炸好的薄荷叶坯一面上，用筷子扎上两个眼，但不能扎透，有眼一面朝上，撒上砂糖，（扎眼目的是能挂住糖）放在盘的另一边。4. 盘中间放熟芹菜末，即成。

薄荷叶蛋汤

特点：清香而鲜美。

原料：薄荷、柴鸡蛋、盐、味精。

制作方法：1. 取新鲜的薄荷嫩叶一把，洗净沥干水分。然后将两个鸡蛋加盐、黄酒、味精搅拌成蛋液；2. 在炒锅中加少许油烧热，下薄荷叶略翻炒，然后加开水至沸腾后倒入蛋液搅成蛋花，调入盐、味精即可。

薄荷粥

特点：清新怡神，疏风散热，增进食欲，帮助消化。

原料：鲜薄荷、粳米、棋山水。

做作方法：鲜薄荷 30 克或干品 15 克，清水 1 升，用中火煎成约 0.5 升，冷却后捞出薄荷留汁。用 150 克粳米煮粥，待粥将成时，加入薄荷汤及少许冰糖，煮沸即可。

薄荷粥

棋山山马苋菜

五一前后，棋山山马苋菜大量生长。因山马苋菜具有清热凉血的功用，为境内外游客所喜爱。

凉拌山马苋菜

特点：清爽可口，降温祛暑。

原料：山马苋菜、柴鸡蛋、麻酱、盐、蒜、白糖。

制作方法：1. 山马苋菜清洗干净；2. 烧开一锅水，水开后将山马苋菜下锅焯烫；3. 然后捞出放进凉水里浸泡，浸泡一天，期间换水 4~5 次，直到水里不再出现

凉拌山马苋菜

白色沫沫为止；4. 泡好的山马苋菜捞出后拧干水备用，粉丝先用凉水泡一段时间，然后加入滚开的水泡 15 分钟，直到粉丝泡软；5. 鸡蛋打入碗中，加入一勺清水，1/2 小勺盐，然后搅打均匀；6. 平底锅加热，将蛋液倒入锅中，小火煎成蛋皮，然后切成丝，将 2 勺麻酱放入一碗中，加入刚烧开的滚水；7. 边加水边搅拌，可以看到麻酱的体积增大，数量也增多，大蒜剥皮后放入蒜臼中捣成蒜泥；8. 蒜泥中加入 1 大勺醋，加入 1/2 小勺盐，搅拌均匀成蒜醋汁；9. 山马苋菜放入粉丝和蛋皮丝，加入 1 大勺麻酱、2 小勺醋蒜汁、1 小勺辣椒油、1 小勺海鲜酱油、少许白糖搅拌均匀即可。

山马苋菜蒸包

特点：松软可口，杀菌消炎，降血压，延缓衰老。

原料：山马苋菜、蛤蜊肉、面粉、绵白糖、甜面酱。

制作方法：1. 面粉，绵白糖，发酵粉放于白瓷盆备好，白瓷盆不粘。2. 准备好 1000 毫升水放盆中备用。3. 一边加水一边和面，边和面边揉拌，揉至面盆四周无干面状态。可以在面团表面抹一层水，这样面团不至于干燥。4. 发酵两小时左右，发酵这 2 小时期间可以准备包子馅料。5. 山马苋菜提前用热水焯好，挤干水备用。6. 山马苋菜切碎，肉切丁放盆中备用。7. 韭菜切末放入拌菜盆备用。8. 加入一勺甜面酱，食用油，加盐，鸡精，放蛤蜊肉，海红肉，扇贝丁搅拌匀。9. 发酵

山马苋菜蒸包

好的面团和干面揉至软硬适中，分割成大小均等的小段备用，用擀面杖擀成薄片。10. 放搅拌好的菜至擀好的面皮中。11. 装锅醒 50 分钟左右，提前把锅里加上水。12. 起火蒸至包子飘香，飘香后继续蒸 5 分钟停火，停火后闷 10 分钟出锅。

山东省炒鸡美食大赛

2009 年 7 月 26 日，山东省餐饮协会、莱芜市烹饪餐饮商会、钢城区旅游局在山东炒鸡之乡——钢城区棋山风景区举办“山东省炒鸡美食大赛暨莱芜首届炒鸡美食文化节”，宣传绿色钢城、魅力棋山，弘扬齐鲁饮食文化，展示精湛炒鸡技艺，来自全省的 71 位选手参加比赛。比赛只设热菜比赛项目——炒鸡，比赛时间为 45 分钟。评委通过菜品味感、质感、观感、卫生、实用价值、器皿等方面进行综合评分，市民大众评委对菜点评，现场观众免费品尝。经过一天比赛，国家一级裁判员、全国餐饮特级评委、裁判长李培雨对整个比赛作了评价。他说，单独把一个菜品——炒鸡拿出来进行比赛，在省内是第一次。本次参赛作品味道好，地方特色浓，给山东开了个好头。里辛作为“山东炒鸡之乡”，应继续深挖“棋山炒鸡”内涵，把“棋山炒鸡”做大做强。本次比赛，共评出银奖 36 个、金奖 21 个、特金奖 3 个。

获得荣誉

棋山炒鸡用散养的莱芜土公鸡和棋山水及独特佐料烹饪而成，色香味俱佳，三十年来，随着棋山旅游业的迅猛发展，以棋山炒鸡为代表的餐饮业发展迅速，成为棋山凝聚人气的最大亮点。

在 2003 年山东省食品博览会上，棋山炒鸡被专家评为“齐鲁名吃”。2009 年 4 月，棋山观村代表里辛镇被山东省烹饪协会评为“山东炒鸡之乡”。2009 年 7 月 26 日，钢城区旅游局和山东省烹饪协会联合举办的“山东省炒鸡美食大赛暨莱芜首届炒鸡美食文化节”上，棋山观村的尚现文等3人荣获“金奖”，至此棋山炒鸡名贯齐鲁。2010年棋山炒鸡被山东省旅游局评为“到山东不可不品尝的100种美食之一”。著名作家冯骥才游棋山后，曾留下联语“真山真水真柴鸡，妙山妙水妙文章”，字里行间流露出对棋山炒鸡的赞美。

山东炒鸡之乡

齐鲁名村志

QI LU MING CUN ZHI

棋山观村志

QI SHAN GUAN CUN ZHI

新农村建设

XINNONGCUNJIANSHE

2005年以前，棋山观村因地处偏僻，村庄建设随意性大，村民整体居住环境较差。2005年10月，中国共产党十六届五中全会作出建设社会主义新农村的重大战略决策后，2009年棋山观村紧紧抓住新农村建设的机遇，以村庄整体拆迁改造升级为突破口，以农业种植向餐饮旅游业转型为动力，以改善村民居住环境、提高居民生活质量为目标，带领村民实现了收入的大幅度增长，村庄面貌的彻底改变，社会主义精神文明新风尚的初步形成。2013年1月，棋山观村被命名为“山东省生态文明村”；2015年2月，获“全国文明村镇”荣誉称号。

经济发展

1947年土地改革前，棋山观村实行的是土地私有制，村民土地占有失衡，耕作方式传统，生产效率低下，四季不闲，终日劳作。好的年景，富户人家有余粮，一般人家自给自足，贫穷人家勉强度日；一般年景，半年糠菜半年粮；遇到灾荒年景，大多数村民只能靠借粮、吃糠咽菜、外出逃荒要饭维持生计。1955—1982年，历经初级社、高级社、人民公社三个阶段，土地归集体所有，农业生产方式基本上以生产队为单位，集体化生产，农业生产出现转机，村民（社员）基本解决温饱问题；但是严重存在“平均主义”“吃大锅饭”的弊端，多劳不多得，群众的生产积极性不高，计划经济对农村经营管得太严，无其他致富门路，村民（社员）长期处于集体贫困之中，三十年发展变化不大。

1982年棋山观大队收益分配表

表　　单位：元

收入		支出		农业税及村提留		村民分配
科目	金额	科目	金额	科目	金额	
农业收入	81500	农业费用	18769	农业税	1616	61115
林业收入	3700	管理费用	362	—	—	3338
工副业收入（含临时工交钱、买工收入）	24600	其他费用	1260	集体提留	9800	13540

续表

收入		支出		农业税及村提留		村民分配
科目	金额	科目	金额	科目	金额	
其他收入	3450	—	—	—	—	3450
合计	113250	—	20391	—	11416	81443
总人口：494 人			人均收入：229.25 元			

1982 年棋山观大队粮食收入分配表

表　　　　单位：亩、人、公斤

名称	种植面积	单产	总产	征购	分配表	人口	人均数
小麦	247	261	64467	15120	49347	494	99.90
玉米	262	365	95630	20254	75376	494	152.90
地瓜（干）	143	351	50193	7410	42783	494	86.70
杂粮	15	125	1875	—	—	494	3.80
花生	162	48	7776	2470	5306	494	10.70

社员集体收割小麦

1982年冬，实行联产承包责任制，把土地全部按人口承包到户。村民有了土地经营自主权，种地积极性、主动性大大提高，农业投入不断加大，耕种方式由纯人工向以机械为主、人工为辅转变，粮食产量大幅度提高。随着改革开放的不断深入，农村经济发展由以农业为主，逐渐转变为以外出打工、经商、货物运输、兴办个体企业为主，农业变成辅业。村民手中有钱有粮，生活逐渐从温饱走向富足。

至2016年底，棋山观村有个体工商户16家、棋山炒鸡店40余家、个体企业4家，实现全村经济发展方式的根本性转变。山东棋山传奇文化旅游发展有限公司、莱芜市棋苑旅游开发有限公司、莱芜市棋山园林绿化有限公司、山东新时代传媒有限公司等4家个体企业的成立和发展，加快、拓宽了棋山旅游业的发展空间。村民发挥聪明才智，研制出的"棋山炒鸡"美食，更是香飘齐鲁，发展成为本村的经济特色产业、支柱产业。著名作家冯骥才游棋山后，留下联语"真山真水真柴鸡，妙山妙水妙文章"，字里行间流露出对棋山炒鸡的赞美。独特的棋山炒鸡风味，带动越来越多的村民从事餐饮业，据统计，全村有近三分之一的青壮年在棋山从事个体经营，其余人员就地打工，月工资1200~6000元不等。村里除老人小孩外，无闲人，做到了人人有工作，月月有收入。村集体年收入2005年2万元、2010年13万元、2016年达到20万元；村民人均纯收入1977年72元、1990年717元、2000年3290元、2005年4760元、2011年9533元、2016年18568元，人均占有指标和年均增长幅度都高于全区平均水平。

村容村貌

棋山观村历经600余年的风雨沧桑，村庄面貌已今非昔比，换了新妆，变了模样。

旧村旧貌

棋山河在棋山山阴脚下，从东北方向下延转为东西方向，原旧村布局，以棋山河为界，村庄划分为河西区、河东区、新村区3个片区，整体形状是一个东西长

棋山观村旧貌

2000 余米、南北宽约 150 米，不规则的长方形。河西区、河东区建设时间较早，新村区自 20 世纪 70 年代开始建设。河西区有一条东西大街，长 500 米、宽 3.50 米，是村民议事玩耍的场所。河东区街道不规则，街巷随居民的院落布局而成，宽窄不一，长短不定。新村区有一条东西大街，长 600 米、宽 7 米，能跑汽车，地势为东高西低的缓坡，2006 年投资 20 万元进行硬化。村内的南北向巷道都是土路，下雨两脚泥，晴天一身土。

河西区村民房屋随自然地形而建，院落大小，院落之间的间距不统一，布局松散，不成排行。房屋大都是用砂石、土坯砌筑的草屋，部分草屋用青石或砂石板做成封山梢头，房屋低矮；院墙用青石或砂石及土坯垒成。整个院落构不成四合院布局，有的仅有北屋、棚子和栏圈，配有简单的顺墙大门；有的除北屋、大门外，还建有东屋、西屋。构成完整四合院

旧村街道

布局的院落占不到全村院落的五分之一。仅有十余户的房屋建设规格较高，是完整的四合院，墙体用条石或錾条石砌筑，勾有石灰条绳凸缝，青砖檐头，青砖小瓦梢头，有条山脊哈巴狗的小瓦顶并配建三连砧装板大门，门堂上镶有门匾，大门迎面建有影壁墙。河东区虽然没有统一的街巷，但院落大小统一，大多数房屋是红顶瓦房，建有北屋、东屋、西屋、南屋、栏、大门等设施，呈四合院布局。院落建设用砂石打基础，基础之上，土坯墙、砖墙各占一半，院落外墙用熟石灰泥墙。新村区位于村东岭，建设规划统一，东西街道、南北巷道整齐划一，房屋大部分是砖墙红瓦；个别使用钢筋混凝土浇制，建有前出厦、后出厦、耳屋子、东西平屋、南平屋、带硕士帽（道士帽）的大门等设施，整个院落外墙用沙子水泥泥墙，门前栽树种花，环境整洁宜人。

村办公设施主要是村办公室和学校。学校最初利用原棋山观庙及原兵工厂厂房作校舍，1981 年在村东岭新建小学 1 所，建有 16 间红砖瓦房，教室、办公室、伙房、厕所、操场一应俱全，办学条件达到要求。村干部办公最初没有办公室，只能借用村民个人房屋或在村干部家中办公；20 世纪 50 年代，建村办公室 5 间，办公条件简陋；2008 年建村办公室 12 间，单独设置小院，办公条件比过去有所改善。

旧村办公室

旧村拆迁

2009 年 9 月，棋山观村新村建设开始启动，为确保整个工程平稳有序进行，村“两委”组织村干部、全体党员、群众代表多次到外地参观学习，统一思想，开拓视野。多次举办培训班，学习中央关于建设社会主义新农村的会议精神，分析棋山观村

工作组研究讨论旧村拆迁实施方案

被列为省级土地挂钩试点村后可以享受的优惠政策，探讨本村紧靠棋山，未来发展旅游经济，走旧村改造与棋山旅游开发相结合，建设居住、生态、乡村旅游为一体的特色居住区的可行性，经反复讨论，多次征求村民意见，并与规划设计单位反复论证，借鉴先进单位的建设经验，制定了符合村庄实际的旧村改造实施方案。方案决定，在原村址上建设居民楼，实行先拆迁后安置。

为保证拆迁如期进行，首先成立由村干部、党员代表、群众代表、建筑专业技术人员等 23 人组成的新农村建设理事会，对村民的房屋及地上附着物统一进行实地丈量和现场清点，户主确认无误后签字画押，工作组人员签字后张榜公示。村民在搬出房屋后至入住楼房前，自行寻找临时住宅，自行组织搬家，自行组织拆迁，旧料归自己，如旧料不用者，村可用机械给予拆除。一期拆迁，仅用一个月时间，完成旧村河西区、河东区、新村区北部的 132 户民房拆迁任务。寒冬腊月，村民四处打听找房，到邻村的亲戚家、朋友家租房居住，在外过了两年冬天，受了煎熬，过了两年不稳定的日子，但村民积极配合村里的工作，无怨无悔。这种“无资金、无安置”的拆迁，走的是“群众参与拆迁，群众参与建设，群众的事情群众办”“干部组织干，理事会带领干，群众比着干”的路子。二期拆迁，从 2010 年 10 月至 2012 年 10 月，剩余的 108 户民宅全部拆完。

旧村拆迁现场

新村建设

棋山观村新村建设工程自2009年9月启动，至2014年9月竣工，历时5年。

新村规划

新村建设工作组召开会议

聘请青岛理工大学规划设计院进行统一规划，村庄规划与棋山旅游开发相结合，总体规划面积23公顷，分为安置区、道教文化区、农家园3部分。总建筑面积20万平方米，建筑风格结合棋山的山水特点，以徽派建筑风格为主调。安置区分为居民楼、独立住宅楼、别墅区、老年公寓4部分。

建筑设计

考虑村民居住需求不同，为让村民居住方便，易于选择，棋山观村聘请莱芜市钢城区设计院进行楼房设计，户型有别墅型、独立住宅型、三室两厅型等，面积从八九十平方米至

楼房内部设计

二三百平方米不等，满足了村民的个性化需求。

施工管理

村“两委”成立新村建设管理班子，由村党支部书记负总责，下设财务材料组、质量监理组。通过议标确立建设施工承包单位，建筑主材由村财务材料组统一采购供应，施工管理由村质量监理组及聘请的莱芜市金厦监理公司负责监理。村监理组人员岗位具体、责任明确。既配合监理公司做好工序间的检查验收，又全程跟踪各个部位的施工，发现质量不达标的部位，立即翻工、整改，保证工程质量。村管理班子定期组织监理人员、施工单位项目经理进行施工质量、施工进度检查，奖优罚劣，各施工单位按规范施工，监理单位按规范验收，实现了整个工程材料真实，质量达标。

新村建设首批工程于2010年7月开工，2011年6月竣工，建设居民楼6幢（1号、2号、3号、4号、11号、12号），经专业鉴定机构验收合格，于2011年12月分配到户。二批工程于2012年4月开工，12月竣工，建设居民楼2幢（5号、6号），经专业鉴定机构验收合格，于2013年1月分配到户。三批工程于2013年2月开工，

新村建设工地

12 月竣工，建设居民楼 4 幢（7 号、8 号、9 号、10 号），经专业鉴定机构验收合格，于 2013 年 12 月分配到户。2015—2016 年，又建成社区便民服务中心和幼儿园。

新村新貌

建设完成的棋山观村新村——棋山人家小区由居民住宅区、老年公寓、卫生室、幼儿园、社区居民服务中心、社区公园、健身广场等设施组成。小区内环境整洁，楼房林立，绿树掩映，水、电、暖、通信等设施齐全。

居民住宅区 分居民楼、独立住宅楼、别墅区 3 个片区。居民楼均为四层楼房，

居民住宅区

共 11 幢 238 户；独立住宅楼位于居民楼前，共 2 幢 21 户；别墅区位于河东，共 2 幢 18 户。

老年公寓 1 幢 27 户，建筑面积 1620 平方米，户型配置为一室一厅一卫一厨，户均建筑面积 65 平方米，位于小区中心位置。

老年活动室 1 处，建筑面积 60 平方米。

卫生室 1 处，建筑面积 130 平方米。

幼儿园 1 所，占地面积 1260 平方米，建筑面积 1383 平方米。

社区居民服务中心 1 处，建筑面积 692 平方米，内设便民服务中心、党员活动室、图书室、电子阅览室、村史展室、森林科普馆、民俗博物馆等。

锅炉房 1 处，建筑面积 236 平方米。

社区公园 1 处，占地面积 1498.50 平方米，建有凉亭、假山、长廊、景石、花草树木等。

健身广场 1 处，占地面积 4006 平方米，内配百姓大舞台、灯光塑胶篮球场、健身路径等设施。

其他设施 建设新村柏油主干道路 3312 平方米，硬化楼区混凝土路面 7511 平

社区居民服务中心

老年活动室

篮球场

健身广场

方米，铺设人行道花砖路面 2407 平方米、人行道大理石路面 1780 平方米；安装太阳能照明灯 63 盏、生态洁污水处理设备 1 处、生态环保厕所 2 座、垃圾箱 16 个、监控摄像头 40 余处；栽植绿化苗木，树木类 6800 株，灌木类 7 万余株，绿化带、花草树木面积 6800 平方米。供水供暖管道、电缆、网线、闭路线全部置于地沟中，地下排污、路面排水畅通。整个小区实现了污水无梗阻，下雨无积水。

精神文明建设

村“两委”始终把文明家园建设放在首位，成立村民道德委员会，推进文明家园建设，坚持不懈地对村民进行社会主义核心价值观教育、思想道德教育、革命传统教育，努力提升了村民的文明素质。

全国文明村

棋山观村的全国文明村创建，紧紧围绕乡土风情、山村风格、生态风貌这一主题，按照环境整洁优美、基础设施齐全、公共服务配套、思想道德良好、人与自然和谐相处的社会主义新农村建设整体思路，不断强化村庄生态建设、环境治理、精神文明建设、文化建设等各项工作措施，实现了村庄环境优美、生态协调、文明和谐。2013 年通过强力推进农村垃圾集中整治，开展清垃圾、清路障、清污泥，改路、改水、改厕等活动，村内环境面貌显著改善。2014 年深入推进乡村文明行动，突出抓好城乡环卫一体化工作，建立起村内

春节走访慰问老人

垃圾“定点收集、集中清运、统一处理”的运作机制。2015年围绕群众教育、文明典型选树、文艺进村、乡村人才培训、文化硬件提升、村容村貌建设六大项目，深入推进乡村文明行动的实施。2016年，成立村红白理事会，修定《村规民约》，对移风易俗、厚养薄葬、丧事简办加以规范，实现了移风易俗，按章理事。全方位开展环境卫生集中整治行动，维护环卫设施，加快垃圾清理清运，加强保洁人员管理，群众满意度得到提升。与此同时，村里每年利用春节、元宵节、清明节、端午节、中秋节、重阳节期间，组织开展联欢会、文明祭扫、走访慰问等活动，加强对村民的爱国主义教育，传承中华优秀传统文化。大力实施“孝德工程”“善行义举四德榜”“爱心乡村”品牌建设，在全村营造良好的尊老爱老氛围，达到了5个养老（定养老事、签养老状、交养老钱、张养老榜、立养老规）的要求。与全村70岁以上老人及子女签订“四德”责任状，定下赡养老人的具体标准；开展“好媳妇”“好婆婆”“五好家庭”“好儿女”“文明户”“好夫妻”“好邻居”评选活动，在村民中间形成文明和谐的家庭关系、邻里关系。

爱国主义教育

每年清明节，村党支部都组织村民到抗日阵亡烈士纪念碑前为革命烈士敬献花

八路军山纵一旅革命烈士纪念馆规划图

清明节各界祭奠英烈

环，默哀鞠躬，表达深深地敬意。钢城区教育、团委等系统，也都组织广大青少年到抗日阵亡烈士纪念碑前扫墓，祭奠烈士英灵，寄托后人哀思。2012年，中共钢城区委宣传部把抗日阵亡烈士纪念碑确定为区级爱国主义教育基地。为进一步扩大抗日阵亡烈士纪念碑教育的受众面，棋山观村编制完成八路军山纵一旅革命烈士纪念馆项目规划，准备建设更大规模的场景纪念馆，教育后人缅怀先烈，牢记历史，勿忘国耻，珍爱和平。

文化建设

建设4000余平方米高标准健身广场1处，内配百姓大舞台、灯光塑胶篮球场、健身娱乐场、乒乓球台以及多种健身路径；建立藏书1.50万册农家书屋1座，内配15台电脑设立微机室，既方便村民查找图书资料，又利于村民从网上搜集致富信息；建成200余米文化长廊1座，把它打造成了内容丰富、形式活泼的文化一条街，成为宣传党的政策、新闻摘要、生活卫生知识、法律知识等内容的重要窗口。2008年承办了莱芜市“棋山杯”首届农民篮球赛。2008—2016年，每年都举办“九九老人节”

文化下乡巡演

九九老人节演出晚会

文艺晚会、“千场文艺走基层”文艺演出活动，每月都组织户外电影放映活动，丰富村民文化生活。为搭建文艺爱好者活动舞台，组建“棋山大鼓剧团”、村民健身舞蹈队，为村民开展晨晚健身锻炼、编排文艺演出节目提供技术指导，提升群众的文化素养。

环境治理

新中国成立前，政府对社会卫生漠不关心，村民既无卫生知识，也无卫生习惯，甚至存在“不脏不净吃了不生病”的无知说法，虱子、跳蚤、臭虫随处可见，生疮长疥者不计其数。新中国成立后，党和政府把疾病预防和卫生工作放在同等重要的位置，各级均设立卫生领导机构，开展爱国卫生运动。1951—1955年，以消灭美帝国主义细菌为题，大规模地开展扑灭蚊蝇、老鼠、昆虫等为内容的运动。1956—1960年，再次掀起开展“五洁”（室内、院外、厕所、厨房、街道）、消灭“四害”（蚊子、苍蝇、老鼠、麻雀，1960年后改麻雀为臭虫）为重点的爱国卫生运动。1973—1980年，爱国卫生运动以搞好“两管、五改”为重点（两管即管水、管粪；五改即改厕所、改猪圈、改炉灶、改水井、改环境）。1981—1985年，以开展“五讲四美”（五讲即讲文明、讲礼貌、讲卫生、讲秩序、讲道德，四美即心灵美、语言美、行为美、环境美）活动为重点，宣传精神文明知识，开展“五讲四美”活动。1986年，以实现“人人享受卫生保健”为目标，开展爱国卫生运动。通过一系列爱国卫生运动的开展，村民的卫生观念普遍增强，卫生习惯逐步养成，个人卫生、环境卫生大为改观。1953年，疥疮绝迹。20世纪80年代，虱子、臭虫、跳蚤基本消除。2014年9月，村庄实行整体拆迁改造，全部村民搬入楼房后，街道整齐划一、干干净净，垃圾清运及时，消灭了污染源，环境卫生日趋优化；村民家家饮用纯净水、矿泉水，户户使用水冲式卫生间、太阳能浴室，居家环境整洁。在加强棋山人家住宅小区建设的同时，棋山观村重视加强小区周边治理，建棋山牌坊1座、棋山人家牌坊1座、“全国文明村镇”影壁墙1座。治理小区前棋山河河道2千米，建跨河大桥2座，挖“月亮湾”人工湖1处，筑拦河橡胶坝1道，增加水面近万平方米；浆砌沿河河堤1220米，建设景观护栏680米，修建步游景道1000米，凉亭2座，既提升了棋山河的行洪防洪能力，又使河景与小区徽式建筑浑然一体，形成浓郁的山水田园风光。

殷实的村民生活，良好的行为习惯，优良的居住环境，使棋山观村村民的健康水平迅速提高，平均寿命不断延长。2010—2016 年，村民平均寿命男性 72.8 岁，女性 75.6 岁。至 2016 年末，全村 70 周岁以上老人有 42 人，80 岁以上有 21 人，90 岁以上有 2 人。

村民自治

1984 年县乡体制改革，生产大队改为村，生产小队改为生产小组，设立村民委员会，同时，进行第一届村民委员会选举。1987 年通过落实《中华人民共和国村委委员会组织法》《山东省村委委员会选举办法》等政策法规，村民委员会选举工作更加规范化。1993 年区政府把村民委员会建设作为一项重要工作，在选举工作中严格按照法律程序办事，确保每个环节都符合政策文件的要求。全区通过贯彻落实《中华人民共和国村民委员会组织法》，围绕民主选举、民主决策、民主管理和民主监督“四个民主”，以村务公开、民主管理为突破口，以实现社会主义新农村建设

村民自治宣传栏

中的民主管理为目标，加强农村基层民主政治建设；在先行试点的基础上，总结推广潘家庄等村（居）的经验，指导换届选举后的各村制定《村民委员会职责》《财务管理制度》《村民自治章程》《村规民约》以及村民代表大会等制度，成立村民议事会。1998 年区政府印发《健全和完善村务公开和民主管理制度的意见》，在全区组织开展“镇村联动”“四民主一公开”（民主选举、民主决策、民主管理、民主监督和村务公开）为主要内容的村级规范化建设工作，包括棋山观村在内的各村都形成了有一个完善的组织、一套有效的制度、一个固定的阵地、一个有力的班子和一套过硬的措施的“五个一”体系。至 2002 年，棋山观村共进行七届村民委员会换届选举工作，按时成功选举率达 100%。通过七届村民委员会的换届工作，班子成员在知识、年龄和能力结构等方面不断优化，整体素质不断提高。2004 年 10 月下旬，为认真贯彻落实市委、市政府提出的“村（居、社区）‘两委’成员交叉任职达 80%、书记主任 1 人兼职达 90%”的目标要求，钢城区印发《关于做好村“两委”选举工作的实施意见》，棋山观村按照区级文件要求，进行第八届村“两委”换届选举，书记主任 1 人兼，同时通过控制村级干部职数，减轻了村民负担。2008 年 6 月，棋山观村“两委”制定并经村民代表大会讨论通过村民自治章程；2010 年 9 月 1 日，召开村民代表会议对《村民自治章程》进行修订。修改后的《村民自治章程》共七章五十八条，分别对村民的权利与义务，村民会议和村民代表会议、村民委员会、村民小组的职责进行明晰，对村务决策、财务管理、村级秩序、村务公开和监督等内容进行规定，保障了村级各项工作的正常进行。此外，棋山观村还经村民代表会议讨论通过村级计划生育公约，成立村“红白”理事会，推动各项事业的有序开展。

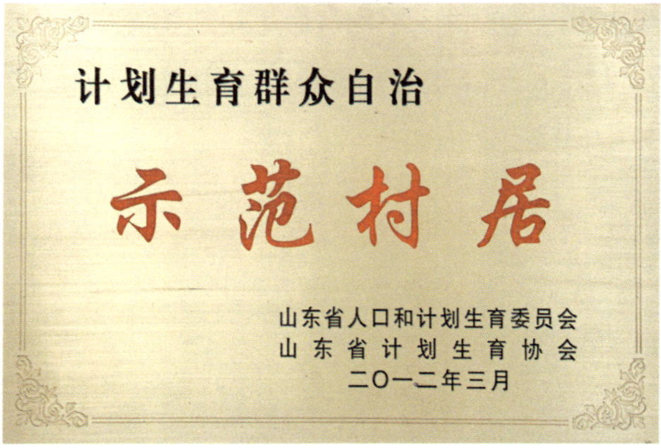

2012 年 3 月，棋山观村被山东省人口和计划生育委员会、山东省计划生育协会授予“计划生育群众自治示范村”称号

棋山观村通过实施新农村建设，全体村民收入稳定，经济富裕，生活幸福，村民发自内心的高兴，共同编写传唱着《棋山观村颂歌》。

齐鲁名村志
QI LU MING CUN ZHI

棋山观村志
QI SHAN GUAN CUN ZHI

农业生产

NONGYESHENGCHAN

新中国成立以前，村内土地实行私有制，土地占有极不平衡，大多数村民过着食不果腹的生活。新中国成立后，实行生产资料公有制，实现了耕者有其田，村民生活得到较大改善。特别是中国共产党十一届三中全会以后，科学技术的进步推动了农业生产方式的不断升级换代，农业生产条件显著改善，农作物种植效益大大提高，现代农业、生态农业、观光农业逐步形成。

精耕细作

生产变迁

村民有“勤稼穑”和精耕细作的传统。新中国成立之前，受旧的土地制度和落后的生产方式的束缚，加之多山地丘陵，土地较瘠薄，农业生产条件长期得不到改善，抵御自然灾害的能力很差，农作物产量低而不稳，农业生产发展缓慢。20 世纪 50 年代土地改革完成后，原有的封建土地所有制彻底废除，实现了“耕者有其田”，村民的生产积极性得到极大提高。60年代起，广泛进行农田基本建设和农业机械化建设，生产能力大幅度提高。80年代初，推行家庭联产承包责任制，极大地提高了农民的生产积极性。农民以家庭为单位，采用先进生产技术，使用良种，增施肥料，改良土壤，充分发挥农业机械的效力，精耕细作，农作物产量不断提高，农业生产得到进一步发展。90年代后，通过小流域综合治理等措施不断改善生产条件，调整种植业结构，大力发展优质高效农业，农业生产效益不断增加，农村经济日益发展壮大。进入21世纪，村"两委"积极贯彻上级关于土地流转的要求，因地因时制宜进行流转，促进了现代农业及园林产业的发展。

农业生产关系变革

1946年土地改革前，土地实行私有制，地主、富农人均占有土地较多，贫农人均占有土地较少。部分赤贫户因没有土地靠讨饭度日，一遇灾荒，贫农户只能向地主家借粮、借钱，到期无力偿还，或用房屋抵债，或卖儿卖女还债。1946年春，按照《山东省土地改革暂行条例》《山东省土地改革具体实施办法》，开展土地改革运动，90%以上的农民分到土地。1947年7月，进行土地改革大复查，对地主、恶霸、汉奸等进行清算斗争，将清算出的土地再次分给农民。1951年政府向农民颁发《土地房产所有证》。土改后，生产资料为农民个体所有，实现了农民个体所有制。1951年12月，贯彻中共中央《关于农业生产互助合作的决议（草案）》，村内互助合作运动迅速发展。互助组始称"换工组"，采取以工换工、误工补工的方式开展互助合作，对烈军属的土地实行代耕，对无劳力的困难户进行帮工，以解决一家一户解决不了的困难，为促进生产发展、改善部分农民生活水平起到积极作用。1954年在建立互助组的基础上，采取土地入股、大牲畜、农具、种子作价入社的方式，建立了初级农业合作社。1955年春，初级社通过升、并、扩等方式过渡到高级农业生产合作社，至此，村内农业的社会主义改造基本完成。1958年公社化初期，土地、农具、牲畜等生产资料和高级社的公共积累一律归公社所有，公社统一调配劳力，统一进行经济核算，分配实行供给制。村内建立食堂、托儿所和敬老院，后因经济条件不具备很快停办。1959年允许社员留有一定数量的自留地。1961 年 3 月起，贯彻中共中央关于《农村人民公社工作条例（草案）》（即“农业六十条”）精神，实行生产资料归公社、生产大队、生产队三级所有，以生产队为基本核算单位的“三级所有、队为基础”的管理体制延续至 1982 年。1982 年冬，打破生产队集体经营体制，实行家庭联产承包责任制（又称“大包干”），把集体土地承包给村民，调动了村民的生产积极性。

农业产业结构调整

1956 年前，村内经济模式主要是自给自足的小农经济，农民为满足生活基本需要，农作物种植以粮食为主，经济作物很少，商品经济的成分占的比重很低。1958 年公社化后，实行计划经济，贯彻“以粮为纲”的方针，农作物仍以粮食、蔬菜为主。1959—1961 年“三年困难时期”后，各级政府对粮食生产抓得更紧。为了让人民能“吃粗吃饱”，年年扩大粮田面积，千方百计提高产量，严格限制其他经济作物种植面积。1979 年 4 月，社、队贯彻执行《中共中央关于加快农业发展若干问题的决定》，打破单纯种粮食的种植结构，开始发展多种经营。1982 年实行家庭联产承包责任制后，农民种植有自主权，种田开始讲究经济效益，人民生活水平不断提高，对蔬菜、果品和肉蛋奶的需求不断增加。同年，村民积极贯彻中共中央关于“决不放松粮食产量，积极发展多种经营”的号召，紧抓粮食生产，重视经济作物种植，集体和个体收入大幅度提高。20 世纪 90 年代以后，村民在坚持抓好产业结构调整，大力发展蔬菜、林果和肉蛋奶“三大基地”的同时，坚持走适合自身的发展路子，到乡镇企业上班、经商或外出务工人员增多，村民人均收入显著增长。

农业生产条件改善

清末民国时期，农田建设局限于一家一户开凿水井、平整土地等，农田得不到改善，植被破坏严重，大批良田荒芜。新中国成立后，各级政府领导群众进行大规模、多层次的农田基本建设。20 世纪 50 年代，以打井开渠挖沟、扩大水浇面积、治理涝洼地为主。60 年代，以深翻整平为主。70 年代，推广“大寨田”基本建设经验，综合连片治理。80 年代实行联产承包责任制后，采取“联户治理，自愿互利”的原则，进行小流域治理。90 年代后，以绿化荒山、重点流域综合治理及建设生态农业为主。棋山流域总面积 44.80 平方千米，涉及里辛镇的棋山观等 15 个村以及黄庄镇的 6 个村，治理前大量山坡岩石裸露，顺坡地多，土地零碎，土层瘠薄，林木覆盖率低，农业生产条件差，水土流失严重。1995 年，区、镇、村三级组织人力物力对棋山流域进行开发治理。1998 年

1995 年 11 月 19 日，宋法棠视察棋山小流域综合治理现场

1 月，编报了棋山流域水土保持规划，同年被列入区委、区政府制定的《山区农业综合开发建设生态农业 10 年规划》，是全区重点治理的“十个流域一条河”（黄羊山、槐树岭、双泉山、棋山、历山、通香峪、青杨崮、平顶山、卧虎山、九龙山流域和牟汶河）中的一个流域；10 月被列为省重点工程；11 月又被黄河水利委员会列为 1998 年国家水利第二批财政预算内专项资金投资项目“黄河流域大汶河上游水土保持工程”，建设规模为综合治理水土流失面积 27 平方千米，工程施工由里辛镇和黄庄镇组织。1998—1999 年，治理面积 28 平方千米，占计划的 103.80%。建成水平梯田 709 公顷，修建塘坝 3 座、谷坊 62 个和水池 5 个，营造水土保持林 80 公顷、经济林 365 公顷，建设生物地堰 4.10

治理后梯田成片

万米，总投资 1598.50 万元，投工 165.70 万个。项目由国家扶持资金 350 万元，其中，中央财政专项投资 100 万元，国债转地方贷款 250 万元，省、市政府也分别拨部分专款予以补助。1998 年 10 月 30 日，黄河水利委员会副主任黄自强一行到钢城区棋山小流域考察。1999 年 10 月，通过省级验收，被山东省水利厅评为中央财政预算内专项资金水土保持项目精品工程。2000—2002 年，继续进行开发治理。至 2002 年，总投资 4500 万元，建小水库 12 座、塘坝 24 座、谷坊 1200 个、水池 5 个，打深井 6 眼，修筑拦河坝 30 道，扩大灌溉面积 266.67 公顷；治理改造低产田 4473.33 公顷，建成果园 1000 公顷，栽植各类优质桃、板栗树 50 万株；修环山路 25 千米。2002 年被水利部、财政部评为全国水土保持生态环境建设“十百千”示范小流域，并被评为全省精品工程。

作物种类

村内农作物主要有粮食作物、经济作物和蔬菜作物三大部类。粮食作物包括谷

棉花

黄花菜

类、豆类和薯类。谷类主要有小麦、大麦、谷子、高粱、荞麦、黍、稷等；豆类主要有大豆、红小豆、绿豆和豇豆等；薯类主要是地瓜。在粮食作物种植结构中，历来以小麦、谷子、高粱和大豆为主，20 世纪 50 年代后，玉米、地瓜面积增多。经济作物包括花生、芝麻和棉花等，花生种植面积居多。蔬菜作物包括大白菜、小白菜、苔菜、菠菜、芹菜、芫荽、水萝卜、胡萝卜、莴苣、生菜、马铃薯、山药、生姜、葱、蒜、韭菜、圆葱、黄瓜、冬瓜、南瓜、丝瓜、苦瓜、西红柿、茄子、辣椒、芸豆、豆角、扁豆、黄花菜、香椿和白莲藕等。其中，大白菜、小白菜、菠菜、苔菜、水萝卜、胡萝卜、马铃薯、山药、葱、蒜、韭菜、黄瓜、南瓜、丝瓜、西红柿、茄子、辣椒、芸豆和豆角等居多。

耕作制度

熟制

1970 年前，农作物种植多为一年一熟或两年三熟。1970 年以后，水利条件逐步改善，一年两熟的作物面积增加。一年一熟制：多在山丘旱地，主要农作物是春地瓜、花生、谷子、高粱、棉花等。一年两熟制：多在水浇条件好的耕地，作物是小麦、玉米。两年三熟制：一般是第一年谷子或高粱，第二年小麦、玉米或小麦、夏地瓜。有的玉米、大豆间种。一年多熟制：面积较小，主要是小麦、蔬菜、玉米间套轮作，一年三种三收。20 世纪 90 年代初，开始实行间作套种，主要模式是小麦地套种玉米，间种大豆；花生、地瓜地间种绿豆等。

耕作

1950 年前，大部分地区耕作以粗放型为主。之后，随着生产条件的改善和科学技术的不断进步，精耕细作技术得到推广。

春耕 历来多结合抗旱保墒进行。20 世纪 50 年代，常在作物播种前进行。70 年代，实行“顶凌耕地”、适时早耕。80 年代后，多在土壤解冻时先进行耙地保墒，“惊蛰”左右春耕。春耕深度略浅于秋耕，并于耕耙后及时扶垄保墒。

秋耕 多用木犁耕地和大镢刨地，一般耕深 10~15 厘米。20 世纪 50 年代，推行步铧犁耕地，耕深 15~18 厘米。60 年代后，逐步使用机械耕，耕深 20~25 厘米。2000 年后，随着农业种植主导地位被餐饮旅游业所取代，机耕面积又有减少，大镢刨地的面积相对增加。

冬耕 始于 20 世纪 50 年代末，多结合深翻整平土地等农田基本建设进行。70 年代中期，多用机耕与畜耕相结合的方法进行。冬耕深度相当于秋耕，为便于消灭越冬害虫，耕后一般不耙。

播种

作物播种分为春种、夏种和秋种。

春种 主要种豆、地瓜、花生和姜等，“谷雨前后种瓜点豆”。大豆等豆类历来开沟撒种或刨穴点种。地瓜多采用育苗栽插，插秧一般不超过“立夏”；20 世纪 50 年代，部分地块用“瓜母”直播，因用种量大，以后很少采用。花生 1990 年前采用平播点种，之后逐步推行起垄种植、地膜覆盖，4 月上中旬播种。至 2016 年，花生地膜覆盖面积达到 80% 左右。生姜多在“立夏”前几天播种，采用地膜覆盖的 5 月 1 日之前播种。先催芽后播种，播种后覆盖地膜，并在出苗前扦插谷草或树枝作荫障；90 年代后，有的用遮阳网。

夏种 玉米、大豆在麦收前 10 天套种或于麦收后直播，播种方式为刨穴点种或开沟撒种。

秋种 主要种小麦和蔬菜。冬小麦一般在“秋分”后播种，90 年代后一般在 10 月 1 日前后播种。播种方式，50 年代中后期推行 2 腿、3 腿耧播种，80 年代后推行机播。大白菜、萝卜等蔬菜的种植历来在“立秋”前后几天播种，俗语说“头伏萝卜、末伏白菜”；大蒜多在“秋分”前后播种。

田间管理

补种补苗 历来对补种补苗重视不够，有差一差二不算差的说法。20 世纪 60 年代以来，随着农业技术的推广应用，补种补苗逐步被重视起来。对播种后有缺苗断垅现象的小麦、玉米等作物，多实行浸种补种。70—80 年代，采取补种与移栽补苗相结合的方法。90 年代以后，各种作物种植密度加大，一般补苗，用隔行留双株的办法补足。

间苗定苗 历来对玉米、谷子等作物的间苗定苗比较重视。为避免干旱、虫害，一般间苗、定苗较晚。在幼苗单株三叶左右间苗，五叶左右定苗。

锄地培土 对玉米、高粱、谷子和花生等作物，多用手锄在苗地行间进行。20 世纪 50 年代，逐步采取手锄、耘锄和大镢松土相结合的方法，一般在作物出苗后至封垅前进行，并掌握“头遍浅，二遍深，三遍四遍莫伤根”的方法，一般锄地松土 3~4 遍，培土多结合锄地进行。90 年代后，除草剂、地膜开始推广应用，部分代替锄草工序。

肥料

肥料种类和来源

农家肥 主要有圈肥、人粪尿、绿肥、饼肥、土杂肥和草木灰等。圈肥主要来源是猪、牛、羊、鸡粪等。土杂肥主要来源老宅屋墙土、湾泥等。绿肥主要由紫穗槐、苕子、田菁和沙打旺等作物沤制而成。饼肥主要是豆饼。

化学肥料 20 世纪 50 年代，主要有硫酸铵、硝酸铵等。60 年代后，用氨水、碳酸氢铵、尿素、过磷酸钙和氯化钾、硫酸钾等。80 年代初，开始施用磷酸二铵、磷酸二氢钾，并开始使用锌、硼、铁等微肥。1993 年 1 月建区后，推广多施农家肥和生物肥料，适量施用化肥及微量元素、植物生长调节剂和叶面肥等。碳酸氢铵、尿素等氮肥主要来源于莱芜化肥厂、沂源化肥厂、新泰化肥厂，氨水来源于上述 3 个化肥厂和莱钢焦化厂，过磷酸钙主要来源于莱芜硫酸厂，其他化肥靠从外地购进。

施肥方法

基肥 也称底肥，耕作或播种前施入。其方法是：耕种前将各种肥料均匀撒于地面，然后耕翻于土中，称撒施，也叫铺粪；整畦后将肥料撒入播种沟内，为条施，也叫沟粪。此外还有包馅肥，多用于扶培地瓜垅。

种肥 播种时将肥料与种子同时混播。将少量尿素、饼肥或优质农家肥与种子混播，称拌种肥。先下种，后将腐熟好的优质圈肥或化肥、饼肥等盖在种子上面，为盖种肥。

追肥 在作物生长期间使用，主要分为根部追肥和根外追肥。根部追肥，小麦、蔬菜等密植作物用撒施，地瓜、玉米等作物用穴施；根外追肥始于 20 世纪 70 年代，主要对小麦喷施磷酸二氢钾、过磷酸钙、尿素或草木灰溶液等。80 年代后，相继采用配方施肥、平衡施肥等新技术，增产显著。

农机具

传统农具

分耕种工具、锄耘工具、灌溉工具、收割工具、脱粒工具、运输工具、植保工具等。

耕种工具 村内农家传统翻地整土工具有镢、锨、犁、耙和荡耙等。20 世纪

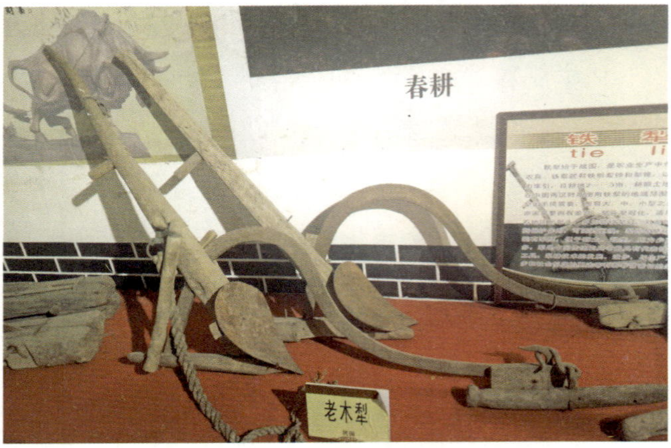

老木犁

50年代后，逐步引进新式步犁、悬挂犁和圆盘耙等。传统播种工具有耧、砘等。60年代后，逐步引进播种机等。镢分大镢、小镢、条镢、板镢和山镢等，为农家必备工具，户有2~3张。锨有木、铁两种，是农家必备工具，户有1~2张。耙，少数农户具备，由畜力或人力牵引，生产队集体有一定数量的耙，90年代后逐渐淘汰。荡耙分铁齿、木齿两种，农户必备工具，户有1~2把。牛轭俗称索头、耕襻、驭牛鞭等，一般随犁、耙配备。犁分有犁臂、无犁臂两种。前者使用广泛，后者仅适应于山区瘠薄地，畜力或人力牵引，20世纪50年代后逐渐被新式步犁、双轮犁取代。新式步犁有7寸和10寸两种，畜力牵引，20世纪50年代后期广泛使用，70年代后期被机引犁取代。双轮单铧犁，1952年引进，需两头牲畜牵引，使用较普遍。机耙，1961年引进46片圆盘耙，后又逐步增加24片、20片、18片、16片缺口耙。其中16片缺口耙使用较普遍。耧(耩子)，历来有单腿、双腿耧两种，人力或畜力牵引。20世纪70年代后，增加三腿、四腿耧等类型并广泛使用，后逐渐被播种机取代。砘车有单行、双行、三行砘车3种，20世纪60年代前，使用广泛，后逐步淘汰。

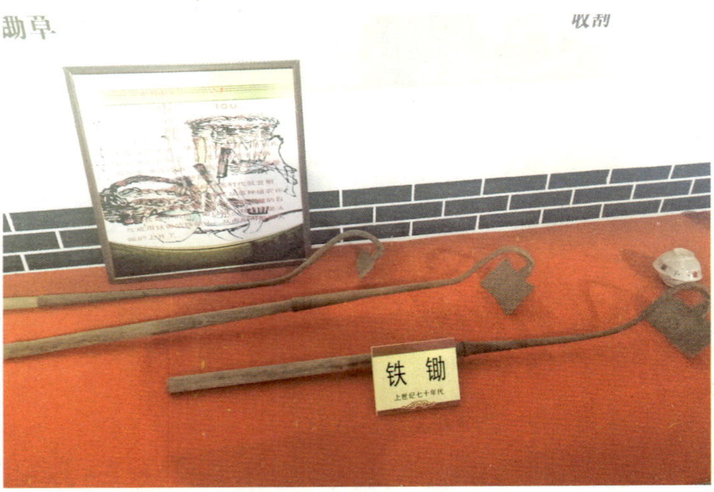

铁锄

锄耘工具 农家传统锄耘工具是锄，户有2~3张。1951年引进耘锄，用人力、畜力牵引，多用于玉米、谷子等作物的中耕除草，使用较广泛。20世纪90年代后，耘锄逐步淘汰。

辘轳

灌溉工具 农家传统提水工具有桔槔、戽斗（俗称撇子）、辘轳等，其中以辘轳较普遍，有倒罐、鸳鸯罐等，历来为主要灌溉工具。

收割工具 农家传统收割工具是镰刀，每户3~5把。

脱粒工具 农家传统脱粒工具是碌碡、杈、筢、扫帚、簸箕、木锨，家家具备，数量不等，富裕家庭备有扇车。

运输工具 农家传统运输工具是手推车。早期的手推车是轴木轮。1958年后，逐步改换为轴承胶轮。20世纪60年代，部分生产队有地排车或马车。

植保工具 1950年引进手动喷雾器，1952年引进手动喷粉器。在农业合作化运动中，喷雾器、喷粉器的数量均有较大增长。

木轮推车

手摇式喷雾器

农业机械

分耕耘机械、播种机械、排灌机械、收割脱粒机械、运输机械等。

耕耘机械 1956年村内引进新式步犁，这种犁轩辕前边装有托轮，既可以使牵引省力又可以控制深浅。20世纪60年代后期，引进悬挂犁，有重四铧犁、轻四铧犁、悬挂三铧犁、深耕一铧犁、深耕二铧犁、深耕三铧犁和小铧犁等，用拖拉机牵引，其中悬挂三铧犁和小二铧犁发展较快。1967年拖拉机后配悬挂犁、圆盘耙或播种机，特别12马力拖拉机既可耕作又可运输，以其操作简单、灵活方便的特点，深受农民喜爱，发展最为迅速。进入21世纪后，随着村民家庭收入构成的重大转变，农业机械大多被停用或处理，机耕面积减少。

播种机械 1962年引进播种机，规格有24行、11行、9行3种，9行最多，用拖拉机牵引。

排灌机械 20世纪50年代中期，引进解放式水车，用人力推或畜力牵引。60

手摇水车

年代，推广手摇水车，比较轻便省力。60 年代后，开始购进柴油机、汽油机、水泵，用于浇地。80 年代水泵数量迅速增加。90 年代后，仍有不少农户拥有 3.50 马力的小抽水机，搬动使用较为灵便。

收割脱粒机械　20 世纪 60 年代，小麦脱粒用拖拉机牵引连环震压器压场脱粒。70 年代引进国产小型脱粒机和扬场机。80 年代使用“四清脱粒机”，均用汽油机或电动机带动，小麦收割后不用晒干就能脱粒。90 年代，使用联合收割机，使收割、脱粒全过程一次性完成，但一些小地块仍用镰刀收割。同时引进小型手摇式玉米脱粒机，完全靠手脱玉米粒成为历史。

运输机械　20 世纪 70—80 年代，拖拉机成为村民主要运输工具。后农用三轮车、汽车逐步增加。2016 年全村有农用三轮车 46 辆、1182 千瓦，农用汽车 12 辆、1630 千瓦。

棋山观村幼儿园

齐鲁名村志
QI LU MING CUN ZHI

棋山观村志
QI SHAN GUAN CUN ZHI

教育卫生

JIAOYUWEISHENG

棋山观村地杰人灵，历史文化底蕴深厚。新中国成立以来，经过60余年的发展，教育卫生事业成效显著。全村先后有50余人考入大专院校，村民的医疗保健意识、疾病预防能力日益增强。

教育

清末初小教育

棋山观村小学初建于1914年3月，创办人邵凌汉，招生范围为周边村庄的学生。学制：清末初等小学5年，民国成立以后改为4年。课程设置：清末设修身、中国文学、算术、地理、历史、体操等。1928年后，取消修身，设语文、算术、常识、音乐、体育、图画等。升学制度：清末读完小学即就业，极少考入县立高等小学堂，颜庄高等小学建立后，拓宽升学渠道，少数考入高等小学，多数就业。办学经费出于地亩捐、学童捐、中金捐。这一时期在村内任教的教师，效法历代先贤，为学生传道授业，为棋山观村启蒙阶段的教育打下基石。

抗日战争、解放战争时期的教育

战争时期，尽管大敌当前，兵荒马乱，民不聊生，但在中国共产党和民主政府领导下，适应战时特点，服从战争需要，利用战时空隙，时断时续，仍坚持教育教学。

抗日小学 抗日战争开始后，中共莱芜县委号召成立地方抗日群众组织，同时各村建立抗日小学，人口少的邻近几个村联办一处，颜庄区共建42所抗日小学。1938年春，棋山抗日小学建立，郑孝吉任校长。抗日小学教员是地方政权委派的抗日工作人员，生活待遇与其他抗日人员一样，实行供给制。他们的工作任务是：一方面进行抗日宣传发动，一方面教书育人学文化。当时没有固定教材，用区公所（抗日区人民政府）文教助理员聘人自编的学习内容，各小学照着内容抄写成课本。第一课“大”，第二课“大中华”，第三课“中华民族真正大”，还有“七七卢沟桥事变、日本帝国主义侵略、对中国人民烧杀抢掠想灭亡中国，叫中国人民做他的亡国奴……

工农兵学商，一起来救亡……”敌人来了，就学习敌人指定的书籍；敌人走了，就学习抗日的内容。教员常常利用“教师”这一公开身份，在抗日政权领导下联系群众，发动群众，宣传抗日。

解放小学 采用省编教材，主要设语文、算术、常识等课目。办学形式机动灵活，没有敌情，正常上课，有敌情就停课。办学经费：由所在村庄分担，教师吃给养，区政府发给少量菜金。还以学校为阵地，配合开展对敌斗争，进行社会教育，如在动员参军、反奸诉苦中开展大量的政治宣传。

新中国建立后的教育

新中国建立后，小学归县人民政府教育科管理，学校实行校长负责制。1953 年，棋山观村完小（1~6 年级）成立，第一任校长李秋伟，教师有黄启诗等，学校设在抗战时期废弃的兵工厂旧址，占地约 5 亩，教室是原兵工厂的 16 间大厂房，办公室设在和兵工厂紧邻的 3 间三清殿中，招生范围是颜庄区里辛以东所有村庄的适龄儿童，初期每年招生仅 30 余人，随后学校办学条件不断改善，师资力量逐渐补充，到 1969 年适龄儿童入学率已达到 80% 以上，教育质量也不断提高。

1969 年底，棋山观村完小改为棋山观联办学校，设小学 1~7 年级各一个班，第一任校长李云义。招生范围：棋山观、圈里、白冶子、杨楼、焦家庄等 5 个村。1975 年 6、7 年级学生并入杨楼联办中学。“文化大革命”期间，联办教育体制、教学体系遭到严重破坏。1978 年后，教学秩序恢复正常，提倡“精讲多练”，注重基础知识、基本技能教学，教学质量不断提升。1981 年 8 月，棋山观村小学从旧址迁到村东岭，新校址占地面积 5 亩，教室、办公室 2 排，共 25 间，校长亓文汉。1995 年杨楼联办中学并入里辛二中。1999 年，棋山观村小学并入杨楼联办小学，适龄儿童入学率为 100%，巩固率 100%，合格率 99.8%。由于棋山观村距离里辛二中较远，学生上学不方便且不安全。2007 年，本村企业家朱传宝出资 11 万元购置中巴校车一辆，村“两委”安排专职司机邵光才免费接送学生上学，方便了学生，免除了家长接送学生的负担，获得村民一致好评。

棋山观村地杰人灵，人才辈出。至 2016 年末，全村先后有 56 名学生考入大专以上院校，其中邵光琛成为中国著名的作曲家、音乐理论家和音乐教育家；朱传敏、李传峰、邵明学、朱传宝、邵金菊、郑杰、邵振洲、渠瀛 8 人获得博士学位，李传峰被教育部评为“长江学者”并享受国务院津贴；此外，村毕业的学生中，已有 17 人获得中级以上专业技术职称。

棋山观村籍大学生名录

表

姓名	性别	出生年月	毕业（就读）院校	硕博学位
邵光琛	男	1933.08	华东艺术专科学校	
朱立广	男	1944.11	西安电信学院	
郑星华	男	1959.09	石家庄军械学院	
朱晓芳	女	1966.01	山东大学	
朱传敏	男	1967.03	山东工业大学	博士后
刘永泉	男	1967.12	山东矿业学院	
李传峰	男	1973.02	中国科技大学	博士后
邵明学	男	1974.06	泰山医学院	博士
朱传宝	男	1974.11	山东省经济学院	博士
邵金菊	女	1978.04	山东工程学院 南京航空航天大学	博士
郑孝平	男	1978.06	山东大学	
朱传明	男	1978.08	山东省经济学院	硕士
李传涛	男	1980.01	山东师范大学	
郑孝顺	男	1980.03	聊城大学	
朱虹旭	男	1980.07	北京理工大学	
郑　杰	男	1981.12	山东师范大学	博士
朱立峰	男	1982.09	山东轻工业学院	
邵　霞	女	1983.10	临沂大学	
狄　静	女	1983.12	天津外国语学院	
邵　韵	女	1984.08	山东大学	
陈　娟	女	1984.10	山东工商学院	
张　杰	男	1985.01	山东大学	

续表

姓名	性别	出生年月	毕业（就读）院校	硕博学位
邵振峰	男	1985.01	四川体育学院	
邵振洲	男	1985.02	东北大学 美国田纳西大学	博士
邵明会	男	1985.09	鲁东大学	
渠　瀛	女	1985.10	东北大学 美国田纳西大学	博士
邵明利	男	1986.03	烟台大学	
朱立娟	女	1986.05	曲阜师范大学	
朱　昌	男	1986.05	山东大学	
尚绪美	女	1986.07	临沂师范学院	
尚　晓	女	1986.08	聊城大学	
陈大伟	男	1986.08	韩国汉阳大学	
郑晓霞	女	1986.12	山东师范大学	
郑福友	男	1987.10	中国石油大学	
朱　轲	男	1987.08	青岛科技大学	
朱　珂	男	1988.02	山东财经大学	硕士
尚绪春	男	1988.07	中国石油大学	
邵　奇	男	1988.11	电子科技大 上海交通大学	硕士
朱慧娟	女	1988.12	山东财经大学	
邵　冲	女	1989.10	山东大学 中国政法大学	硕士
邵腾飞	女	1991.01	潍坊医学院	
邵利平	女	1991.02	聊城大学	
陈　帅	男	1991.08	青岛海洋大学	
邵明迎	男	1992.08	山东财经大学	
陈　强	男	1993.10	山东农业大学	
张万霞	女	1994.04	聊城大学	
刘骏良	男	1995.09	中国矿业大学	

续表

姓名	性别	出生年月	毕业（就读）院校	硕博学位
张友明	男	1996.03	山东林业大学	
张友朋	男	1996.05	聊城大学	
朱　娆	女	1996.06	山东理工大学	
朱文杰	男	1996.07	武汉大学	
朱艳萍	女	1996.12	临沂大学	
朱恒玺	女	1998.04	英国阿斯顿大学	
朱　彤	女	1998.05	山东科技大学	
张志强	男	1998.09	中国石油大学	
朱传海	男	1999.01	青岛科技大学	

棋山观村籍中级以上专业技术职称名录

表

性别	出生年月	学历	职称	工作单位
邵光琛	1933.08	大专	教授	新疆艺术学校
朱立业	1941.10	中师	中级	马泉联小
朱立春	1942.01	中师	中级	杨家楼联小
朱立茂	1944.09	中专	中级	里辛卫生院
李元实	1944.10	中专	中级	钢城区医院
邵光发	1953.08	中师	中级	杨家楼联小
邵光亮	1955.01	中师	中级	杨家楼联小
邵光茂	1955.04	中师	中级	大庙联小
郑星恒	1956.07	中师	中级	杨家楼联小
邵明山	1961.10	大专	副高	青岛即墨市中医院
朱传敏	1967.03	博士后	副教授	同济大学
李传峰	1973.02	博士后	教授、长江学者、享受国务院津贴	中科大量子信息实验室
朱传宝	1974.11	博士	副教授	山东财经大学

续表

性别	出生年月	学历	职称	工作单位
邵　飞	1977.10	大专	中级	莱钢二中
朱传明	1978.08	硕士	经济师	山东省农信联社
李传涛	1980.01	大专本科	副高	山东广播电视台
邵振洲	1985.02	博士	副教授	首都师范大学

幼儿教育

新中国建立前后，棋山观村幼儿教育是空白。直到 1974 年，村里设立育红班，由于孩子少，教师只有朱传英 1 人。1984 年育红班改名为学前班。学前班由入学前一年的幼儿组成，是幼儿园到小学的过渡阶段。1999 年，棋山观村幼儿园并入杨楼幼儿园，首任园长吕振菊。2016 年，棋山观村新建高标准幼儿园 1 所，杨楼幼儿园又回迁至棋山观村，园长张爱华。幼儿园分大、中、小班，入园幼儿共计 59 人。该幼儿园以“一切为了孩子，为了孩子一切”为办园宗旨，以服务、育人为目标，以幼儿喜欢、家长满意、社会信赖为努力方向，得到群众的认可。

幼儿园儿童娱乐室

医疗卫生

村卫生室

20 世纪 60 年代前，棋山观村没有卫生室等诊疗机构，村里缺医少药，村民有病大多硬挺着，或是寻些土方、偏方治疗，也有的找神婆、神汉扎针、求神，常常耽误治疗，求医看病成为村民的奢求。1967 年村成立卫生室，上级调来在城子坡卫生院工作的朱立茂大夫回村主持卫生室工作，村里派邵明云到卫生室协助朱立茂工作。1973 年朱立茂调到颜庄卫生院，村卫生室由邵明云负责，李恒美到卫生室做妇幼保健工作，负责打针、医伤、治小病。2 名村医定期参加公社卫生院组织的学习培训，接受上级业务指导，逐步考取了莱芜市、山东省乡村医生证书。卫生室的投入由村里支付，村里为村医记工分。卫生室成立后，一些常见病、病菌性疾病，村民都在卫生室治疗，对一些卧床不起的病号，村医带上药具上门就诊。20 世纪 80 年代以后，村卫生室医疗设施逐步增加，治疗水平不断提高，村民就医越来越方便。

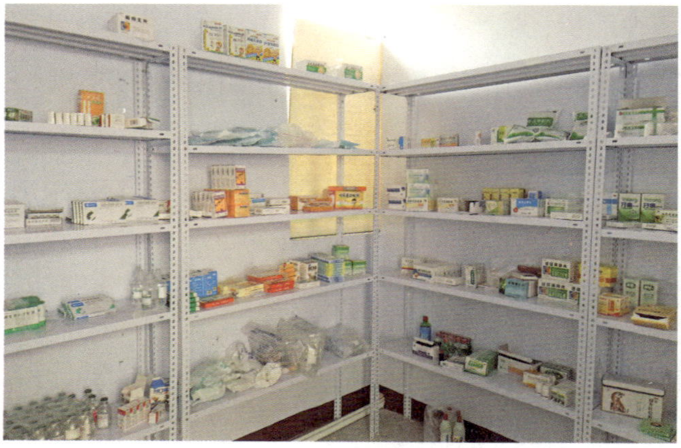
村卫生室

医疗保健

自建村以来，医疗保健经历从无到有，从弱到强的发展历程。村民从最初的不重视保健、不知道如何保健，发展到积极参与妇幼保健、老年保健、疫病预防保健等。21 世纪后，饮食保健已成为村民生活的新时尚。

妇幼保健

新中国成立前，村医疗卫生事业落后，妇幼保健无从谈起。产妇生产由产婆用土法接生，产妇死于难产和产后感染的很多。新生儿死于破伤风感染的较多。新中国成立后，村妇幼保健事业逐渐得到发展。20 世纪 70 年代以来，产妇都到公社卫生院请专业大夫接生；80 年代后，产妇都到莱钢医院等大医院接生；21 世纪后，孕妇定期到医院检查、幼儿定期体检、定期注射疫苗已成常规。

老年保健

21 世纪以来，村老年人保健事业得到迅速发展。从 2010 年起，里辛卫生院每隔 2 年对 60 岁以上老人进行一次免费体检，65 岁以上老人在村卫生室建立健康档案，做到了老年人有病早治、无病预防。2014 年村民乔迁新居后，老年保健迈上新台阶。晨晚散步、跳广场舞、做保健操已经成为多数老年人的健身习惯，部分中老年人还服用保健品，购置家用保健医疗器械，如摇摆机、血液循环机、电疗仪等保健仪器。

疾病预防

新中国成立后，政府对防疫工作非常重视，对儿童进行疫苗注射和接种，消灭了麻疹和天花。20 世纪 80 年代，对百日咳、白喉、破伤风、结核病、脊髓灰质炎等儿童主要传染病实行计划防疫。90 年代，对乙脑、流脑、乙肝、甲肝进行预防接种，使上述传染病得到有效控制。村内儿童防疫接种已形成制度化、常态化。

饮食保健

21世纪以来，村民的保健意识普遍增强，饮食要求越来越高。在食材的选择上，已不单纯看重物美价廉，而是更加注重有机、生态、农药低残留；在一日三餐营养搭配上，更加注重早吃好、午吃饱、晚吃少的合理膳食方式，“饮食起居讲科学，心情愉快保健康”已成为村民追逐的新时尚。

合作医疗

2006年由政府组织引导支持，农民自愿参加，个人、集体和政府多方筹资，以大病统筹为主的农民医疗互助共济制度——新型农村合作医疗制度实行。当年，本村村民全部参加“新农合”保险。2013年莱芜市政府实行与城镇居民并轨的“居民医疗保险”制度，村民按年度缴费参加“医疗保险”，并附加“大病医保”。“医疗保险”制度实行后，村民持身份证在莱芜市内各大医院看病住院手续简单、结算便捷，住院费用按比例报销。

棋山人家小区

齐鲁名村志
QI LU MING CUN ZHI

棋山观村志
QI SHAN GUAN CUN ZHI

村民生活

CUNMINSHENGHUO

新中国成立前，棋山观村大多数村民生活在社会的底层，以租种土地维持生计，过着温饱不济的日子。新中国成立后，村民生活水平得到极大改善。特别是中共十一届三中全会召开以后，村民安居乐业，生活质量逐步提高，电视机、收音机、自行车、缝纫机、钟表等生活用具走进寻常百姓家。进入 21 世纪，村庄实行整体拆迁改造升级，村民全部搬进楼房，彩电、冰箱、洗衣机、空调、家庭轿车等现代化家庭设备进入普通村民家庭，村民的生活水平达到甚至超过一般城里人。村庄环境美、生态优、公益设施齐全，村民生活好、讲文明、健康长寿，实现了千年来的梦想。

婚姻家庭

婚姻概况

明清和民国时期，村中男子 16 岁当娶，女子 15 岁当嫁。也有十一二岁甚至八九岁男子娶十八九岁女子为妻的，家庭富裕的男子可以一夫多妻，而家庭贫困无力娶妻者，则一生打光棍，也有的寡妇守节不嫁。新中国成立后，党和政府十分重视妇女和婚姻家庭问题。中央人民政府于 1950 年 5 月 1 日颁布《中华人民共和国婚姻法》，规定男女双方自由恋爱，最低婚龄为男 20 岁、女 18 岁。从此旧社会遗留下来的封建婚姻家庭制度被废除，婚姻自由，一夫一妻，男女平等的婚姻家庭制度得以确立，套在广大妇女脖子上的“夫权”“族权”枷锁被彻底打碎，实现了男女平等，自由恋爱。

1980 年修订的《中华人民共和国婚姻法》规定，初婚年龄男为 22 岁、女为 20 岁（以后又有几次修改）。广大青年男女实现婚姻自主，自由恋爱。恋爱方式有男女适龄青年自由恋爱的，也有经亲友介绍认识恋爱的。恋爱男女双方大体经过见面“相亲”、征得家长同意、双方家庭“换盅”、双方深度交往等环节，感觉双方情投意合，再到当地政府进行婚姻登记，领取结婚证书（领取结婚证书后，男女双方已成为合法夫妻）。之后，双方选择吉日，新郎到女方家迎娶新娘。随着社会的进步，男子到女子家落户的新风尚亦不少见。这种方式解除了有女无子家庭的后顾之忧，更加体现男女平等，深得村民赞同。

婚姻登记

婚姻登记是区别新旧婚姻制度的重要标志。1950 年《中华人民共和国婚姻法》颁布，全国实行婚姻登记制，按婚姻法的规定，结婚、离婚和复婚都要进行登记。通过登记来保障婚姻自由，防止强迫包办，保障一夫一妻制，防止重婚纳妾，保障男女双方和下一代健康，防止早婚和亲属间不应结婚的婚姻等。凡是自愿建立或者解除婚姻关系的男女双方必须到婚姻登记机关进行登记，履行这一法律程序，才能受到法律的保护和社会的承认。为了保证制度的实施，1955 年国家进一步完善了婚姻登记办法和登记的具体程序，提升了村民婚姻质量，促进了家庭和谐、社会的发展稳定。

1950 年《中华人民共和国婚姻法》颁布后，村内村民结婚，到所在区的区公所进行登记，经区公所文书审查依法发给结婚证书。1958 年 3 月，区公所改设为乡镇人民政府，结婚登记到乡镇人民政府办理；10 月成立人民公社，结婚登记到公社管理委员会办公室办理。“文化大革命”期间，结婚登记到各公社革命委员会办公室办理。1984 年 3 月，撤销人民公社，设立办事处（辖乡镇），结婚登记到办事处管理委员会办公室办理；9 月撤处并乡，成立乡镇人民政府，结婚登记到所在乡镇人民政府办理。1985 年 12 月，结婚登记由乡镇政府民政部门办理，并配有专职婚姻登记员。

20 世纪 50 年代至 70 年代，按《中华人民共和国婚姻法》规定的结婚年龄，男子为 20 周岁、女子为 18 周岁。1980 年根据修订的《中华人民共和国婚姻法》规定，执行男子 22 周岁、女子 20 周岁的结婚年龄标准。进入 90 年代后，为适应计划生育工作需要，大力提倡晚婚晚育。

1997 年 1 月 1 日，山东省人民政府颁布《山东省婚姻登记管理办法》，确定由县（市、区）民政局集中办理婚姻登记，要求对偏远乡镇实行定点，定期巡回登记；5 月钢城区民政局设立婚姻登记处，因区内人口少、地域小，没有设立巡回点，村民登记结婚到区民政局婚姻登记处办理。各阶段离婚、复婚者同结婚者一样，也需要到所在政府办理相应的离婚、复婚手续，颁发相应的证书。

家庭规模

家庭规模及生活方式随社会变革而演变。20 世纪 50 年代及之前，村内家庭结构是以父母为核心的大家庭。大家庭是由几代人一起生活而形成的家庭，一般有十几人甚至几十人，四世同堂、五世同堂的并不罕见。从明朝起，一个大家庭里只要父亲活着就不能分家。清末民国初期，追求“家大业大，人多财旺”，家庭结构仍延续旧制。抗日战争胜利后，大家庭逐渐解体。经过土地改革，大家庭的经济基础解体，村内家庭结构大体有 3 种：由一对夫妻与未成年子女构成的核心家庭、由一对夫妇与父母和未婚子女生活的主干家庭、由父母和几个子女以及孙子女组成的联合家庭，单亲家庭、断代家庭、单身家庭等属特殊情况，20 世纪 70 年代后，核心家庭成为主要模式。老年人除一部分能独立生活的，大部分跟随已婚子女生活，或由子女轮流赡养。据统计，

1949—1980 年，村民户均人口 4.40 人。2010 年 12 月，全村 235 户 568 人，户均 2.42 人。2016 年 12 月，全村 280 户 604 人，户均 2.16 人。从上述数字可见，随着计划生育的持续实行，村民生活观念的转变，多子女户越来越少，家庭规模越来越小。2015 年 10 月，国家二孩政策调整实施后，生育二孩的家庭有所增加，但对户均家庭人口规模影响不大。

家庭继承

新中国建立前，村内家庭严格按父系宗祧继承，继承权仅限于男子，并强调长子长孙立嫡。继承财产时，须先扣除长子应得的一份，然后按兄弟人数平均分配。个别家庭收有养子者，养子也可继承，但须宗族认可，方相安无事。年老无子者，一般将其兄弟之子立为嗣子，称为“过继”，如其兄弟只有一子时，亦可兼祧继承 2 支以上，也有过继其叔兄或堂叔兄弟之子者。嗣子有继承家产的权利和赡养继父母的义务，女子一般无继承权。只有女孩的家庭，可选择其中一名女孩招“养老女婿”（俗称“入赘”）继承家产，所养育子女可随父姓，也可随母姓，所生男孩有家庭继承权。《中华人民共和国婚姻法》颁布后，凡配偶、子女和养子养女均可根据情况

依次享受继承权。兄弟分家时，多数采用将财产先留出父母养老部分，其余平分的办法。直至 21 世纪初，非直系子女继承和寡妇带财产改嫁等仍有阻力。

家庭权力和行为规范

20 世纪 50 年代前，在父权、夫权思想支配下，多数家庭由长辈男子掌权。家长有管教家庭每位成员和主婚及财产分配权，以传统伦理道德约束每位家庭成员，子女一切唯命是从，出门先禀告，回家再面见长辈；凡事需经父母允许方能办理。姑娘和少妇不得轻易出门，亲友至时请安问好后即退避。特别是做儿媳的，不仅在公婆面前唯命是从，善事伺候，还得谨慎处理好各方面的关系。一般家庭，公媳不能同桌共餐，大伯哥与弟媳不能轻易讲话，新婚夫妇白天也不能随便交谈。就餐落座，长辈在上首，晚辈在下首；大家庭男女分餐；外出赴宴，父子不能同席。有条件的家庭子女成年后不与父母同居一室，尤其女孩更早分室；儿子成婚后，父亲一般不进其居室。长辈与外人谈话，子女晚辈不能随便插话。晚辈在长辈面前说话声音要低，要站有站相，坐有坐相，站不能背手，坐不能跷二郎腿等等。

父系血系（男性）属于家庭成员范畴，视为宗亲，可以传宗接代；母系血系属“姻亲”，不属家庭成员范畴，不能传宗接代。

20 世纪 50 年代后，反对封建专制，解放思想，提倡男女平等，家庭行为规范不断更新。女子与男子、晚辈与长辈在家庭有平等的权利，尊老爱幼、有事商量、民主平等、团结和睦的新型家庭成为主流。

收入与消费

村民收入

受政治环境、经济发展等宏观因素影响，村民收入在不同时期也多少不一。新中国成立后，村民收入整体呈逐步增长之势。

新中国成立前，村内居民绝大多数以租种土地为主，种植以粮食作物为主，没有农业科技的应用。选种，延续几千年的传统做法，选择粒大饱满的；施肥，使用传统的农家肥；浇水，靠天下雨。好的年景，村民勉强有粮吃饭，差的年景，根本吃不饱饭，收入少的可怜。

新中国成立初，绝大多数村民靠种地为生。当时，人均土地只有 0.80 亩，且多数是山岭薄地，粮食产量低而不稳。1952 年土地改革后，贫雇农分得土地，实现“耕者有其田”，农业生产得到迅速恢复和发展，加上个体工商业有所恢复，人均收入增长较快，村民生活得到改善。1957 年，全村人均纯收入接近 70 元。1958—1978 年，村民收入经历了徘徊不前和缓慢增长两个阶段。受“左”的思想路线的影响，加上没收社员自留地，禁止家庭副业，大大挫伤了村民的生产积极性，生产队粮食产量大幅度减产，村民的经济收入来源几乎断绝，生活陷入饥馑之中。从 1962 年开始，中央贯彻“调整、巩固、充实、提高”的八字方针，农民家庭收入逐年提高，恢复到 1957 年的水平。“文化大革命”期间，尽管农村开展了平田整地、治水改土的“农业学大寨”运动，农业生产较前有所发展，单产和总产均有明显提高；但由于人口的骤增，人们的生活水平依然没有多少提高。1976 年人均收入只有 80 余元。1979—1999 年，特别是自 1982 年冬，村里实行联产承包责任制后，村民的生产积极性和劳动生产率大为提高。大部分村民除了农时耕种外，有的利用农闲到莱钢打工，有的承包荒山种植林果，更有的发挥经营特长，合伙经营农副产品、饭店、建筑业等，推动了村民收入大幅度增长。2000 年村民人均纯收入 3290 元，虽然家家有余粮、户户有存款，但仍处于同期全区和里辛镇的下游水平。

进入 21 世纪后，新兴旅游产业的兴起给棋山观村带来了难得的发展机遇。棋山风景区餐饮旅游的火热，使本村居民的收入来源迅速从以“农业＋三产服务业”为主向“餐饮旅游＋现代农业”为主的转变。2000 年 4 月，棋山被命名为省级森林公园，2014 年 12 月，晋升为国家森林公园后，景区旅游业发展如火如荼，“棋山炒鸡”不仅成为棋山观村经济发展的特色产业、支柱产业，更是莱芜名贯齐鲁的一张靓丽“美食名片”。40 余家炒鸡店盘活了全村经济，安置富余劳动力 100 余人，实现了全村人人有工作，月月有收入。此外，村“两委”通过流转土地 200 亩，成立棋山园林绿化合作社，安置劳动力 20 余人，为发展生态旅游、绿色旅游奠定了基础。2016 年村民人均纯收入达到 18568 元，是 2000 年村民人均纯收入的 5.98 倍，2011 年村民人均纯收入（9533 元）的 1.95 倍，村民年人均纯收入明显高于全区、里辛镇的平均水平。

村民消费

受经济发展、收入水平、消费观念等因素影响，村民的消费水平、消费结构差异较大。

黑白电视机

新中国成立前及建立初期，大多数村民过着缺吃少穿的贫困生活，购买力极低，消费水平也极低。村民生产、生活所必需的物品，大多以自己制作或种植为主，提倡节衣缩食，节约一分是一分。

1978 年中国共产党十一届三中全会召开后，随着家庭联产承包责任制的推行，村民收入的大幅度增加，村民的消费水平和生活质量逐年提高，生活消费品结构发生明显变化。至 1984 年，大多数村民家庭解决温饱问题，个别经济富足的家庭，能够做到一日三餐有菜吃，不时餐中有肉吃。1985—2000 年，大多数村民家庭收入在波动中缓慢增长，电视机、缝纫机、自行车、钟表等生活用品进入百姓家，个别经济富足家庭购买了彩电、洗衣机等生活用品，村民住房也从茅草房搬进砖瓦房。进入 21 世纪，特别是 2014 年棋山观村旧村改造完成后，以楼房、汽车、冰箱、空调、手机、电脑等为代表的高端生活消费品陆续走进百姓

液晶电视机

家，村民的消费水平和消费结构日趋高端化、现代化。

社会保障

救灾救济

抗日战争和解放战争时期，民主政府开展募捐、节粮和大生产运动，筹集粮食和被服，除支援前线外，全部用来救灾度荒和弥补人民群众的战争损失。1948 年 3 月后，中国共产党非常重视对贫困户的救济。每年春季青黄不接时，民政部门及时做好调查摸底，各级政府为缺粮户发放粮款，并发动群众互济互助、生产自救；临近冬季，为困难户发放棉衣棉被；每逢春节，为特困户救济粮油、猪肉等过节物品。1958—1960 年，生产大队动用全部公积金和公益金资助群众生活，公社发给群众生活物资。1978 年后，救济工作扩展为救灾扶贫，尽量利用救济款扶持贫困户发展多种经营致富项目，对一些户还直接发放羊、兔和鸡种等。

在救灾工作中，村“两委”积极协助各级民政部门及时查灾报灾，争取上级救灾拨款，发到受灾村民手中。2004 年，采取对村内特困户发放救助卡的方法实行定期定量救助。2004 年 11 月，区政府印发《关于实施农村医疗救助的意见》，确定由区财政统一支付农村特困户、“五保”户和重点优抚对象参加农村合作医疗的个人筹资款，棋山观村特困户、“五保”户得到大病救助。

农村养老保险

20 世纪 90 年代前，村民养老主要靠传统的养儿防老模式，以家庭赡养为主。1991 年开始启动农村社会养老保险工作，由各乡镇按照自愿的原则，向村民收取社会养老保险金，由民政部门具体管理。1994 年市政府印发《莱芜市农村社会养老保险暂行办法》，将乡镇企业职工、农村干部、农村义务兵等人员及时纳入农村社会养老保险范围。1996 年市政府印发《莱芜市农村社会养老保险工作规程》《莱芜市农村社会养老保险基金管理费使用实施细则》，实现规范化管理。1998 年农村社会养老保险有了较大突破。2000 年农村养老保险继续开展投保人员的续保工作。2010 年棋山观村开始推行新型农村社会养老保险，每人每年交 100~1000 元不等。凡年满 18~60 周岁的 158 名村民全部参保；年满 60 周岁且符合领取条件的村民，领取基础养老金。至 2016 年 7 月，农村基础养老金已由最初的每人每月 55 元，增加到每人每月 105 元。

最低生活保障

1995 年实行最低生活保障制度；11 月，钢城区政府印发《关于实施最低生活保障线制度的意见》，对全区城乡困难户实行最低生活保障线制度，农村最低生活保障线为每年 550 元。2016 年，棋山观村 15 户 18 人享受农村居民最低生活保障。

老年公寓

2014 年，棋山观村新村——棋山人家社区建成投入使用。老年公寓，位于社区

村老年公寓

核心地段，户均建筑面积 65 平方米，为一室一厅一卫一厨户型。村民夫妻双方中，只要有一方满 65 周岁，即可免费入住老年公寓。至 2016 年末，已经有 27 户 34 位 65 岁以上老人入住。

“五保”供养

1994 年前，“五保”老人供养主要由村里负责。1994 年供养经费、食物实行乡镇统筹和村级负担相结合的办法。1996 年 1 月，贯彻莱芜市《关于加强五保供养工作的通知》,“五保”供养的经费和食物全部由乡镇统筹解决。2016 年棋山观村有“五保”供养老人 1 人。

意外伤害保障

从 2008 年起，棋山观村村委会拨出专项资金，为村内 242 户村民（每户 20 元），购买农村治安保险，另外为村内 50 周岁以上 256 位老人购买银联安康（意外伤害险，每户 30 元）保险，这些举措有利于保障村民的生命财产安全。

村民意外伤害保险合同

春节文艺娱乐活动

齐鲁名村志
QI LU MING CUN ZHI

棋山观村志

QI SHAN GUAN CUN ZHI

村民风俗

CUNMINFENGSU

俗语说，一方水土养一方人。千百年来，受中国传统文化的影响，在村内形成了约定俗成的基本礼仪、生产方式和生活习惯，培育了具有自身特色的民俗风貌。新中国成立后，受新文化、舶来文化的影响，又催生了许多现代节日。

生活习俗

衣料服饰

衣料 清末，村内服饰衣料多以手工织布（俗称老粗布）为主。老粗布，即由农村家庭妇女把自家农田种的棉花纺成纱线，经织布匠用手动织布机织成白布而成，也可根据需要，找染坊染成黑、深蓝、浅蓝等颜色；白色一般给男劳力做夏天衬衣用，黑色、深蓝色、浅蓝色可做被褥等。20 世纪 20 年代，机织布（俗称洋布）始渐流行，丝织品、毛制品只有极少数富户穿用。70 年代，机织布逐渐成为主要衣料，品种有平纹、斜纹、咔叽、平绒和条绒等；同时，化纤布料逐渐流行，的确良、涤

织布机、纺线车

卡最受欢迎。80 年代起，衣料品种迅速增多，化纤及毛呢衣料盛行。进入 21 世纪后，衣料品种数不胜数，既有水貂等动物表皮，也有羊绒、羊毛、真丝、亚麻、棉花等天然纤维衣料，还有各种改良化学纤维，村民可根据自己的喜好，随意挑选。

服装 清代官员及进士、举人等有功名者，皆有规定服装，公务、接待及参加典礼等均着官服。中华民国成立后，官服制度被废除，书香门第原已流行的内穿长袍、外套马褂、头戴帽垫、脚穿布鞋布袜仍沿袭盛行，部分官绅豪门巨商将帽垫改为礼帽，有的将马褂改为西式大衣，以示中西兼备。20 世纪 50 年代，一般人家男性夏、秋多穿对襟褂、裹腰裤、白布袜、圆脸布鞋，农民多穿“铲鞋”；冬季穿对襟棉袄或大襟棉袄、长棉裤，脚穿布棉鞋、棉袜，头戴帽垫或“毡帽头”，一些农民还穿“衩裤”。女性多穿大襟褂、裹腰裤、花布鞋、裹小脚（指新中国建立前较大部分的农家妇女，都要裹成小脚），常年系腿带（俗称扎腿），只有冬棉夏单之分。另外成年人有穿坎肩的习惯；不论男女老幼，内穿衬衣和短裤者极少。富裕人家穿的衣料多是丝绸；春秋季多是头戴圆形缎帽，长衫，套马褂，冬天着长袍（也称大袄）。60 年代前后，机织布（俗称洋布）进入村里，男人是上穿中山制服、下穿西式筒裤，戴三扇棉帽，围围巾，鞋子以白塑料底鞋、黄胶鞋、布

老布鞋

大襟棉袄

棉鞋为主。女人是大翻领或小翻领褂子，西式简裤，鞋是圆口布鞋，圆口白塑料底鞋，袜子是上底的鞋袜。由于生活贫穷，常常是穿的补丁摞补丁。天冷了，单衣再添上一表，填上棉花做成棉衣；天热了再取出棉花做成夹衣。一般人家没有两套衣服，有事出门或陪客，借衣服穿是常有的事。洗衣服也常是晚上脱下来洗了，晾干，第二天接着穿。70 年代，随着生产的发展，生活逐年好转。往往是，为了暖和，里边套秋衣，为了整洁外边套外罩。不管男女，都至少也有三四身衣服可以替换。这时，衣服打补丁的已经少见。样式男的多以中山装、国防服为主，女的衣服花样更多，但大翻领是主要的，鞋多是松紧口鞋，袜是尼龙袜，头戴方围巾。80 年代以后，生活水平迅速提高，服饰逐步讲究。绒衣、绒裤、短大衣、长大衣、蝙蝠衫、面包服、西服以及各式各样的布鞋、皮鞋、胶鞋、塑料鞋等普遍流行。男人的衣服以西服为主，夹克衫、牛仔服也不少见。春秋两季，男人大多都是西装革履，冬季，外衣也是西装，只有老年人穿中山装。女人衣服则是五彩缤纷，样式多种多样。

发型 饰品 20 世纪 50 年代之前，村内未婚女性将头发梳成辫子，已婚女性均将头发拢起向后梳髻，俗称“纂”，佩以簪、钗和网等，耳垂穿孔戴坠子，还戴手镯、戒指和项链等，一般多为铜、银制品，富裕者用金制品。1949 年后，已婚妇女梳髻者日渐减少。60 年代，新婚女性全部剪短发，簪和钗等饰物随之停用。今绾纂者除个别老年妇女外已不多见，代之以烫发、佩戴耳环、戒指和项链等。男性除手表外，极少有佩戴饰物者。

簪子

20 世纪 50 年代之前，村内男性多数剃光头，少数高龄老年人沿袭过去习俗留有发辫或较长发型，青少年学生和公职人员，普遍留向两边分的发型，称为“留分头”。随着时间推移，高龄老年人相继去世，留发者逐渐消失。至 70 年代，“留分头”者较为普遍，剃光头者渐少。自 80 年代初，“分头”逐渐被“平头”代替。90 年代后，发型日趋多样化，既有“分头”，又有“平头”，还有“老年头”“背头”“青年头”“烫发头”等等。男性有长期戴帽子的习俗，除夏季外，一年三季都戴帽子，冬季戴棉帽，包括皮帽、绒帽，春、秋季，老年人戴毡帽，年轻人戴单帽。20 世纪 80 年代后，除冬季戴棉帽外，其余季节戴帽者逐渐减少。

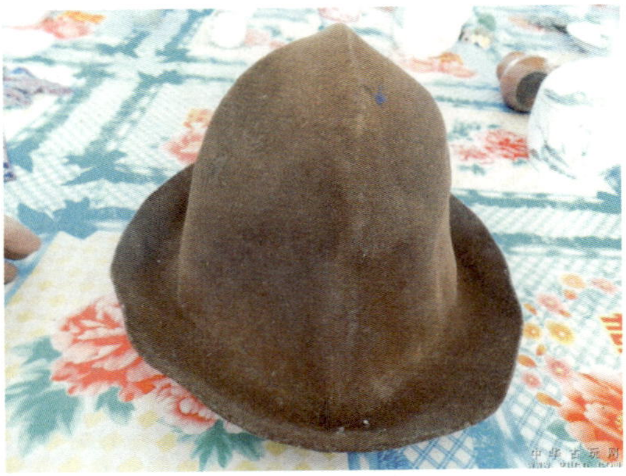

毡帽

棉帽

食品

饮食 村内居民日常饮食为一日三餐。新中国成立后，许多人因生活贫困，冬闲天短时，也日用两餐。主要食物有粗细两类。小麦面食为细粮产品，吃法多种多样，有馒头（馍馍）、卷子、面条、水饺、蒸包、煎包、油饼、锅饼、单饼、烧饼、火烧、挂面和油条等，最简单的小麦面食品叫馉饳，俗称面疙瘩。一般做成水饺、馒头、面条、烙饼等，作为逢年过节和招待客人食用，其中以水饺为美食，如过年饺子，饯行饺子等。其他食物有用谷子、高粱、玉米、地瓜干做成的煎饼、窝头、饼子、稀饭、米面糕等都叫粗粮食品，以地瓜面做成的煎饼最为普遍，粗粮食品就咸菜条是村民的家常便饭，其中煎饼为农家最常用食物。20 世纪 60—70 年代，摊煎饼是农村未婚女青年必学的饭食之一，煎饼既好吃又宜保存，食用、携带都方便，村民外出拿饭都带煎饼。80 年代以后，村民居家饮食发生较大变化，食用小麦面食等细粮食品已成为普通居民的主食，偶而吃一点粗粮食品如小米煎饼、玉米棒子等反而成了改善生活。90 年代以后，村民的饮食结构发生了重大变化，由原来以饭为主、菜品为辅向以菜为主、饭食为辅转变，肉类及肉制品食物在饮食中的比例越来越大，鸡蛋、牛奶需求量日益增加。进入 21 世纪后，随着村民健康意识的不断增强，对饮食的标准要求也越来越高，比如，肉类需求有所下降，有机食品需求增加，追求原生态、低农药残留的人越来越多。

副食历来是粉皮、粉条等地瓜制品，豆腐、豆芽、豆腐干和豆腐皮等豆制品。蔬菜以白菜、萝卜、菠菜、芹菜、韭菜、葱、姜、蒜、蒜薹、苦瓜、莴苣、番茄、马铃薯（地蛋）、茄子、辣椒、藕和黄花菜等为主，还有瓜类（南瓜、冬瓜、北瓜、倭瓜等）和豆类蔬菜（芸豆、梅豆、豆荚）等；干菜有海带、蘑菇（松蘑）等；果品有桃、梨、杏、山楂、苹果、枣和核桃等。20 世纪 80 年代，随着生活水平的提高，一些过去逢年过节、待客、有重大喜庆事才食用的食品如鸡、鱼、肉、蛋及其加工制品，以及竹笋、木耳、海米等干菜制品，均成为家庭日用菜肴食品。

筵席菜肴　村内自古有好客传统，接待来客，力求酒菜招待。普通来客的招待，视来客人数，炒 4 个菜、6 个菜、8 个菜或 10 个菜，要双数不能单数，菜的档次视家庭条件而定。如遇婚宴等喜庆大事，则按规格办席，多采取 4 碟 8 碗或 4 碟 10 碗，招待贵客则另加整鸡整鱼 2 个“大件”，名曰“抬头席”。讲究排场者，则安排 3 汤 3 饭，让客人先喝茶，吃点心；中午吃水饺，饭后再饮茶，并由陪客陪同客人外出散步活动消食，约下午 3 点左右正式开宴。宴席顺序为先喝茶并上 4 个果碟，而后上酒和 4 个小菜碟，再按抬头席的顺序上菜，先整鸡、整鱼，再依次上 8 个菜，第八个菜是丸子，上丸子的同时由主人向客人劝酒，最后再上 2 个菜吃饭。20 世纪末以来，到宾馆、饭店举办婚宴或家庭宴会的人渐渐增多，根据家庭条件、客人规格等确定宴席标准。一般按约定俗成的“婚宴标准”置办。

居住

村里房屋建筑习惯屋顶起脊，布局为四合院。清末至新中国成立初期，因村民贫富悬殊，居住条件差别很大。官宦及富有之家，宅舍规模庞大，建筑豪华，料石砌基，磨砖清缝垒墙；厅堂四梁八柱，滚檩方椽，厅房的木质隔扇、窗扇雕花剔透，方砖铺地；屋顶用苇笆、荆笆或薄砖铺面，小瓦盖顶，上置哈巴狗、张口兽等饰物；大门宽阔高大，多是垂珠连龙，黑漆门扇，内有山屏门。大户人家多是四合院，有正房（北屋）、厢房（东西屋）、下房（南屋），东（西）南大门，西（东）南栏；一座四合院宅子为一小单元，几座四合院组成一个大单元，一般称大院；房屋多为

旧四合院

料石垫基、里生外熟（即里边是坯，外边是12厘米砖墙）砖墙，椽子顶笆，小瓦盖顶，方砖铺地。一般的富裕人家是砖瓦房，石头打地基，三层扫地砖，上面用土坯垒墙，前边是砖砌门口和窗户，木板门，棂子窗，青瓦盖顶，四合院布局。北屋三间，正房东西两头各挂一间小北屋，东屋西屋南屋各两三间，大多是东南大门，西南栏。多数贫苦家庭，多以乱石打基，用土坯垒墙，山区多用乱石干碴缝垒墙，木料单细质劣，麦秸或谷草盖顶，既矮又小，十分简陋；房屋门口低、窗户小、木板门、棂子窗；四合院很少能盖起来，大多是三合院，或者是仅有北屋、饭棚、栏圈，大门也大多为栅栏门。一家几代同住一院，老人住堂屋（正中北屋），晚辈住小北屋或偏方屋；堂屋既是客厅，也是老人的卧室。个别极贫家庭且家庭成员较多的，仅有草房3间，大男大女同室，勉强栖身，不少人家连院墙大门也无力修建。此情况一直延续到20世纪50年代，60年代稍有改变，但变化不大。

20世纪70年代，农村兴建新房，多为三合院或四合院，石基坯墙草顶，个别砖墙瓦顶，男女老少一般都分室居住。进入80年代，多数村庄均统一规划，宅舍排列有序，整齐美观。结构形式多为4间或5间正房，另有厨房、栏圈、大门，多用料石砌基，红砖垒墙，木质或水泥檩条，苇箔或苇笆覆面，红瓦盖顶，开扇玻璃门窗，有的墙基装饰水刷石图案花纹。自90年代末，建房标准不断提高。4间或5间的前

新四合院

出厦带耳屋十分普遍，少数户盖起2层以上楼房。屋内多为瓷砖铺地，水泥地面渐少；门窗有木制窗、钢窗、铝合金窗、塑料钢窗等；墙壁粉刷，多用仿瓷涂料或乳胶漆；窗台、墙裙多用水刷石或瓷砖、马赛克等；在水电配套齐全的同时有的还安装土暖气、太阳能等。

进入21世纪，棋山观村立足新起点、倡导新生活、建设新农村的步伐明显加快。于2009年9月经村党支部、村委会研究，全体村民同意，在全市率先进行新农村建设，启动前所未有的旧村整体拆迁改造工程。该工程历时5年，于2014年9月竣工，实现全体村民入住新居。新建村庄命名为棋山人家小区，所有楼房呈徽派建筑风格，住宅区分为居民楼、连体住宅楼、别墅区3个片区，统一规划，统一建设，功能齐全，标准较高。小区内水、电、暖、通信、路灯、监控设施齐全，老年公寓、健身广场、幼儿园、卫生室、社区服务中心、公园、锅炉房、垃圾回收站等公益设施完备，小区绿化面积较多，道路全部进行硬化，村民的居住环境焕然一新。

出行

地处矮山丘陵地带，道路狭窄崎岖，行走困难。新中国成立前，村内主要交通

老马车

工具是手推木轮车和少量畜力车（用驴、骡、马或牛牵引）。年轻人外出多是步行；老年人外出，路途较近的步行，路途较远的骑毛驴或坐木制独轮车。少数家境富裕的坐畜力（驴、骡、马或牛）车或骑驴、骑马出行。20 世纪 60 年代，村民运输以胶轮车取代木轮车，轻便很多。极少数人用上自行车，出远门坐公共汽车。70 年代，自行车较为普及，运输大多用拖拉机、三轮车。80 年代，摩托车进入农户，自行车数量剧增。90 年代近途出行骑自行车较为普遍，远途骑摩托车，长途则以乘坐火车、汽车为主。走亲访友、赶集、进城务工、职工上下班多骑摩托车，田间干活、学生上学多用自行车。进入 21 世纪后，家庭轿车进入寻常百姓家，路上的摩托车很少见，自行车基本看不到。随着村村通柏油路、城乡公交一体化、老年人免费乘坐公交车等优惠政策的实行，乘坐公交车辆的人数有所增加。村民出行，交通工具丰富多元，按需所取。

老式自行车

老式木兰

用具

居民日常生活用品变化较大，主要体现在炊事饮食用具、居室用具以及灯具和取暖设施等方面。

炊事饮食用具　主要有锅、碗、瓢、盆、盘、勺、筷、案板、刀、剁墩、鏊子、壶、水桶、水缸、水舀、暖壶、茶壶、茶盘、茶碗（杯）、酒壶、酒盅（杯）、火炉及瓶

旧炊具

罐等。旧时，多为铁制品或陶制品，后逐步改用铝、塑料、细瓷制品或搪瓷品，土垒煤炉改为铁炉或蜂窝煤炉。20 世纪 80 年代以后，逐步增加液化气炉、暖气炉等，普遍用上暖水瓶。进入 21 世纪，家用电冰箱、电炒锅、电饭锅等与日俱增，少数富裕户用上微波炉、电烤箱。炊事饮食用具样式不断更新，品种日益增多，质量不断提高。

居室用具 旧时，富有之家备有桌、椅、杌、凳、箱、柜、橱和床等，贫苦家庭仅有几件粗劣品，甚至睡地铺，在灶台炕沿上吃饭。20 世纪 80 年代，大部分家庭将土炕改制为铁、木质板床或棕榈床；室内摆设沙发、躺椅和茶几，箱柜改为大衣橱、木箱、条箱和皮箱等，有的用组合橱。同时，多用衣架、写字台、墙角橱及抽屉小方桌等配合使用。铺床除褥子外，增加线毯、毛毯及花被单等。电视机、收录机、电风扇、洗衣机、缝纫机等，成为中等以上家庭必备品。进入 21 世纪，很多家庭买上高档席梦思床，少数户用上空调，一般家庭都配有沙发。家用电视机不

老旧家具

断更新，先后有黑白电视机、彩电和直角平面大彩电、液晶电视、壁挂式触摸屏电视等。

灯具 清末民国初年，居民多用灯碗燃豆油或花生油照明。20世纪30年代，始用煤油灯，富裕人家用玻璃罩子灯，或用蜡台燃蜡烛，后用煤油灯具。部分人用手电，公共场所用上汽灯。60年代，农村开始用电灯。80年代，普及电灯。90年代，各种节能装饰灯、台灯进入寻常百姓之家。21世纪，LED灯进入家庭，装饰装潢用灯具在乔迁新居或布置店面时广为使用。

煤油灯

玻璃罩子灯

取暖用具 20世纪50年代前后，村内贫困户多用瓦火盆燃谷糠碎草取暖，中等以上户多用土坯垒砌煤炉烧无烟煤取暖，后逐步普及无烟煤取暖。70年代后，逐步普及用铁煤炉烧烟煤取暖。80年代中期，开始安装土暖气。90年代，半数以上的户安装土暖气，部分户仍以铁煤炉取暖，少数富裕户安装空调。21世纪，棋山人家小区建成使用后，实行村集体统一供暖。

礼仪习俗

称谓

旧时称谓烦琐，新中国成立后，有的废止，有的仍相沿使用。书面称谓基本沿用汉民族共同语的通用称谓，口头称谓则按地方方言。

直系亲属之间 称父母为爷、娘，称祖辈为老爷（爷爷）、奶奶，称曾祖辈为老老爷（老爷爷）、老奶奶。长辈称子女为儿（孩子）、闺女（妮子）、儿媳（媳妇子）、侄子、侄媳妇，称孙辈为孙子、孙女，再下辈为重孙、重孙女等。

同族之间 按高祖、曾祖、祖、父、自身“五服”分亲疏，定服制。以直系和旁系的亲疏关系依据，“五服”以内为近族，旁系亲属按行辈称呼，冠以“堂”字，如同一曾祖的兄弟，称堂兄、堂弟，晚辈称长辈堂伯、堂叔，长辈称晚辈堂侄等；“五服”以外为远族，俗称出了“五服”，在称呼上则冠以“族”字，如族叔、族婶、族兄、族侄等。

亲戚之间 丈夫对妻子的亲属，当面随妻称呼，不当面时，对妻子的父母称岳父、岳丈、丈人，岳母、丈母娘；兄弟冠以“内”字，称内兄、内弟，或称舅子；姊妹称他姨，或称姨子。妻子对丈夫的亲戚，一般随丈夫称呼，对外个别冠以“婆婆”二字，如姑婆婆、姨婆婆等。对父亲的姊妹和母亲的父母兄弟姊妹，有的口头和书面相同，如舅舅、姑姑等，有的不同，如称外祖父、外祖母为姥爷、姥娘或姥姥，称姑母、舅母为姑、妗子等。

结拜干亲者，口头互叫爷、娘，互称兄弟（姐妹），对外称呼则冠以“干”字，如干爷、干娘、干兄弟等。

友邻之间 一般都按行辈采用通常称呼，年轻人对老年人多称大爷、老大爷、大娘、老大娘；儿童对老年人多称爷爷、奶奶、老爷爷、老奶奶；年龄相当的互称老兄、大哥、大嫂、老弟、兄弟、弟妹。

同事之间 称呼不按辈分。称呼领导，一般在其职务前冠其姓氏；同事之间称呼，一般在被称呼者的姓氏前面加以老或小字如老张、小王等。

其他称呼 旧时学生称老师为先生、恩师，自称门生或弟子；老师称学生为贤契、高徒，自称友生。同学间互称同窗，尊称砚兄（弟），同年参加科举者称年兄（弟）。社会上对年长者，男的称老翁、老先生，女的称女士、老太太。平民称官员为大人、老爷、长官，称士兵为老总、军爷，自称下民、小人。官兵称民众为老乡。

新中国成立后，称谓趋向简明化、大众化、平等化。师生之间称老师、同学，对老年人多称大爷、老大爷、大娘、老大娘。儿童对老年人多称爷爷、奶奶、老爷爷、老奶奶。年龄相当的互称同志，尊称老兄大哥、老嫂、大嫂。幼儿园的儿童称辅导员为老师，个别称叔叔、阿姨，辅导员对儿童称小朋友，对幼小的称小宝宝、小宝贝。

礼节

村内受儒家文化的影响，一向重视礼节。通常，初次见面者首先问“贵姓”，寻求帮助要说“请问”“请教”“劳驾”等。得到帮助或关心时则连说“谢谢”或“多谢”。邻居之间相遇，一般要问“上哪去”或“做啥去”，若正值饭前饭后时间则问“你吃了”。路遇熟人，首先热情打招呼，骑自行车时要下车或招手致意，与长辈同行时让长辈在前。窄路上遇到熟人则站在一旁道声“请”字，让对方先过。在闹市区需要别人让路，则口喊“借光”。有时不小心影响了别人，则马上说“对不起”“请原谅”等。

村内村民好客，每逢客人来，主人即向前热情迎接，一边问好，一边接过所带礼品，把客人让进屋，并根据辈分安置在合适的座位，然后，一边寒暄，一边敬烟、沏茶，摆上果品或瓜子等。农村待客先喝茶，后吃“点心”（根据家庭经济条件，或吃面条、水饺、荷包蛋等）。酒饭招待时菜肴视客人多少而定，一般人均两个菜左右，若招待贵客还要找人作陪。客人走时要热情送出大门，通常会把客人所带礼品留下几件，剩余的给客人带回去，并根据情况远送出一段距离，然后或握手告别，或嘱咐“路上慢走”“以后常来”等。

节日习俗

传统节日

主要有春节、正月十五、二月二、寒食、端午节、六月六、七月十五、八月十五、重阳节、十月一、腊八日、小年等。

春节（俗称过年） 此节由来已久，相传两千多年前的尧舜时代，就有庆祝岁首，迎接新春的活动，汉武帝时定正月初一为新年，是一年中最盛大的传统节日，过节内容在不同历史时期有所不同。旧时，居民生活悬殊，富庶人家过年隆重奢侈，穷苦人家只是简单应付，赤贫户则视“过年”为过鬼门关。对普通家庭来说，一般是节前置办年货（购买蔬菜、肉食、零食等），准备年饭（蒸馒头，做年糕等），做新衣服，打扫房舍庭院。腊月三十日（小进年腊月二十九日），称“除夕”，家家户户贴春联、门神和年画，摆族谱灵位、祭祀供品，请已故祖宗回家过年。并在大门、屋门口横放一木棍，称拦门棍，防止其他鬼神进来。晚饭家人团聚，吃顿丰盛的团圆饭叫“辞岁”。饭后，妇女包水饺，多数户吃素馅水饺，意味来年素静平安。夜晚“守岁”，俗称“熬五更”。儿童放鞭炮，结伙玩耍，成人围坐火炉，或随意叙谈，或打牌玩乐。午夜至次日清晨，各家陆续敬天地，俗称“发纸码”（烧纸、香、元宝等），放鞭炮，祭拜天地诸神，祈祷来年保佑，家庭安康，事事顺利，日子越过越兴旺。年初一早饭，一家老少围在一起吃水饺，由于水饺是昨晚包好的，免不了有一些漏馅的，老人们便说，今年挣得可不少（寓意挣钱挣得很多）。饭后，男女老少穿新衣拜年。根据宗族辈分，先拜辈分大、年长者，依次下延。拜年时，在供桌前给祖宗磕头，此时，主人家往往根据辈分陪拜年者一同给祖宗磕头。然后相互问安问好，至亲长辈给晚辈儿童“压岁钱”或糖果。从初一上午到初二上午，本族近户，邻里庄乡相互拜年。大街小巷熙熙攘攘，妇女儿童穿红戴绿，同辈相见，握手致礼，遇长辈施拜年礼，祝贺新春热闹非凡。正月初二下午送家堂，按宗族辈分远近关系，血亲相近的（一般为五代之内），一块把自家需要焚烧的烧纸、香放在一起焚烧，俗称给祖宗送钱，供祖宗在阴世（鬼神世界的俗称）用，送祖宗回家（回阴间）。从正月初三至十五，亲戚朋友携带礼物互相走亲戚拜年，有些邻里互请过节酒。村委会根据经费情况，不时举办唱戏、说书等娱乐活动。新中国成立后，提倡破除迷信，厉行节约，春节习俗逐渐弱化，节日之际，家人团聚，亲朋相会，并开展丰富多彩的文体娱乐、拥军优属等活动。“文化大革命”期间，提倡过“革命化的春节”，过节形式内容单调。20 世纪 80 年代起，大多数户已不再供奉灶王和门神，互请过节酒之风也渐少。90 年代后，随着人们经济的不断宽裕，电视走进寻常百姓家，举家团圆看春节文艺晚会成为大多数家庭“熬五更”的主要内容，拜年、走亲戚习俗延续至今。

正月十五（元宵节，又叫灯节） 相传此节始于汉代。20 世纪 80 年代前，主要将此节日作为灯节。80 年代后，因有元宵及制作技术引进，成为名副其实的元宵节。民间习惯食用水饺或元宵，并用杂面蒸灯 12 盏，取月月光明之意；也有以青萝卜、胡萝卜为原料制作灯杯、用棉棒做成灯捻、用豆油或花生油作燃料制作灯的。20 世纪 80 年代后，面灯、萝卜灯逐渐被蜡烛代替。傍晚，在屋内、院内、井旁、大门等处上灯，各家各户在街头、庭院点放花筒、钻天猴和鞭炮等。有时村内也舞龙灯、玩狮猫、踩高跷、耍花船，称“闹元宵”。90 年代，蒸灯（面灯）和野外玩火的风俗渐废，置灯仅限于大门和室内。2000 年后，大门悬挂大红灯笼的人家越来越多。正月十六，娘家看闺女或闺女走娘家，与元宵节连为一体。

闹元宵

二月二　打囤、炒蝎豆、搬闺女。是日凌晨，各家用簸箕盛草木灰少许，以擀面杖或小木棍敲打簸箕边沿使灰颠出，先将宅房围起，再在庭院、室内及场院里，围成大小不等的圆圈，叫“打囤”。囤内压上少量杂粮和零钱，以求“五谷丰登”“金银满柜”。炒蝎豆子，称炒“蝎子爪”，有防蝎蜇之说，是日闺女走娘家。20 世纪 60 年代后，“打囤”的习俗逐渐消失，余习仍沿用。

寒食　清明　清明的前一日（亦说二日或三日）称为寒食。民间有“寒食一百五，坟头去添土”之说。早晨去祖坟添土整修坟墓（闰月年不添土）。“清明”家家门口插柳枝，并备酒菜、烧纸和香到祖坟祭祖，有家庙祠堂者则家族集体祭祀。

后人在自家先人坟上填土烧纸，以敬祖先。新中国成立后，家庙逐渐废除。20 世纪 70 年代，实行丧葬改革，平掉所有的坟头，废除土葬，添土之俗已废，上坟祭祖仍沿袭。至 80 年代后，为悼念革命先烈，机关、学校、群众团体等组织人员于清明期间到烈士陵园扫墓，以寄托哀思，进行革命传统教育。次日，旧时有踏青之习，男女老幼到野外踩青草，意即一年不害脚疼；现在已发展成为以春游、健身等方式的文体活动。

三月三　棋山庙会，又称棋山山会。相传二百多年前，棋山脚下的村民们感染瘟疫，服多种草药都未见效，三月三这天，有一位任大娘到村北沟寻找草药，烟雾蒙蒙中，一位鹤发童颜的老婆婆来到她面前，指着沟堰上的一线泉眼说“这水能治百病”，说完就不见了。任大娘接了一天一夜才接满水罐，回到村里，病人喝了泉水后病都好了，人们为感谢这位老婆婆，便在山泉旁边修了座小庙，塑了一座像，尊称其为白衣奶奶，以后每年三月三日村民们都来参拜，于是棋山山会形成。如今每年的棋山山会，村里都邀请远近闻名的戏剧团为村民演出。

三月三庙会

端午节　五月初五为端午节，民间有吃粽子、煮鸡蛋、门上插艾蒿、妇女儿童佩带五香荷包等习俗，目的是纪念爱国诗人屈原。节前娘家携带粽子看闺女。

六月六 “六月六拌炒面”，农家有尝新麦、吃炒面的习俗，即选用最好的小麦炒熟，磨成面粉，用糖水拌匀当饭吃。“六月六”还是敬山神的日子，炒面同时为供奉山神之用。据说山神能管辖山中的野兽和坏人，供奉他可以保护人畜和山林。祭祀后的炒面，古时送给放牧牛羊的人以改善生活，谓之“牧人过年”。当地百姓六月有“敬天”的习俗，意思是祈求上天保佑人口平安、风调雨顺、五谷丰登。“六月六”还是棋山庙会，每年的这一天，本村百姓都自发捐款，购买至少两头大生猪和多种供品，把生猪屠宰后供奉山神，然后把供品分发到各家各户食用，俗称“吃了神仙剩，家人不生病”。村里的企业家、个体工商户等都主动捐资，邀请一些著名的戏剧团给村民唱上几天大戏，丰富百姓的文化生活。每到这个时节，四村八乡的人都来到山上，进庙烧纸上香、听戏，人山人海，热闹非凡。六月六日杀谢雨猪、吃炒面、祭山神这些民俗延续至今。

六月六谢雨猪

七月十五 又称中元节、鬼节，是农历下半年第一个传统节日。村内素有摆供桌、请家堂的习俗，只是时间稍短，为一天。其仪式大体与春节相同，不同之处是，不用去各家家堂磕头。个别人家也有不请家堂而去上祖坟的。

八月十五 中秋节，也称仲秋节，凡在外人员，只要条件允许都回家过节，故又称团圆节。节前有看闺女之俗，所带礼品月饼是必备之礼，另配以点心之类，当晚，全家老幼欢聚一堂，饮酒赏月，品月饼。

重阳节 农历九月初九。重阳节源于西汉初年，至今已有2200余年的历史。《易经》中把“六”定为阴数，把“九”定为阳数。九月九日，日月并阳，两九相重，故而叫重阳，也叫重九。“九九”重阳与“久久”同音，九在数字中又是最大的数，有长久长寿的含意，而且秋季也是一年收获的黄金季节，寓意深远。人们对此节历来有特殊的感情，历代诗词名句中有不少贺重阳、咏菊花的佳作。1989年国家把每年的农历九月九日定为老人节。昔日，村内这天有看庙会，登山望景的习惯。如今，每年的重阳节，村委会有到老年公寓看望慰问老年人，组织老年人观看文娱节目的习惯，已经形成尊老敬老的社会风气。

十月一 农村上坟祭祖的节日。旧时，凡有家庙祠堂者，家族成员集体参加祭奠仪式，显示家族兴旺。新中国成立后，祭祖仪式被废，上坟祭祖的风俗尚存。

腊八日 农历腊月初八（十二月初八）俗称“腊八日”，传统“过年”从此开始。当天吃“腊八粥”，欢庆丰收并预祝来年五谷丰登。腊八粥用黏米或黍子米加入红枣煮成，除全家共餐外，有的还送邻居、亲友品尝。自20世纪80年代，人们常以水饺、面条、大米或小米稀饭代替腊八粥。90年代始，用食醋腌制“腊八蒜”，以便春节期间食用。据说，腊八节当天腌制的食品，一整年都不会坏。

小年 腊月二十三日称为“小年”。当晚，农家均在灶王神前供奉糖瓜、山楂、柿饼和红枣之类，并焚香烧纸以求灶君“上天言好事，下界降吉祥”，称为“辞灶”。有一个神话传说，大意是这一天当晚灶君到天宫向玉皇大帝奏报，供奉糖瓜是要粘住灶王的嘴，防其乱说。“辞灶”之举，需全家团聚后进行，有外出不归者不能进行，意为不将家人辞在外边。“文化大革命”期间，“辞灶”的风俗被废除。

现代节日

主要有元旦、妇女节、植树节、劳动节、青年节、儿童节、建党纪念日、建军节、教师节、国庆节等。

婚丧习俗

婚嫁

旧社会儿女成亲，须恪遵父母之命、媒妁之言。选择配偶要门当户对。家长决定孩子的终身大事，孩子未出生就定亲，叫“指腹为婚”；有的几岁就定亲，叫“娃娃亲”；有的两家将女儿交换成亲，叫“换亲”；有的几家将女儿辗转交换成亲，叫“转亲”；有的子女多养不起，把未成年的子女送到婆家过活，叫“童养媳”，俗称“团圆媳妇”；有的女儿出嫁后去世，次女再嫁给女婿，叫“续亲”；有的男孩未成家去世，与另一家未成家去世的女孩结成亲戚，叫“阴亲”。只有女孩的户招“养老女婿”，又称“入赘”。

相亲 媒人介绍男女双方的情况，双方认为条件基本可以后，便约定时间、地点由男女双方见面，观察双方的身材、相貌，此为明相。还有的暗相，即由媒人事先安排一方暗中观察另一方，一般是女相男，若男方条件较好，对女方的要求较高，则安排男相女。一般是先暗相再明相，双方满意后再安排定亲。

定亲 包括“合宫”“送柬”等环节。定亲之前，男女双方父母请算命先生“合宫”（即测算用天干地支表示的男女出生年、月、日、时“八字”是否相合），“合宫”无妨碍，叫“划着”，此时双方可择吉日正式定亲。定亲又叫“送柬”，即由男方两名至亲与媒人一起，持事先找人写好的“柬”（在大红纸上写上男女姓名、生辰八字，以及“恭恳金诺”等内容）和比较厚重的礼物送到女方，女方找上德高望重的家庭成员作陪盛宴招待，并在席间由事先安排的专人书写“谨遵均命”的回帖装入拜盒，并视男方的文化程度押回墨、笔、纸、砚或衣帽鞋袜等，表示婚姻正式确定。

1950年《中华人民共和国婚姻法》颁布后，实行男女平等，婚姻自主。男女双方自行恋爱或经人介绍，双方及家庭都同意时，女方到男方家中去看家庭情况，认识一下对方的父母，男方设宴招待，送给女方见面钱或见面礼，叫“小见面”。经双方协商，约定日期正式“定亲”，届时，由媒人联系女方派人到男方家中，男方筹备两桌酒席，由德高望重的人士作陪盛宴招待女方男女客人，喝酒时男女双方最具有代表性的人士互相交换酒杯称为“换盅”，表示正式成为“亲家”，算是“定亲”又叫“换盅”。宴席结束后，男方为女方押上衣物、糖果、点心和“见面钱”。以后每逢春节后和麦收后，男方到女方家看望，女方可随意到男方住些时日，条件成熟并达到法定年龄（后提倡达到晚婚年龄）后，领取结婚证书，即成为法定夫妻。

结婚准备 送（要）“年命”。结婚前先由男方请族人中德高望重者到女方家商定婚期，然后，男方父母便请人按“柬”上所载的双方“八字”测算结婚日子及梳妆、上下轿、坐床、下床的方向、时辰，并把这些连同禁忌事项写在帖上送到女方，叫“送年命帖子”，女方即按照“年命帖子”的要求准备结婚事宜。新中国成立后，“送柬”仪式逐渐废除，为确定婚期，结婚前，由男家派人到女家询问女方的准确出生年、月、日、时，称为“要年命”，然后找人按双方“八字”测算具体婚期及梳妆、上下轿、坐床、下床的方向、时辰，并把这些连同禁忌事项写在帖上送到女方，叫“送年命”，此后，双方即按照测算的时间作结婚准备。

衣物服饰 男方要请夫妇双全的女亲属做被褥，并在被褥内放些带籽棉，被角缀上铜钱，被头一端不缝合，意为“多子、多财、白头到老”。褥下要放成双的栗子和红枣，祝愿“早（枣）立（栗）子”。在选好的被子上压一条扁担，以示“床铺不空”。婚期既定，男方要“还愿开锁”，即请人在脖子上挂五色线，并锁一纸条再行打开，宣告从此已为成年。女方要“开脸”，即用丝线将脸上之绒毛绞尽，将发辫绾成纂，插戴婆家送来的首饰，标志着年已及笄，少女时代已结束。新中国成立后，“开脸”“开锁”习俗逐渐废弃。

嫁妆 女方要办嫁妆，叫“陪送”。陪送多少以家庭贫富而定。富有之家，置办“大八件”“小八件”，即桌、椅、箱、柜、杌、橱和衣架等十几件或几十件家具，并在箱柜内塞满衣物。一般家庭仅陪送桌子、杌子和柜，生活贫困者甚至什么“陪送”也没有。“陪送”物品有的于婚礼前送到男方，叫“送圆房”，有的在结婚当日陪新娘一起送去。

送催妆 为催促女方操办婚事，男方还要到女方“送催妆”，一般由男方的兄长带上一件事先备好的大红棉袄（叫“催妆衣”），以及鱼、肉、糕点、酒和鸡等礼品，在约定的时间送到女方，女方尽收礼品，并在酒坛内换灌河水，俗称“长流水”，并押回宽面条，叫“宽心面”，备作新娘的“随身饭”。

结婚仪式 有钱人家大娶大嫁，新郎乘坐花轿，在锣鼓声中到女方家迎接新娘；

结婚仪式

一般人家只能小娶，新娘由娘家送，视家庭条件，有的坐轿、有的坐小推车，嫁妆也一块儿送去。不论大娶小娶，娘家均派员“送亲”，人员一般为四男三女，男的叫“送女客”，女的叫“送女婆”。新娘着催妆衣，头带蒙头红，按既定时辰起程，无论路程远近均不能与外面接触，直至男方大门口。落轿（停车）之后，等一会儿叫“定定性”。接着，鞭炮齐鸣（个别大户雇有乐队奏乐），随之小姑子搬米面糕，放在轿子或车子前，让新娘踩着下轿（车），接着新娘在2名伴娘的搀扶下慢慢下轿子或车子。新娘下轿和进家时脚下不能沾地，为此，由2名长兄在其脚下铺席，两领席倒替着向前铺，称为“倒席”。新娘两旁还有2名孩童为其“打火把”，火把一般用麻秆做燃料。新娘在看媳妇的人流拥簇下走进家门，在一片欢乐声中拜天地、拜父母、入洞房。到床前时，脚踏放在“升”上的糕上床，意为“步步升高”，并按年命帖上指定的方向坐床。其婆婆或婶、嫂用擀面杖将蒙头红挑去，插在粮食囤内，叫“挑福”。然后新人同吃用“长流水”煮的“宽心面”，又叫“义和面”。上午，还要吃娘家在同村的亲友送来的水饺、面条等，叫“小饭”。晚上夫妇双方喝“贺婚酒”，众人闹洞房。第二天清晨，新娘向家庭及近族长辈一一叩拜，上午与新郎同去祖坟祭祖。第三天，女方家派人接新娘回娘家住两天，叫“搬对日”。“对日”满后回婆家住 6 天或 10 天后，再到娘家住同样的时间，叫“住对日”。至此，结婚仪式才算完成。

新中国成立后，结婚仪式逐步简化。20 世纪 50 年代，送新娘多用小车推。80 年代，逐渐改为新郎用汽车接新娘，婚礼上的“大拜天地”改为鞠躬。

进入 21 世纪后，婚礼大都由婚庆礼仪公司操办。婚期的前一天，婚庆公司着手布置婚礼场地，一般直接选在举行婚宴的酒店大厅，门口及大厅悬挂“囍”字灯笼及各式花篮，营造出喜气洋洋的气氛。婚期当日，新郎按照预定时间带着迎亲队伍去迎接新娘，返回时一般不走来时路（不走回头路），按照另一条路线直接到婚礼场地。在城镇繁华路段，车队一般放慢速度摄像拍照。新娘到达时，鸣放礼炮、彩花，亲戚朋友鼓掌相迎，在婚礼进行曲中，新郎新娘脚踩红地毯，相携步入婚礼殿堂，由司仪主持结婚仪式，主要仪式有：一拜天地，二拜高堂，然后夫妻对拜，再向所有参加婚礼的人鞠躬致谢；主婚人、证婚人分别致辞；父母提希望，新娘改口称新郎的父母为爸爸妈妈，父母喜送红包等。仪式完成后，婚宴开始。次日，新郎新娘携带礼品一起回门，看望新娘父母。有条件的家庭，新郎新娘在回门后一起旅游度蜜月。为提倡节约办婚礼，个别年轻伴侣采取假日旅游结婚的方式，形式更加简化。

婚宴 对前来护送新娘的“送女客”和“送女婆”（新郎家称其为“大客（kei）”），新郎家要专门安排陪人盛情招待，男席凑够 8 人，女席凑够 6 人。一般在早晨新娘入洞房之后进行，散席后“大客”即返回。对贺喜的亲朋好友，男女双方分别于结婚前一两天或当天举行答谢喜宴。自 20

婚宴

世纪 90 年代，逐渐改变为“大客”也参加婚礼，并一道赴婚宴，只是“大客”坐“正席”以示重视。婚宴一般为 8 人一席，鸡、鱼、丸子、炸藕合、蜜汁山药和红烧肉等菜是必须有的，最后上丸子，以示菜上完（丸）。菜肴一般 10 个以上，但必须是双数。

丧葬

坟墓 棺椁 村内有看风水，择墓地的习俗。旧时，除贫困户外，一般都有建寿坟、打寿器（棺材）、做寿衣的习惯。寿坟多为石质结构，包括石雕厅堂、厅柱和神门等，堂壁上面雕刻或绘制花卉、草虫等图案。有的用砖质结构，盖顶则用砖发碹。寿器，一般用杨木，富有之家一般用柏木制作。按使用木板的厚度说，富有之家用 6 寸或 4、5、6 寸（底、帮、盖）厚木板，上置天花板，前雕垂珠连龙；一般人家用 2.50 寸薄木板。贫困家庭无力打造寿坟置办寿器，便对死者用薄斗子、席床子，甚至席裹箔卷草草葬于临时垒砌的墓穴中。

灵堂 灵棚 传统丧葬仪式繁琐。病人垂危时，将病人移至居室明间灵床上，以免隔梁断气。病人一旦咽气，趁尸体未僵硬便穿衣整容移入棺材叫“停灵”。子女亲属哭号致哀，更换孝服披麻戴孝，叫“成服”。子女跪仆灵堂两侧，叫“守灵”。院内设灵棚，安供桌，置灵位。供桌上摆小米饭 1 碗，直插竹筷 1 双，名叫“倒头饭”；用长 30 厘米左右、数量与死者年龄相等的谷秸扎住一端笼罩碗上，叫“隐身草”，上面置招魂幡，再上搭黑布 1 块，意即人虽死但其灵魂还在此享用。还要高搭司书、鼓乐、更衣、彩、祭等灵棚，有的从家门延至墓地，长达数里。

内柜 外柜 死者亲属请族人或村政人员共议丧事，请总执事主持一切。一般设内、外两柜，内柜负责写讣告、报丧、安排勤杂人员、购置出丧用品等；外柜负责吊丧亲友登记及招待、临时收存钱物、引奠等。

丧期 报丧 成年人死后，其家族根据其年龄、身份、亲戚远近、死亡季节等因素确定丧期，年长、资历高且在冬季死亡的丧期一般为 3~5 天，年龄小、亲戚近且死在夏季的则丧期较短一般为当日丧。根据丧期，内柜安排专人逐家通知逝者亲友，以便亲友根据丧期安排奔丧吊唁等事宜。

祭品 奠礼 至亲包括女死者的娘家（男死者的岳父家），出嫁闺女家，儿媳妇娘家等，需置办酒席祭品。女婿送铭旌，孙女婿送挽联，挚友送祭幛。其他亲朋好友可置办祭品，也可送花圈、奠礼（现金）。街坊邻居一般送一刀火纸。

指路 泼汤 门祭 开丧先“指路”，意为指引死者去“西方极乐世界”；“指路”后，为死者烧纸人纸马，随之子女、亲属举行“泼汤”仪式。此后，亲友在灵棚前进行“门祭”，即各摆各的祭品依次进行祭奠。女死者娘家的祭品叫“顶灵祭”首先进行，祭奠过程中有向遗体告别的环节。

殓棺 路祭 顶墓祭 门祭之后即盖棺殓钉叫“殓棺”。棺盖上面撒麦麸，根据孝子个数放置“福馍馍”。灵柩行在路上要进行一次“路祭”，至墓时进行一次“顶墓祭”。

安葬 顶墓祭结束后，由一名孝子入墓穴安置陪葬器具，并对墓穴进行打扫后焚化“纸钱”，完成后孝子即离墓地返家，参加吊唁的亲友监视专门人员对死者进行安葬，在放入棺材的墓穴上面加封盖石，堆土成坟。

圆坟“烧五七”“烧百日” 出殡后第三天，子女亲友至坟前祭祀，将坟堆整理一番，叫“圆坟”。圆坟后开始“烧七”，即自死者咽气之日，每逢七天祭奠一次，“一七”至“四七”在家祭奠，“五七”时，子女、亲友携祭品，娶嫁女儿送彩纸扎制的“摇钱树”“柜子”“黄牛”等，到坟前焚烧祭奠叫“烧五七”。“五七”前死者卧铺原样不动，“五七”这天将卧铺打扫清洁并将衣物送到河边、坟前焚烧。“五七”前未参加吊丧的亲友可补送纸钱，“五七”后停止吊礼。死后百天举行祭祀谓“烧百日”，至此孝子才可理发。因有“长五七、短百日”之说，故一般“五七”为 35 天，“百日”不过五、六十天。父母去世后，子女持 3 年重服不参加娱乐活动与喜庆酒宴。每到死者去世周年，携带祭品到坟前祭祀，叫“烧祭日”。

持服 丧期内死者的晚辈在鞋面上裱缝白布，孝子在上衣襟和帽子边沿缝白布边为持服。丧期过后，则穿白布鞋继续持服。根据亲属远近，有一至五服之分，直系亲属要持头服，期限为 3 年，其余则为 2 年、1 年或半年。

20 世纪 60 年代，提倡移风易俗节约办丧事，传统丧葬习俗逐渐革除，仪式也大为简化。1967 年废除土葬，实行火化。人死后，成立治丧委员会，亲友送花圈、开追悼会。其子女以青纱或“孝”字袖章代替披麻戴孝。有的衣帽仍用白线或白布沿边。20 世纪 90 年代，传统丧葬习俗不同程度的有所恢复，如指路、泼汤、披麻戴孝、扎扎彩、请奠客、送盘缠、圆坟、“烧五七”“烧百日”等习俗又沿用。20

世纪末，为先辈打寿坟或为亡灵立碑者日渐增多。

喜庆 禁忌

喜庆

村内居民好客，每逢亲友、邻居有喜庆之事，即备礼品祝贺。

祝寿 又称“拜寿”或“上寿”,俗称“过好日子”或“过生日”。新中国成立前，村内因贫富悬殊，祝寿方式内容差别很大。富贵人家在寿诞前几天便购置鸡鸭鱼肉、烟酒糖茶等，并聘厨师，布置寿堂，挂金字寿匾。寿诞之日，被祝寿者父母在世的要跪拜叩头，去世的要置办祭品到坟前祭祀。亲属晚辈到齐后，先共同向被祝寿者磕头致敬，再行饮宴。特别是 70 岁和 80 岁整旬大寿，更为隆重。贫者家庭也欢聚一堂，吃顿饭庆贺。一般人过寿辰，若父母健在，则让父母坐上首，并先给父母敬菜敬酒；若已去世，则于饭前去上坟祭奠，以此体现忘不了“孩生日，娘苦日”和父母的养育之恩。

新中国成立后，过生日的习俗逐渐演变成尊老爱幼的新传统。老年人生辰，子孙晚辈置办酒席，亲友携带礼品祝贺，共进寿宴，晚辈向老人敬酒，祝愿老人健康长寿。有“六十六，吃闺女一刀肉”的习俗，老人 66 岁生日时，出嫁的女儿割上 10 斤猪肉送去，祝福老人长寿，欢度晚年。中老年人过生日，则略备酒菜与家人欢聚以示庆贺。小孩过生日，通常煮几个鸡蛋或做点好饭菜，以表示父母疼爱。进入 21 世纪后，为婴幼儿过周岁生日的习俗日盛。

望月子 已婚女子在生孩子的当天，其丈夫即到女子的娘家“报喜”。娘家在 3 天至 5 天内携带米、面、鸡蛋、红糖、衣物及见面钱等去看望，叫“望月子”。产妇家置办丰盛酒席相待。满月后，搬到娘家住一段时间，叫“搬满月”。平时有来往的邻居及至亲好友也多以鸡蛋、红糖、油条或衣物前去看望。计划生育实行一对夫妇一个孩子以后，一些至交好友相约集体送现金祝贺，产妇家均设宴答谢，叫“喝喜酒”。

恭喜 男子结婚时，亲友邻居以礼品、现金祝贺称为“恭喜”。20 世纪 50 年代前后，有的送贺幛，亲戚多用“一担篼子”，内置挂面、馍馍等，叫“送饭”，邻居好友多赠喜钱。60 年代后，除赠喜钱外有的赠送毛毯、被面、被单、脸盆等。90 年代后，有的赠送字画、工艺品和细瓷茶具等。21 世纪后，贺礼以喜钱为主，受礼者需下请帖置酒宴答谢。

送路 女子出嫁，亲友邻居送现金、礼品祝贺称为“送路”，也叫“上路”。多数送“喜钱”。主家对送礼较重的亲友邻居设宴招待。此风俗一直沿袭，随着社会的发展和经济条件的改善，礼金渐多。

温锅 居民乔迁新居或兄弟分家，亲友邻居携带酒肉礼品或锅、盆、壶等生活用具前去庆贺，称为“温锅”。主人设宴招待。自 20 世纪 80 年代，建新房迁新居者日增，“温锅”习俗盛行不衰。如今“温锅”多为亲友、邻居送礼金，主人设宴请客，或在新居，或在饭店举办。

饯行 居民外迁或远行时，亲友携礼品或“盘缠”前往送行，称为“饯行”，俗称“送行”。有参军、升学、出远门和工作调动者，也多饯行。

开张贺喜 商号开业，亲友邻居赠送礼品、礼金祝贺，称为“开张贺喜”，又称“贺号”或“开张志喜”，开业者宴请宾客，此习俗一直延续。

禁忌

正月初一，不打水（井里有龙王，让其歇一天），忌食肉馅水饺（意为一年素净）。

正月里男不剃头，女不绞脸，以免伤元气、去鸿福。

正月十三“杨公祭”（相传杨公 13 个儿子，一年死光，正月十三第一个儿子死，为第一个杨公祭，最不吉利），不出远门，不兴办公事。

一般情况下，农历单日和下午不探望病人。

借用别人的药锅不能送回，让主人去取。

孕妇和寡妇不能当送女客，不能陪女客坐酒席。

产妇坐月子，家有病人或养蚕户，忌生人入室，在门帘上缀一红布条为忌。

访亲探友携带成包礼品忌用单数。

祝寿及举办婚丧大礼忌用白公鸡和母鸡。

给孩子起名，忌与家族长辈名字同字或同音。

父母丧，百日不理发，三年不贴红对联。

已出嫁的女儿不能在娘家过春节，女儿女婿在娘家不得同床。

在异地死亡者，尸体或棺柩不能进入家院。

建房时，主房不得高于后邻居的主房，以防因“压倒邻居的家运”而引起纠纷。配房不得高过主房。

信仰习俗

祭祖

春节和农历七月十五日，将高祖以下去世者写成牌位排列在供桌上，以酒、菜、果品祭祀，春节祭祀 3 天，七月十五祭祀 1 天，俗称“请家堂”。清明、十月一、死者周年日及死者男儿的生日，携带酒、菜、纸、香去坟前祭祀，叫“上坟”。此习俗含有敬宗悼念祖先之意，一直沿袭。

求神拜佛

在几千年来旧思想影响下，农村求神拜佛活动较为普遍，主要敬奉的神佛有：

玉皇大帝 俗称“天爷爷”，每逢春节、祈雨等大典，均烧香献礼，祷告求福。

碧霞元君 俗称“泰山奶奶”，又称“泰山老母”，认为她掌管人间祸福，凡欲求福祈子、灭灾消祸或祈求搭救者均向她焚香磕头。

关圣大帝 即关羽，俗称“财神爷爷”。供奉“财神”，以求招财进宝。

城隍 按季节去城隍庙烧香跪拜，以求死后取得保佑。

土地 每逢丧葬，必去土地庙“泼汤”，祈求为亡人放行并进入西天极乐世界。

龙王 供奉龙王保佑一方不受旱涝灾害。每逢久旱不雨，人们便烧纸焚香求拜“龙王爷爷”快下雨，并择期联庄“抬龙王”求雨。一旦降雨，便杀“贺雨猪”庆贺，用以敬天，所杀猪由各户凑钱“随份子”。

灶君 又称灶王老爷，是一张画有灶王及八仙的画，上有农历节气，贴于锅灶左方墙壁，逢年过节祭祀，以求“上天言好事，下界降吉祥”，保佑平安。

此外，不少人认为天地万物皆有神灵，山有山神、河有河神，每逢初一、十五，老妪、神婆焚香烧纸，祈求祷告。

随着社会发展进步，求神拜佛习俗逐渐减少。

吃素 有些忠实神佛的信徒，逢初一、十五吃素不吃荤，不食生灵，个别终生吃素不吃荤，称为吃素。

查日子 看风水

查日子 查“黄道”“黑道”，看是否吉日。吉日为“宜”，否则为“不宜”。唯吉日方可婚嫁、许愿、还愿、出门、开工和设宴等。常有急事因查日子贻误时机，造成损失或灾害。

看风水 村内历来有盖房、修坟须占好风水地才能使一家人得安祥、享富贵的习俗，因而动工前先请“风水先生”查看风水，确定“阳宅”或“阴宅”的位置及朝向等。

行业习俗

村内有石、泥、木、染织、缝纫、理发等多种行业，各行有各行的行规，也有共同的行规习俗。

拜师学徒

无论从事哪种行业，先得拜师学徒。拜师，要有人介绍，先征得老师同意后，宴请并磕头认师，请老师收徒。一位老师可以收多个徒弟，学徒一般 3 年出师。徒弟按拜师先后分为大徒弟、二徒弟和三徒弟等。徒弟又有门里徒、门外徒之分。门里徒，老师管吃管住，除了从师学艺，还要给老师干家务活；门外徒，只从师学艺，吃住自理。学徒期间，挣了钱归老师，如果挣的钱较多，老师高兴分给徒弟一些钱，那是老师的照顾，不分给不得张口要。出徒时，老师设宴欢送，并赠送从业工具一套。出徒后，可以再跟着老师干，也可以自己干或插帮干。

行业规矩

严师高徒 “严师出高徒”是行业古训。在行业内师傅是最高权威，说一不二。老师怎么要求，徒弟就得怎么干，不得有任何差错。有些技术活不是坐在屋里教，而是在现场学，如木匠的锛、凿、锯和刨等基本功，泥瓦匠走檐、瓦瀡和起脊等技术活，老师只传授一下基本要领，重点是跟在老师后边学边干，老师只教一遍最多两遍，再学不会就要挨老师的训斥甚至打骂。再如唱戏，对一些高难度动作和唱腔必须在老师规定的时间内学会，学不会就要挨板子。因此再苦再累也得苦练。无论老师多么严厉，徒弟必须洗耳恭听，不得有任何不敬的表现。

辈分等级 在行业内部，有严格的辈分等级。徒弟之间称师兄、师弟，对老师的同行兄弟称师伯、师叔；对老师的上一辈师傅要称师祖。有些收徒多的行业，收徒以后，在姓氏以下按行业辈分统一更名，通过姓名就知道行业辈分，平时说话，以及端茶敬酒时都来不得半点马虎。

就餐规矩 无论哪种行业，就餐都有一定成规。首先是座次有序，师傅在上，依次是大徒弟、二徒弟和三徒弟，最小的徒弟坐下首并负责倒茶、斟酒和递饭等，服务顺序也是先师傅，依次大徒弟、二徒弟。吃菜，由老师领吃，老师伸筷，徒弟跟着伸筷，老师未伸筷的菜，徒弟不得抢先伸筷。吃饭时，徒弟们要随时注意老师手中的筷子，老师一旦放下筷子，就表示是吃完饭了，徒弟们就得立即停筷，不能再吃。一般情况下，老师总是吃得稍慢一些，让多数徒弟吃饱再放筷子。如遇开工酒、完工酒（指两三天以内的短活），还有一些说法，开工酒上的鸡，不得吃鸡头，上的鸡蛋饼包咸鱼，只吃蛋饼不吃鱼，鸡头和鱼留到完工酒时吃，以求“吉庆有余”。

从业尊师 出徒从业后，不能忘了恩师，逢年过节要去看望。平时如遇到技术难题，可随时请老师指教，有时请老师到场，有时老师主动到场，都要热情接待，并要付给老师全天的报酬。

无师不从业 旧时，有许多行业不经师就不得从业，否则就会受到行业干预。

行业信仰

各个行业均有自己的行业信仰，并供奉本行业信奉的神像，如木匠、石匠和泥瓦匠供奉鲁班，铁匠、黑白窑匠供奉太上老君等。逢年过节，均焚香烧纸虔诚跪拜，以求保佑行兴业盛。新中国成立后，行业习俗多数被革除，师徒之间平等相处，互相尊重，形成团结友爱的新型师徒关系。

娱乐习俗

在长期的社会实践活动中，村民逐步形成丰富多彩的游戏、健身运动及棋牌类娱乐活动形式，并相沿成俗。

游戏

捉迷藏 俗称藏捂眼。分藏、找双方，藏者可以 3~5 人，还可以更多，找者（看家者）一般 1 人，也可以 2 人。活动开始之前先选定一个地方（比如碾盘）为“家”，活动开始，藏者找地方千方百计藏好，找者问一声“藏好了吗？”等藏者无回应时，找者一边看“家”，一边去找人，藏者瞅准找者离开“家”的机会，迅速跑出来“收家”。期间，若被找者捉住，则为找者胜，不被捉住则为藏者胜。此活动也可为哄孩子的游戏，小孩藏起来让大人找。

叼小鸡 有一人扮演老雕，一人扮演母鸡，多人扮演小鸡。小鸡藏在母鸡后面，分别抓住前一个人后衣襟，一个一个连成串。老雕左攻右攻来叼小鸡，母鸡左挡右挡保护小鸡。若老雕连叼走几个小鸡，是老雕胜；若一个也叼不去或叼去的很少，则为母鸡胜。

瞎子摸瘸子 一人用布或毛巾捂眼当瞎子，一人把一只胳膊和腿捆在一起当瘸子，多人结成圆圈当观众，把瞎子和瘸子围在里面。瞎子与瘸子在圆圈以内周旋，瞎子静听，估摸瘸子的方位，不时猛扑；瘸子静观瞎子的动向，伺机转到其背后偷袭引起围观者哄笑。如在短时间内瞎子摸着并捉住瘸子，是瞎子获胜；如长时间捉不住瘸子，连续 3 次挨“偷捶”，则是瘸子获胜。一局之后，可另换瞎子、瘸子继续游戏。

掷手巾 属儿童游戏。众人围成圆圈向内而蹲，一人持小手巾围着圆圈跑，趁围坐者不注意时将小手巾轻轻丢于一人之后，如果这人不发现，被丢手巾者转过来后捉住，就要受罚；如果发现手巾，则立即拿起手巾接力，依次下推，直到终止。

健身运动

踢毽子 一般为妇女、少儿的娱乐活动，通常在冬季穿棉鞋时进行。有多种踢法：可以用一只脚踢，可以用双脚轮流踢，可以脚着地踢，可以一只脚不着地连续踢，还有一些花样踢法。可以单人随便踢，可以几人用同一种踢法比赛，还有踢毽子表演赛。

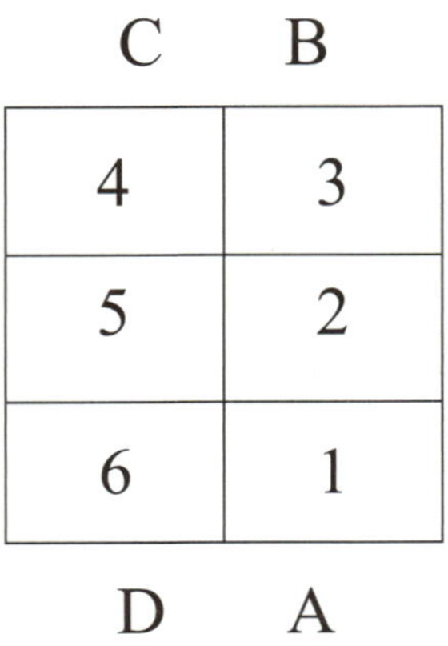

跳房子图示

跳房子 适宜 2~3 人的娱乐活动。活动方法是：先画房子。即在平坦硬地上画出宽约 2 米、长约 4~5 米的一块地，横分成 2 格，纵分成 3~5 格，总的画成 6~10 个方格，每个方格约 1 平方米，并按 1、2、3、4……的顺序依次编号。掷手石。取一平面瓷瓦片作手石。站在房子的纵向一侧，手拿手石首先掷向第一号房格，如手石落在预定的房格内，即取得跳房子的资格；如手石出界、压线等，视为犯规，需下轮重掷。跳房。以单脚跳进掷进手石的房子（另一只脚不得落地），让脚尖逐步挨近手石，并调整好方向，然后使劲一脚将手石从掷进的方向踢出房外，此时人跳出房外双足落地，即算跳完一格。紧接着将手石掷向第二个房格，并以单脚途经第一格跳入第二格，重复第一次的动作将手石先踢进第一格，再由第一格踢出房外。此后依次类推，直至将所有房格全部跳完，为胜一局。跳房过程中若出现双脚着地、踏线或手石压线、出界等情况视为犯规，需等下轮重跳。割地。每胜一局，可任意选择割地一块（其中一个房格）。在这块地里，本人享有特权，可以双脚落地休息；他人连同手石在此地内只能越过不得落脚。胜负。某人若连割两块地以上，他人再跳时很难越过，某人即获胜。

打行头 农闲季节女孩子的一项娱乐活动。行头，用棉线缠制成直径 4~5 厘米的圆球，拍下去有一定弹性。农闲季节尤其春节前后，女孩往往围着碾盘打。打时边打边唱数，每打到整五或整十时，身体就转个花，为了赶上转花的节拍，唱数时多有重复，比如：一个俩啊三个四个五个来，六啊七啊六啊七啊八呀九啊十啊来……一打就是一两个小时，有的打得汗流满面，还有的比赛个数，看谁一次性打的个数多。

棋类

拿王林 多见于田间地头的一种棋艺活动，老少皆宜。小子 24 口，按每组 6 口分置于 4 处；大子 2 口，分置 2 处。比赛方法，一方选用小子，一方选用大子，大子先走。大子吃小子的方法是在同一直线上跳越吃子；小子对付大子的方法是散子、走子堵住大子的跳路。如果小子被大子轮流吃得过多，无力堵住大子的跳路被大子吃光，即大子一方胜。小子每次走一步，如通过散子、走子，最终堵住大子的跳路，再无路可走，即小子一方胜。

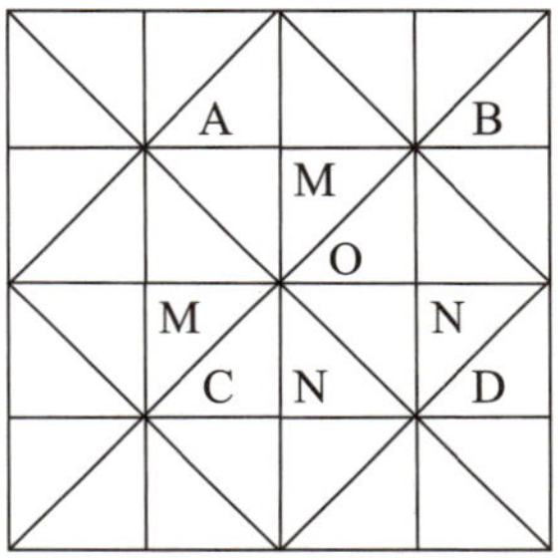

拿王林图示

安连 田间地头的棋艺活动。凡两线或三线相交处置 1 子，共置 24 子。甲乙双方对弈，各置 12 子，先置者后走，后置者先走。下棋时你置 1 子我置 1 子随意选位，每当有 3 颗子连成一线即为成“连”，如有成“连”即可吃对方 1 子。走时，一次只能走一格，走的过程即成“连”、吃子的过程，成“连”多者吃子多，即为胜者。

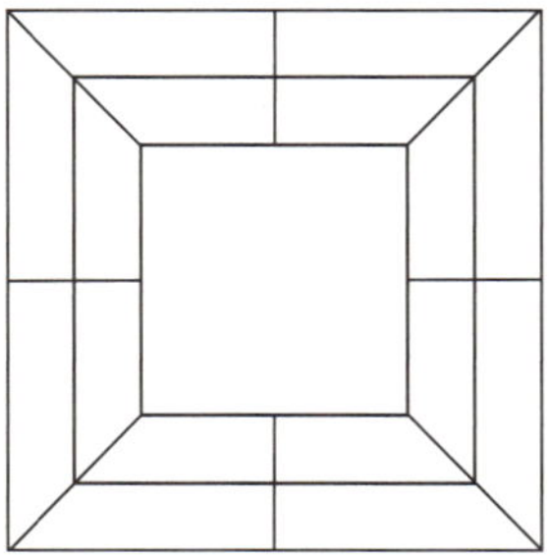
安连图示

安周 周有四周、五周、六周之分。以六周为例，六周方形，纵横各 6 行，同样，五周各 5 行，四周各 4 行。对弈方法：置子。两线相交处可置 1 子，每行置 6 子共 36 子，双方各置 18 子。先置者后走，后置者先走。吃子。双方均以“周”“通天”“五斜”“四斜”“三斜”“方”吃掉对方子。在一条直线上，连着 6 子都是自己的为“周”；沿对角线 6 口子都是自己的为“通天”；沿“通天”一侧，二格、三格和四格划平行线，一方分别置5子、4子和3子，即为“五斜”“四斜”“三斜”；在方框内4子相连为方。“周”“通天”每次吃2子，其他方斜等每次吃1子。输赢。多吃子的一方为赢，被多吃掉的一方为输。“五周”“四周”“六周”对弈方法相同，不同的是“五周”只有“三斜”“四斜”，“四周”只有“三斜”。

以上习俗，仅是体育娱乐习俗常见的一部分，还有说书、唱戏、猜谜语、讲故事等。新中国成立后，村民的娱乐活动更加丰富多样。有些旧的娱乐习俗仍沿用，有的已消失。20世纪80年代左右，打“升级”（扑克的一种玩法）、下象棋者较多。90年代后，“够级”玩法（打扑克的一种）传入村内，打“够级”游戏盛行，后又演变出“保皇”等多种打法。进入21世纪，随着电脑逐步普及，网上浏览、阅读、聊天和游戏等，成为年轻人的主要娱乐方式。智能手机普及后，掌上游戏、微博、微信等新媒体，成为多数年轻人的最爱。

社会新风

男女平等

旧时，男尊女卑的习俗根深蒂固。新中国成立后，实行男女平等，不论是在社会上还是在家庭中，女子同男子享受同等权利。

接受教育 自20世纪50年代初期，村内不让女孩上学的观念开始转变。至50年代末，女孩与男孩享受同等受教育的权利。

参加工作 20世纪50年代初期，女性参加工作的极少，后逐渐增多。

参加劳动 旧时，妇女一般不参加田间劳动。自农业合作化以后，妇女同男子一样参加劳动，且同工同酬。自20世纪80年代，实行家庭联产承包责任制后，妇女成为种责任田、搞家庭副业的主力军，有的经商办企业，社会地位明显提高。

享受权利 在旧时，村内存在大男子主义和重男轻女现象，女子在社会上不能出头露面，在家庭中不能当家，有“嫁出去的闺女泼出去的水”的说法，无家庭财产继承权，不能为生身父母养老送终等。特别是妇女自幼缠足，严重摧残妇女身心健康。新中国立后，提倡男女平等，妇女在社会和家庭中的地位大大提高。1952年

7 月 1 日，村内响应上级号召，彻底禁止妇女缠足，要求 25 岁以下已缠足的妇女一律放足，使妇女得到进一步解放。自 20 世纪 60 年代，出现结婚后男方到女方落户的现象。90 年代起，大多数人逐渐形成生男生女一个样的生育观念，男女平等得到进一步体现。

道德新风

新中国成立后，村内重视对村民进行革命传统教育和共产主义道德教育，大力培养村民的新道德新风尚。20 世纪 50 年代，开展热爱共产党、热爱社会主义祖国、拥护社会主义制度等教育活动，大力倡导“我为人人、人人为我”的道德风尚。60 年代，开展学习毛主席著作、学雷锋、学张思德和学白求恩等活动，大力弘扬全心全意为人民服务、人人争做好人好事的社会风气。1981 年 3 月，按照中央印发的《关于开展文明礼貌月活动的通知》，村内开展以“五讲四美”（讲文明、讲礼貌、讲卫生、讲秩序、讲道德，心灵美、语言美、行为美、环境美）为主要内容的“文明礼貌月”活动，并发展成为经常性的精神文明建设活动。1987 年 3 月，开展学习《邓小平文选》、“做四有新人”（有理想、有道德、有文化、有纪律）等活动，村民的精神面貌不断改观。1993 年钢城区建立后，村“两委”认真贯彻上级要求，先后组织开展“创十佳、奔小康”、“十佳”文明户评选、“百佳”人物评选、“创建卫生村”“讲文明、树新风”“文明礼貌月”“争做文明市民”等活动，村民的公民道德意识、引领社会主义新风尚意识不断增强，一些旧思想、旧观念得到转变，部分被废除。2012 年，中国共产党第十八次代表大会召开以后，村民认真贯彻“富强、民主、文明、和谐、

好媳妇

自由、平等、公正、法治、爱国、敬业、诚信、友善”的社会主义核心价值观要求，思想道德、文明素质有了新的提升，尊老爱幼，善行义举，厚养薄葬，邻里团结，已经成为棋山观村村民新的习俗。

齐鲁名村志
QI LU MING CUN ZHI

棋山观村志

QI SHAN GUAN CUN ZHI

乡土文化

XIANGTUWENHUA

棋山观村独特的自然、人文景观催生了当地乡土文化的培育和形成，乡而不俗、土而不粗的文化理念，宗教文化、红色文化等文化因素以其旺盛的生命力、感召力成为维系村民世代延续和谐共生、善待苍生的重要精神支柱和心灵托付。诗词歌谣、民间传说、书画摄影、民间工艺、方言等乡土文化表现形式，深深扎根于人们古老悠远的精神地层中，不断汲取文化营养，为乡土文化思想者提供经久不衰的动力，促进乡土文化的源远流长。

诗词歌谣

村内诗词、楹联、歌谣较多，内容多为咏叹柯烂盛景、道佛文化，也有部分带有时代气息的歌谣和民歌，如《剪辫子歌》《放脚歌》《长尾巴郎》《小板凳》等。

诗词

玉京词

唐 · 刘言史

绝景寥寥日更迟，
人间甲子不同时。
未知樵客终何得，
归后无家是看棋。

棋

唐 · 高辇

野客围棋坐，耆颐向暮秋。
不言如守默，设计似平雠。
决胜虽关勇，防危亦合忧。
看他终一局，白却少年头。

题棋山

宋·徐俛

风驭云转□渺茫，
石奇松老尚苍苍。
留题尽有争先意，
谁识棋山是道场。

棋盘石

宋·晏殊

洞仙遗下石棋盘，
人到壶天静处看。
十九路谁弹黑界，
几千年自带云寒。
面平可步流星势，
尘净元无旧藓瘢。
千雹声中闻子响，
不知还许采樵观。

雪蓑道士

明·赵廷松

三山在何所，四海即为邻。
醉雪蓑衣暖，烹云石鼎春。
扰龙还自化，秃兔不须神。
天地宽如此，何劳远避人。

春游棋山

朱荣梅

百里松涛入顶端，
棋山柯烂久流传。

村中奇事心中悦，
一树桃花乱眼前。

棋山观

冷吟

当局者迷，旁观者清
这个道理
长春真人明白
雪蓑道人明白
布衣箪食的纪祥道长
也明白

棋盘犹在
却不见弈者踪迹
幽篁里
那高歌复长啸的樵夫
可是当初烂柯之人

静坐。不语
任钟声的光悠悠扬扬
从远古飘进肉身
拂尘一指
山前草木顿作蝴蝶纷飞

走出大殿
你看到太阳如一枚棋子
被安放当空

楹联

明代雪蓑联语：

雪里披蓑，寒动一天星斗；云间补衲，暖回大地阳春

著名作家冯骥才游棋山后留下联语：

真山真水真柴鸡，妙山妙水妙文章

著名作家石英游棋山后挥笔感赋：

棋山千载对弈惜古人逸去，汶水一朝长啸引雅士涌来

郑加强联语：

棋山鸡飘香引五洲宾朋至，柯烂景传奇迷四海游人来

仙棋仙境，荟萃奇山奇石；乐山乐水，流连智士仁人

棋山灵秀赋嬴牟，雪蓑神笔玄又玄

围棋源头烂柯无，仙人无意添画图

汶水盈盈浣古今，老慈少孝铸桑梓

祥云捧日光照棋山千秋业，和谐发展共建全国文明村

偶作棋山游得寻洞府须求道，何劳上帝问但到名山便是仙

门可通天仰观碧落星辰近，路承绝顶俯瞰翠微峦屿低

一水生嬴牟，汤汤自古今；半山出神仙，历历风卷深

棋山端气升腾风调雨顺，政策英明开放国泰民安

竹雨松风琴韵，茶烟梧月书声

秋月春风常得句，山容水态自成图

棋山烂柯寻幽揽胜臻仙境，道脉日昌找回神源华夏魂

仙棋幽静看翠峦多娇流连忘返，斯文题咏步丹梯玉垒心旷神怡

躬耕三载重塑道源文脉，唤召千乡期盼玉皇三清

邵光茂联语：
棋山人家人杰地灵万代兴，汶水一脉物华天宝千秋富

其他联语：
修静心接善缘永脱六道轮回，发大愿洒甘露普渡三界众生

神功辉日造化九州著万年，圣德参天纲维三界隆千古

法两慈云众生受福，金轮宝盖花语同春

入真门秉真心参透真玄真自在，来妙理达妙境展开庙道妙神通

四时春夏秋冬迭用恩威风露雷霆分赞记，八表东西南北统归覆帱星辰日月拱宸居

紫极腾辉瑞应八方世界，玄天著德恩泽四大部州

救苦无边道气涵濡万物名震中天，真人显圣身光庇荫群黎灵威北极

玉宇无尘月朗虚空三千界，神恩有应心诚可格九重天

通四海之财源善粘吉庆，赐万民以福泽永获盈丰

天地人一气同春，福禄寿三星光照

民歌民谣

剪辫子歌

一更里学生转回了家，
思想起留辫子为得什么？
当初清朝坐天下，
不分男女留长发，
不留就是无老少，
想剃头，怕他杀。

二更里庄稼人下了坡，
想起了辫子实在啰嗦！
怕的是秋谷上了垛，
诸日里，做生活，
要梳头，怕耽搁，
咳！虱子攒了一大窝。

三更里匠人下了工，
想起了辫子气满胸。
诸日里盘上当头顶，
怕的是，六月中，

汗臭气，热烘烘，
三天不梳头，好似飘蓬。

四更里买卖人转回家园，
思想起辫子实在可怜。
耷拉到背后实在难看，
坠头绳，辫头线，
要梳头，要挂帘，
一年花费我多少钱。

五更里天明出了太阳，
剪辫子的人排成行，
一心要剃个“光和尚”。
满城里，共四乡，
张家村，李家庄，
齐搭乎地剃了个光。

如今清朝改了共和，
不分满汉俱是一家，
为什么还把辫子扎？
和尚头，光溜溜，
又干净，又刷滑，
强似带着个“猪尾巴”！

如今清朝改了共和，
要这个辫子干什么？
趁早剪去这毛一撮，
洋帽子，买一个，
辫头绳，一边搁，

咳！虱子、虮子无处藏着。

如今人心一般同，
剪了辫子是同胞兄。
我把主意早拿定，
洋辫子，拿手中，
打盆水，冲一冲，
咳！剪了辫子我不心疼！
如今改了共和年，
辫子一天少起一天，
为什么不把先来占？
刀子刮，剪子剪，
又凉快，又舒坦，
咳！从今后舍去了这些麻烦！

不学东洋，不学西洋，
为的是做事要便当。
劝大家，听我讲，
剪辫子，莫思量，
剪了辫子比带着强！

放脚歌

正月里，好景多，
打起锣鼓唱年歌。
开口不说别的事，
十七八的大姐要放脚。
山东省，莱芜县，
离城不远有个村店。
村中有个王员外，

生下两个女娇娥。
姐姐名字叫春宝，
妹妹名字叫春娥。
姊妹二人绣房坐，
金莲不过二寸多。
姊妹二人有个姑，
家住城东七里河。
一生一世好行善，
生下一女名玉娥。
樱桃小口杏子眼，
柳叶眉两道弯如月。
百般针线全会做，
有个毛病不裹脚。
她娘看见冲冲怒，
拿起脚布就要缚。
姑娘这里开言道：
“叫声我娘你听着。
自从前年革了命，
建了民国是共和。
共和国里四万万，
女人占了一半多。
男人女人是一样，
男人的脚儿多快活。
女人犯的什么罪？
身子没死先剁脚！
三尺白绫裹个紧，
五个指头趴一窝。
洗洗脚儿多费劲，
剪子剪来刀子割。

坐不安，站不稳，
走路得把墙扶着。
整日在那家中坐，
成了一个坐婆婆。
面也黄来肌也瘦，
光吃饭不觉力气多。
裹上三年并五载，
生场痨病见阎罗。
我娘要把儿脚裹，
情愿先把儿头割！”
姑娘把话说一遍，
喜的他娘笑哈哈：
“你娘今日明白了，
从今以后不裹脚。”

王家姊妹过了年，
来看表妹李玉娥。
携手坐上车一辆，
不多时来到七里河。
春娥迈步把车下，
见了表妹把话说：
“表妹俊似嫦娥女，
又象织女下天河。”
从上到下看一遍，
为什么板着两只脚？
“表妹已经十四五，
难道不怕人笑话？”
玉娥这里开言道，
把劝娘的话儿又说一说。

最后再劝表姐俩，
千万别再把脚裹：
“放脚吧，放脚吧，
放了小脚好上学。
若是家里无男人，
写信算账都不错。”
表妹这里讲一遍，
喜得表姐笑呵呵。
鞋带脚布全解去，
伸手扔到泥巴窝。
大脚板走路实在在，
一同表妹去上学。

长尾巴郎

长尾巴郎，尾巴长，
娶了媳妇忘了娘。
把娘背到山沟里，
把媳妇背到炕头上。
煎腊肉，热辣汤，
媳妇媳妇你先尝。
乌鸦反哺羊跪乳，
生身父母怎能忘?
媳妇将来为人母，
我儿将来怎待娘?
知错能改良心现，
背回老娘孝为天。
家和睦，人团圆，
媳妇美名天下扬，天下扬。

小叭狗

小叭狗，带铃铛，
哗咙哗咙到集上。
待吃桃，桃有毛，
待吃杏，杏焦酸。
吃了个栗子焦巴干，
打了个滚上了山。

小豆豆

小豆豆，上学校，
老师讲课他睡觉。
左耳听，右耳冒，
你说可笑不可笑。

小板凳

小板凳，一尺长，
妈妈叫我搬进房。
坐下听她说句话，
教我学习莫荒唐。

散文

穿越棋山

夏海涛

什么样的奇迹都可能发生。当我动身沿着大汶河逆流而上时，我知道，这将是一场魔幻之旅。

说逆流而上并不准确，正确的说法应该是沿着阳光的来路，向着东方前行。这很有意味，很有那种被文人们津津乐道的象征意味。大汶河是唯一一条自东向西流淌的大河，它的走向和阳光一致。

我所谓的逆行也只是一种表达。我没有前人郦道元那样的毅力和耐性，我驾驶着飞驰的汽车，从泰山赶往莱芜。窗外急促倒行的风景，仿佛和传说中的故事一般无二。

那是一个久远得没有了特征的传说，每一次的述说都与时间有关；每一次的讲述，都让人陷入一张蜘蛛般织就的大网，在风中飘摇着，在丝线扯开的想象里，感受暂时的失意。

这是一个让人怦然心动的故事：

一个砍柴的小伙子，扛着他的斧头上山了，他的名字叫王质。因为贫穷，阳光的王质显得质朴可爱，他没有浮华的影子，本质上更接近原始的大山和单纯的石头，因此他才有可能作为使者，跨越了人间和仙境，亲历了万般的传奇，触摸到了时光的内核。

就这样，在棋山深处，樵夫王质第一次和棋相遇，和两个举着棋子的老者相遇。他看到石头被老者握着，一块一块摆上棋盘。他一定是惊呆了，少年质朴的脸上满是惊讶，他不知道这样人迹罕至的地方会有这样一局棋，有这样两个老者气定神闲，举棋不语……

当我行走在泰莱大平原的时候，我的心被一种美妙的情感充盈。我知道棋山在莱芜市不过一座海拔 596 米的小山，可是，烂柯的故事却将山的高度无限拔高，想象直立起来，向着无穷无尽的苍穹生长……

山不在高，有仙则名。我想那两个髯发飘飘的老者，已经改写了棋山的繁简体，从未谋面却又永远难忘，棋山就是以这样的方式，让每一个造访者变成了棋山上的一枚枚棋子。

此前从未谋面的文友老周却是一见如故，不知是因为他的文人气质，还是因为至圣先师孔子的缘故。说起来老周也是名门之后：他的八十六代高祖就是大名鼎鼎的周朝辅臣宰相周公，也是孔子的老师。孔老先生一再强调的“克己复礼”，就是恢复周朝的礼仪——这大概是有记载的至圣先师最早的老师了！

因为久远，因为醇厚，在这块古老的土地上，一切都有可能。你也许遇见一些难以解释的人和事情，这是的人们怀着质朴的情感认为，这很正常，发生的一切都是命中注定。

老周虽生得一表人才，可举止平民化，丝毫没有贵族气息。他像一本打开的地图，又像一本地方志，他的讲述让棋山的故事渐入佳境。

误入山中的少年樵夫王质，看棋看得如醉如痴。这一定是本质中的某种情感暗合了这样的情形，青石板上，几横几竖的深痕就是天然造就的棋盘了，棋子就是浑然天成的圆形石头。一手接着一手，一颗跟着一颗，石头仿佛有了灵性有了生命，在一段奇异的时空中，辗转腾挪，舞动着、跳跃着，而拨动棋子的老者，却那样淡定、从容，仿佛在轻轻抚动一粒尘埃，他的目光扫过广袤的大地，缥缈得仿佛没有分量。

少年王质随手接过老人递来的一颗枣子，含在嘴里，顿时津液丰沛、甘泉汹涌，时光掠过了少年的额头。王质在恍惚中，感觉到四周的树叶如同万花筒，一会儿绿过，一会儿黄过，各种色彩交互替换，如同窗外倒退的光景……

这就是我棋山下的老家！老周的话把人的思绪拉回了现世。是的，是现世，这是我们生存着、恪守的时光序列。世界一定是由不同的序列组成的。人总是活在现世，而神仙们居住的地方是另一个时光空间，只是他们可以推开时光之门走入我们的生活，走进我们的文化或传说，而我们却无法走进他们，我们只能在文字的描述中，一次次感觉精神的恣意飞翔。

老周的故事和棋山的关系很简单。下学后的老周耽于读书和写作，而这和农村的生活格格不入，于是看山就成了青年小周的最佳选择。

和王质不同，小周一年四季都在山上，这个被称为懒汉干的活，对于小周来说却恰如其分，既满足了他的观山欲望，又提供了足够的想象的空间和时间。

山和山是相连的，却分属不同的行政区划。邻村看山的大爷很看重这个小伙子。在和他聊熟之后就下山了，第二天就派了自己的大闺女来看山。少男少女在浑然无拘的大自然中，一边看山，一边迎着阳光，在青色的草地上，畅谈着青春、未来和生命中的种种新奇。

我在这座大山行走的时候想象过，寂静的大山，是否因了两个单纯的生命，变得更加柔情了一些？结论是否定的。大山依旧冷峻无语，青春只在记忆里留下了某种异样的色泽。

棋山遐思

周慎宝

我曾多次游览棋山。每逢登上棋山之时，有许许多多的历史文化传说便萦绕在脑间。因“棋山柯烂”的故事优美，人们纷纷争其仙名。不少文人墨客均将观棋童子王质列为同乡，将当地的山名改为棋山或烂柯山，故事均同代同名，都曰东晋建元年间。据考证，全国有六个地方有烂柯仙山，有棋山柯烂诗十几首，梁代伍舫的《述异记》、郦道元的《水经注》和不少县志，都有“棋山柯烂”的故事。

钢城内的棋山，早在明嘉靖《莱芜县志》就记载了“王质上山采薪，久观其弈，至斧柯朽烂”的故事，并配诗云：“流水行云世代殊，石棋山上有樵夫。至今传说樵柯烂，不识当年柯烂无。”

烂柯传说，古书上记载得比较简单，流传在当地的民间传说却详尽生动，引人入胜。相传，棋山脚下的棋山观村有户三口之家，一个瞎子老奶奶和孙子孙女相依为命。因家境贫寒，靠孙子王质上山砍柴，勉强维持生活。一天，有两个过路人经王质家门口，肚子饿得厉害，就向瞎子奶奶借灶做饭，可王质砍柴未归，家中无柴。过路客并不在意，其中一人索性把腿伸进灶膛里作柴。二人煮了一锅面条，各吃一碗，而留下一大碗作酬谢，便告辞而去。王质砍柴回来，见桌上有一大碗面，捧起来就吃。他从未吃过如此好的面条，就问奶奶哪里弄来的，奶奶如实告之。王质听后深感奇怪，这时他又发现家中桌椅板凳的腿全烧焦了，顿时火冒三丈，抄起一把斧子便追赶而去。他追到南山半山腰也不见其踪影，便边砍柴边爬上山寻觅。他向北大顶观望，见两翁在石梁上下棋。王质本来就是个棋迷，便将斧头柄插在地上，坐旁细观。这两人边下棋边吃桃，并掰了一块给王质吃，没待王质吃完，扔在地上的桃核已发芽长成桃树。这时，两翁提醒他说：“你还不回去，看你的斧头柄都烂了。”王质低头一看，大吃一惊，赶紧下山回家。可回家的路全都变了样。他边走边问，好不容易找到自己的家，经打听，奶奶已过世近千年了，玄孙都成白发老翁了。王质叹曰：“山中方一日，世上已千年矣。”传说那两个煮面条、下棋的人是铁拐李和吕洞宾。从此，人们把这座山叫棋山，山下的村子修了道观，取名棋山观。

真是千年一瞬啊！听了这个故事，你是否听见古人的步履夹着时光的身影匆匆流逝呢？你是否会在大彻大悟后珍惜身边每一个日子？坐在棋山之巅的棋子垭，望着巨大的棋子石和纵横交错的棋盘以及棋盘上那厚厚的霉苔，暗中沉思，千年又千年，人生一世到底能守得住什么？

一个初夏的清晨，在棋山上，我忍不住又一次向生命回顾，恍然发现，在悠长的时光背景上，所有的沉重都变得轻松。是啊！世上没有什么是真正值得你撞破头皮去追求的。千年一瞬啊，你能把握的只是一瞬而已，不是千年。在下山去棋山观的路上，看到棋山河里那匆匆流水，不由地想起一首老歌："你知道，你是谁？你知道，年华如水……" 一时泪水潸然。

逝者如斯夫！我们从无处来又复归无处，像一阵清风，一片云朵，匆促得只看得到风的影子，却听不到风的声音。那就让我们努力把握生命的每一瞬间。

到了棋山观，回望静静的棋山，恍若隔世，也许在山中，我已度过了千年。

把握生命的一瞬间也就拥有千年了，何必得道成仙长生不老呢？可历代不知有多少欲成仙永生者，终生矢志不渝地苦苦探索。

炼仙丹寻求长生不老之术，首推汉武帝刘彻，他在全国的不少名山留下了求仙的历史文化遗迹，不知他来过棋山没有。由于柯烂故事流传年代久远，棋山也成了沧桑毕现的古幽灵秀的福地圣山。

山不在高，有仙则名。因棋山仙名久闻于世，引来了不少传道修炼者。毁于战火的棋山观，始建于北宋。据原看庙的陈道士祖辈相传，北宋仁宗年间，一朝廷重臣，得皇帝恩准，辞官来此建观传道，方圆百里的辖域为其缴纳粮草，并免缴官府税赋。此后五十年间，棋山观因传道有功，曾受到仁宗、英宗、神宗三位皇帝加封，时常驻授业道士百余名，可谓盛矣。

至南宋，棋山属金人辖域，山东栖霞长春真人丘处机曾来棋山观隐居传道修炼。1978 年出土的丘处机墓和大安二年石碑记载，泰和八年即 1208 年，丘处机、王玖求皇帝为棋山观赐名，皇帝赐曰"洞真观"。

如今，走进棋山观，却难以寻觅那殿堂辉煌、神像威严、石碑林立的庙宇壮景了，也摸不着那虬枝拥翠的宋槐元柏了，但那古朴典雅的高大的"玄"字碑碑楼，历经风雨还傲然屹立着，那竖刻的"玄之又玄"四个狂草大字，长捺之左，布局豪放，笔风雄健，别具一格。据说，这四个字为雪蓑道人酒后所书，表达了他对宇宙万物的审视和他狂妄不羁的性格。

县志云："雪蓑子，河南杞县人也，工书法，擅诗赋，明嘉靖年间流于山左。"雪蓑子原名苏州河，其满腹经纶，怀才不遇，得不到朝廷重用，曾酒后在老家官府门前书有"才自清明志自高，生于末世云偏消"的诗句。因此诗他被作为犯上的逆子通缉，被迫云游四方，浪迹江湖。嘉靖二十五年（1546），时年五旬的他来到棋山，在雪蓑洞里隐居数年。他到处流浪，不能安居，不修边幅，对酒狂饮，终日飘飘欲仙。

于今的雪蓑洞亭上有副诗联足以描述他当时愤世、厌世、遁世的知识分子心态。联曰："圣水冽冽而无色，明月朗朗照雪蓑，神泉涓涓而有岚，山风徐徐醉八仙。"据《金石志》载，在章丘的龙泉寺，青州的云门山，莱芜港里的龙王庙都铭刻着他的书刻诗赋。从他的书法诗词中可以看出，他宣扬并追求的是一种形同枯木、心同熄灰、无思虑、无生死，完全恢复人们的所谓"天然"本性的绝对自由的精神境界。他声称，当人们完全忘却了现实世界，忘却了生与死，并且完全抛弃了是非的争论，就可以得"道"，或与"道"合一。于是"道"便是我，我便是"道"，他把"三玄"的客观唯心主义推向了主观唯心主义。这也许达到了成仙的境界了吧。崇古好道的李中麓高度评价了雪蓑道人的神笔奇作，赞扬了其"玄"字碑对宇宙之宏观的态度，"笔阵雄健，理趣深长，初若放狂涉怪，细目之侧敛锷藏锋，微妙难名，变化莫测，乃神之所为，非力之与也，故曰神仙。""局上闲争战，人间任是非"的烂柯古风不仅见于国内，也影响到海外。美国前总统罗斯福也痴心效仿。二战时期，史迪威打到印度后，带着棋子和开路斧子回到华盛顿述职。他知道罗斯福第三期连任总统，便向罗传授了围棋，并讲述了"烂柯"的故事。

罗斯福连任第一天，即将那斧子挂在了白宫的墙上，并与史迪威下起了围棋。一天，罗斯福提出"打挂"，杜鲁门急在心里，罗斯福说："别着急，还早，现在从敦刻尔克撤退。"过了几日，杜又来观棋问："总统先生，现在形势如何？"罗说："伦敦上空，形势不明。"又过了几日，杜观棋间形势，罗说："希特勒的地堡被占，人也自杀了！"又几天，杜进门问："总统先生，棋局结束了吗？"罗说："棋我赢了，但那柯还未烂啊！"说完，他抬头看了看墙上的斧子。杜这回急了："先生，斧头柄是没烂，但你的双腿已经烂得撑不起来了。"第二天，罗斯福去世，杜鲁门接任总统后推动国会修宪，总统不得连任三任。罗斯福因寻求"烂柯"心境作出了自我牺牲，但他也深深体会了忘我的仙人雅趣。

"棋山柯烂"的故事用现代科学解释，不过是"天上人间"的"时间相对性"而已。

迈克尔·雷德福的科幻作品《追星》，就首先让人想起"山中一日，人间千年"的王质烂柯神话；其次是苏联科学家梅希可夫斯基在60年代就讲述了"时间相对性"理论。他指出，一个25岁的宇航员，以光速飞行三年回来，女儿却变成了老太太。这一理论实际上是对"山中方一日，世上已千年"的诠释。

在未来的宇宙航行中，因为载人飞船是以接近光的速度向遥远的星际飞去，所以对飞船上的人来说，时间就过得特别慢，几年时间就能走许多光年的星际航路；而地球还是照老样子慢慢地自转和公转，所以对地上的人们来说，时间反而过得快了，在星际空间只飞行了几年的时间，地球上的人都过去几十年了。这个时间相对性的自然规律，当然不以人们的意志为转移。不过人们绝不能任凭自然规律来摆布，人类将毫无疑问地要进一步掌握和运用自然规律，而不至于束手无策。这是所谓控制时间的相对性。

如将来宇宙飞船进一步发展完善了，一家人都可以去飞行，甚至地球与其他星球之间的往来也愈加频繁，你来我往的时间将进一步缩短。这样人们就会逐渐减少以至消除时间相对性这个规律对人的支配作用，“烂柯”的故事将永远不会重演了。

民间传说

仙草救母

很久以前，棋山脚下有户徐姓人家，名温玉，年过四十没有子嗣，很着急，到处寻医问药，求神拜佛，很虔诚。不知是药的作用，还是神明所赐，这一年他的妻子姬氏怀孕了，街坊邻里为之喜悦。十月怀胎，瓜熟蒂落，生了一个水灵灵的男孩，两口子打心里高兴，乡里乡亲也前来祝贺。孩子三岁时，取名徐继，意即徐家后继有人。小徐继天生聪明，善解父母艰辛，父母累了，他就用稚嫩的小手替老人擦汗、端水，平时从不拖累大人。清贫、甜美的日子过了几年，徐温玉被官府强征民夫，去修城池，几个月没有音讯，后来听同去的人说，徐温玉在一次施工事故中受伤不治身亡，官府唯一的救济是一石谷子。母子从此生活无了着落，为了生存，小徐继从十岁就去给刘大户放羊。

小徐继天生懂事，每天放完羊回家，尽力帮助多病的母亲料理家务，对母亲总是嘘寒问暖。夏天用蒲扇帮母亲驱蚊祛暑，冬天替母亲烧饭暖炕……这样日复一日，年复一年过着清贫而安静的生活。

一个深秋的早上，一场严霜染白了满山遍野，凉气袭人，徐继与往常一样赶着羊群顺着山坡来到天井峪附近，羊儿散开找草吃，徐继手托着腮坐在石头上，呆望远方，记挂生病多日的母亲，心想母亲含辛茹苦把自己拉扯到十六岁，自己却无力给母亲治病，即请不起医生又无钱买药，只靠四处求偏方，从山上找草药给母亲治病维系生命，万一病治不好，再有个三长两短，今后该怎么活，想着想着，不禁伤心地哭了起来。

一声羊叫，徐继蓦然抬头，只见一身着红衣的姑娘从山上飘然而下，步履轻盈地走到他的面前。徐继又惊又疑，不敢相信这是真的，但见姑娘面似桃花，笑容可掬地手捧一束仙草对他说："知你家老母有病时日已久，特献草药治病，请拿回这束仙草，分三次煮汤饮用，每天子时煮，寅时用，三日后再来此相见。"徐继手接仙草，伏身叩拜，姑娘安慰到："牧哥不要悲伤，服下此药，你母亲不晓三日病情可愈。"说罢飘然离去。

徐继回到家中，按红衣姑娘的嘱咐，认真地熬煮汤药，让母亲按时辰服用。服用一天，病体减轻，服完三天，病体痊愈，母子皆大欢喜。有诗证：

人间深秋芳菲尽，人似桃花始盛开。

长恨民间多疾苦，为救老母飘然来。

三天后，徐继赶着羊群如约向天井峪走来，很远就望见石崖旁端坐的红衣姑娘，徐继疾步赶去，满怀感激地说："谢谢您，用了您给的药，老母亲的病已好，您的救命之恩，令我母子终生不忘。"姑娘说你母病好，为之庆贺，但她年老体弱，生活拮据，今后我继续帮你做两件事，一是继续采集一些药材供你母服用，使其身体日渐康复，一是给你缝补衣衫，减轻你母亲的负担。说完从石崖上拿起一个包袱交给徐继，嘱咐道："明天换上这身新衣，把旧衣捎回给我。"然后又飘然离去。如此，两人相会了一段日子，徐继变得衣着整洁，精神焕发。后来，这件事被刘大户的儿子刘敬知道，刘敬是个好逸恶劳、沾花惹草的富少，一心想见红衣姑娘。一天他软磨硬缠，要跟徐继一块去放羊，被逼无奈，徐继答应与其同往。只见他身着讲究，命仆人带上好酒佳肴，随徐继一同上山。同样来到相同的地点，但不见姑娘的踪影，一直等到夕阳西下，玉兔东升，也没见到姑娘的人影，刘敬只好垂头丧气地溜回家中。

半月后，徐继在天井峪石崖旁又见到了红衣姑娘，姑娘威严地跟徐继说："我系泰山老母侍女，可怜你家贫寒，看你勤劳善良，诚实孝道，甚为爱慕，才祈求泰山老母同意，取了一些草药前来相助，现你母身体康复，为防意外，老母严旨，命我不再出山，今特来相告。"说着又拿出一束仙草递给徐继，并言到："祝你和你老母日后幸福。”徐继听了，很想挽留，但又怕刘敬再来相扰，遂慷慨激昂地说：“仙子保重，您的相助，永记心间至死不忘，今日分别，不知何日再见。”说罢向红衣姑娘深深地鞠躬告别，姑娘依依不舍，相视良久，回首洒泪而去。徐继泪流满面望着远去的姑娘。

两年后，18岁的徐继长得一表人才，母亲看在眼里，打心底高兴。新一年的春天，母亲承受不了变化无常的气候，减衣不慎，又感风寒，卧病在床，急得徐继团团转，凑足几两银子去为母亲求医。刚出家门，迎面碰到一位姑娘，她的音容笑貌与红衣姑娘极为相似，徐继不觉仔细端详起来。姑娘落落大方地对徐继说：“我叫灵芝，家住山东，今天一早父母命我来给你的母亲治病，你快带我去吧。”徐继听后，将信将疑，带姑娘一同回到家中，只见姑娘走到床前把脉问诊，许久从包袱内取出药丸，让徐母服下。药到病除，姬氏起身相谢。姑娘对徐母说：“念您母慈子孝，父母命我给您老治好病后，既与徐继婚配，永久侍候您老人家，不知同意否？”说完，叩首便拜，徐母欣喜万分，随即点头应允。三天后，徐母高高兴兴地给儿子办了婚事。灵芝贤淑达理，徐继勤劳能干，不再给刘大户家当牧工，一家人过上自由团圆的幸福生活。

一年后，徐继家添新丁，取名徐良。一日来了晋中一先生，非要给徐继不满周岁的儿子观相打卜，无耐，徐继让妻子灵芝将儿子抱出，先生观看良久，将其生辰八字用笔在纸上演算后说：“此子大富大贵，将来能成就一番大业；说得准，成就大业后让其在每年的三月十八日向正西方遥拜六六三十六下，我保其大富大贵。”徐继听先生言，大惊大喜，忙回屋取银两相谢。只听先生高声唱道：

千里迢迢来寻贤，不为报酬不为钱。
为国求才是己任，炎黄延续多少年。
哪年登得宝相位，莫忘遥拜向西参。
千百年来传佳话，华夏遇润是国昌。

言毕，拂袖疾步而去，百步便无影无踪，着实让徐继与周围围观的人们惊疑。正是：

霜露初凝气候凉，仙女献药赠衣妆。
移采仙药医疾苦，祛病康身为老娘。
清规戒律不敢忘，思凡心动泪湿裳。
豪华高洁倚微风，花中秋雪避秋阳。

一心撮合成人事，月老当定孝女郎。
灵芝受命兴家业，侍夫立子成栋梁。
若干年后子拜相，历史长河有华章。
人人都能行善孝，世间岂不都徐良。

碧霞元君与棋山

碧霞元君是莱芜民间百姓最信奉的一尊女神，俗称为“泰山奶奶、泰山老奶奶、泰山老母、泰山圣母”等。历代皇帝不断加封，宋真宋封泰山时，加封的称号是“东岳泰山天仙玉女碧霞元君”。碧霞元君之所以称“元君”，是道教对最早或最高女神的尊称，就像称道教男神为“元始天尊”一样。碧霞元君在中国北方，尤其在华北最受崇拜，因为她的“老家”在山东，是土生土长的东方“观世音”。关于碧霞元君的传说，历来有很多，而在莱芜地区广为流传的是碧霞元君与哥哥黄飞虎争坐泰山、棋山的故事。

据传，姜子牙辅助周武王攻下商朝的都城朝歌，伐灭荒淫无道、沉溺酒色的纣王，建立周氏王朝后，周武王认为大臣们有开国之功，应该重重赏赐。想来想去，武王想出一个绝顶的好主意，进行分封，把全国的领土都分给大臣们。一方面显示他武王的慷慨，对大臣们的信任；一方面考验大臣们是否真的忠君报国。主意一定，武王就把分封大权交给了军师姜子牙，让他分封诸侯。

据说姜子牙分封诸侯时，把全国其他的名山大川、风水宝地都封完了，只剩下一座气势雄伟，风景秀丽，仙气十足的泰山，准备留给自己。谁知半路里武王的护驾大将黄飞虎找上门来，非要把泰山封给他不可，两人正在商量，不知谁走了风声，黄飞虎的妹妹黄妃也来找姜子牙要泰山，说是武王答应她要她来找姜子牙。黄妃是武王最宠爱的人，莫说武王已经应允，就是黄妃自己开口要，也得赶快给她。这下可好了，三人都看准了泰山这块风水宝地，可总不能都去坐呀，这该怎么办？事到如今，姜子牙不得不打消了坐泰山的念头。他见黄氏兄妹，一个凭护驾有功，一个仗着武王后台，二人争得面红耳赤，就赌气对他们说：“好了二位，谁也别争，谁也别抢，凭自己的本事，谁先登上泰山，泰山就是谁的。”黄飞虎一听，不禁拍手叫好，他想，凭我这一身气力，泰山还能有妹妹的份？可是，身单力薄的黄妃，也毫无惧色，一口应允。

黄飞虎是个四肢发达、头脑简单的将领，比赛日期一到，他便骑上坐骑玉麒麟，日夜兼程从京都向泰山奔去。黄妃为比赛绞尽脑汁，终于想出一条妙计。比赛一开始，她先将自己的鞋子脱下一只，使了个神法，将鞋子扔到玉皇顶上，然后才不慌不忙地向泰山赶来。等到黄妃爬上泰山，黄飞虎早在南天门上等得不耐烦了，他见妹妹姗姗来迟，便对她说："不行就是不行，别逞能。这回该服气了吧？""真是岂有此理！是我先到此，我以为你在路上出了什么事，前去接你，不想你已绕道赶来。"黄妃一本正经地说。"你别胡搅蛮缠，你说先到，有何凭证？"这下黄飞虎真有点着急。"证据吗？当然有，你来看吧"。黄飞虎跟着妹妹来到玉皇顶，只见黄妃的一只绣花鞋端端正正地放在石坪上。尽管有证据，黄飞虎却从心里不服气，不禁斥责妹妹："你耍滑头。"黄妃不紧不慢地说："凭本事嘛，怎么是耍滑头？"黄妃自知纸里包不住火，光是兄长一人就不好对付，等姜子牙来了就麻烦了，她做出无可奈何的样子，对兄长说："咱们兄妹二人，本该你敬我让，不分你我才对。这样吧，我住山上，你住山下，咱们共同管泰山总可以了吧？"这样一来，先来的黄飞虎倒做了不晓事理的人，后到的黄妃倒成了慷慨大度的好人，把黄飞虎气得直翻白眼。可也没办法，只好答应了。等姜子牙赶来，一看便知黄飞虎上了妹妹的当。可是他见黄氏兄妹都协商妥了，也不好再说破，只好将计就计，把黄飞虎封为泰山神，把黄妃封为碧霞元君，一个在山下岱庙天贶殿，一个在山顶碧霞祠。

碧霞元君成功掌管泰山以后，实心实意地保佑国泰民安，风调雨顺。一天，她面见玉帝，奏完奏章，觉得时间有余，便约几位大仙驾祥云到东海遨游。行至棋山，碧霞元君手搭凉棚往下看，发现这个地方山清水秀，鸟语花香，男耕女织，民风淳朴，随想也保佑这块民间，和姜子牙一说，姜说，你和你哥哥黄飞虎争泰山的事在众仙中颇有微词，你再想要这地盘不好说，碧霞元君一再坚持，姜子牙为了让众仙悦服，当众说，你们都有权利，谁在棋山山上先有信物，就是谁管，但不准扔石头之类的东西，不好找，因为漫山遍野都是石头，从自身上取一样信物便是。众仙你看看我，我看看你，都找不出信物，这时碧霞元君说："用我现穿的鞋子为信物行吗？"姜子牙说："行"。只见碧霞元君脱下自己的一只鞋子，口中念念有词，猛然间一道霞光划出，刹那间信物不偏不倚落到棋山南大顶主峰上。由于年代久远，风吹日晒，变成如今的"望海石"，因它是碧霞元君保护棋山一带民间的信物，至今仍有人把"望海石"叫"奶奶鞋"或"元君履"。在棋山后宫东侧，有一线天、瀑布崖，泉水下泻冲积了一个十多平方米的天然涧池，相传是碧霞元君沐浴、梳妆的地方，俗称“圣母池”。

也许与碧霞元君的庇护有关，相传泰山、棋山周围没有大灾大难，即使是历史上重大的荒灾年，也没有发生饿死人的记载。

梁武帝取棋子入宫

在棋山周围方圆百里，提起莱芜古八景之一的“棋山柯烂”，无人不晓。但棋盘上的众多棋子去向何处？为何只剩一粒？成了后人研究的不解之谜。传说梁武帝在位时，笃信长生不老术，因而广求异术，冶金炼丹。东巡时，得知任岔河人（今三岔河人）医术极高，能妙手回春，便命他炼不老仙丹，并在棋山建了行宫和炼丹院。一天，梁武帝上山游玩，无意中发现棋子垭，棋盘上密密麻麻的棋子金光闪闪，他断定此处有仙人灵气，便欲与随从在此对弈。刚要下棋，一传令兵来报，炼丹医人有急事禀报。武帝无奈，令手下将棋子搬运回宫。因事急仓促，无意中将棋子落下一粒，立于原处。由此揭开棋子去向之谜。据明嘉靖莱芜县志记载，棋山在县东五十里，世传仙人围棋于此，梁武帝取棋子入宫中，今石盘尚在。

棋盘

垛石

棋山北大顶北坡小山子上，有若干奇形怪状的巨石，其形似人、似兽、似物，妙趣横生。据传说，这些奇石是当年胡彪手下的乌合之众的化身。北魏普泰年间，棋山上有一支自树旗帜的逆军，首领叫胡彪。朝廷得知后派官兵前来围剿。官兵行至棋山附近，胡彪所率各部打算固守营盘，消磨官兵锐气，待官兵疲劳自行退去。官兵主将一面泄露虚假信息麻痹敌人，一面挑选精兵将士偷袭棋山，一夜之间即生擒胡彪，押往京城斩首示众。胡彪被斩，不几日，其部斗志涣散，不攻自破，一部分人毙命裂劈山，一部分人命丧莲花山。相传，棋山上的垛石、裂劈山上的狼石、莲花山上的垒石都是胡彪属下将士的化身。

八仙过棋山

传说很久以前，农历三月三，大庙（棋山南丈八丘村北）众僧设坛扶鸾问卜，得知要过神仙。众僧邀请各村大先生商议，打扫庭院街道，杀鸡宰羊置办酒席，准备热情招待。临近中午，过来几个讨饭的，问上棋山怎么走？僧人、先生一心想着

垛石

迎接“贵客”,没有心思理睬他们,嘴角轻哼一声:“上北。”过了中午,仍不见仙人来,众僧着急,再次问卜,卜词曰:“洞人在前拐李后,相子中间挎竹篮,若说这话您不信,俺还问道上棋山。”僧人和众先生方才明白几个讨饭模样的人就是八仙。

八仙来到棋山佛爷庙,见庙根基大庙堂小,问佛爷为何建成这个样子?谁知佛爷早有苦衷,便详细讲述了其中的缘由。

原来山下有个邹姓老头,经常到山上放牛。一年六月连阴天,雷雨交加,电光闪闪,牛在山上,老头到庙中避雨。谁知佛爷庙多年未修,到处漏水,外面大下,里面小下,外面不下了,里面还滴嗒。老头边避雨边叹息,叹息自己的穷命运,也叹息佛爷住得差,并以黄草为香,跪在佛爷面前祷告:“佛爷,佛爷,我是个放牛的穷人,你是神仙,怎么还和我一样遭雨淋呢?佛爷,佛爷,你要显灵,你要叫我富了,我重修佛爷殿!”这时竖起的三根黄草都向他倒了,他明白这是佛爷显灵了。到了第二天晚上,一群绵羊围在老头的草房旁,他以为是别人家的羊群,往外赶,怎么也赶不走,围着他的屋子转圈儿。邹老头心想:莫非是佛爷显灵送来的?便对羊说:“你们如果是佛爷显灵送给我的,就都一块到棋山见佛爷。”羊跟在他后面走,一会儿到了佛爷庙。邹老头跪着给佛爷连磕几个头,对佛爷说:“如果羊确实是佛爷赠给我的,我马上实现诺言重修佛爷殿。”这时,附近起了一个小旋风,转了三圈,奔西南方向去了,老头赶着羊也顺西南方向回家。回家一看,领头的三只绵羊,每只身上驮来两块金砖,一边一块用绳子系着。老头一见大喜。心想,佛爷送给我羊,还送金砖,我要立即兑现诺言,重修佛爷殿。于是找来工匠着手备料,并利用上山放羊之际,让每只羊驮两块砖,天天运送。邹老头一边为重修佛爷殿备料,一边利用佛爷给的金砖筹建了自家的酒店、油坊。酒店和油坊很快建完,红红火火地开了业。可是在建佛爷殿时,老头疼钱了,地基打完后,就后悔打大了,按大地基建,不仅费料,还费工时,为了节省,就命人在大地基上建了个小庙,还假惺惺地塑上了佛爷神像。

八仙听罢佛爷的诉说,个个面露不悦。铁拐李直率鲁莽,顿时吼道:“这种见利忘义的小人,不能饶了他!”吕洞宾看了铁拐李一眼,示意他别这样激动,转脸争取佛爷的意见:“你想怎么办?”佛爷深有感触地说:“人富了总是会变的,不仅庙盖小了,寻花盗柳也会干。正巧你们来了,帮我把财产收回来。”何仙姑说:“用我的竹篮给你提回来吧?”铁拐李早已沉不住气,说了声:“由我来吧!”话音未落,便把宝葫芦向空中一抛，宝葫芦向西南方向腾空而去，不一会儿便满载金银财宝回到铁拐李的身边。邹老头的家业忽然销声匿迹，绵羊一下死了个精光，他只好又回到山上放牛去了。

民间艺术

村内民间艺人较多，创作门类主要有石制工艺、根雕艺术、书画摄影等。

石制工艺

奇石是大自然赐予棋山观村人的天然宝藏。村民祖祖辈辈都有寻石、采石、加工、制作、收藏奇石的传统。在古代，石制工艺是工匠艺人谋生的重要方式。石匠通过精雕细刻把石头刻成狮子等动物造型卖给富贵人家，显示威严；刻成建筑用各种构件，装饰房屋外形；刻成石碾、石磨等生活用具，供人们碾压粮食粉末，等等。因石制品用途广泛，争相学习的人数众多，制石艺人大都通过言传身教的方式带徒弟。20 世纪 90 年代以后，随着经济、科技水平的不断提升，建筑类、生活服务类石制用品数量不断下降，石匠艺人的产品销路越来越窄，从业人数急剧下降。进入 21 世纪，经济的发展推动了收藏业的发展，石制艺术品走俏市场。村内许多刻石巧匠，把一块块平淡无奇的石头，雕刻成精美艺术品，越来越受到群众的喜爱和珍藏。

奇石

石刻艺术品

棋山观村能工巧匠名录

表

姓名	性别	从业年代	情况简介
朱洪利	男	20 世纪 30 年代末	石匠，一生教徒 40 余人，已故
邵连堂	男	20 世纪 30 年代末	石匠，一生教徒 4 人，已故
朱相云	男	20 世纪 40 年代	石匠，已故
郑修吉	男	20 世纪 40 年代	石匠，已故
邵怀明	男	20 世纪 40 年代	瓦匠，已故
郑胜吉	男	20 世纪 50 年代	石匠，已故
邵光宗	男	20 世纪 50 年代	石匠，已故
尚庆和	男	20 世纪 50 年代	石匠，已故
朱庆入	男	20 世纪 50 年代	瓦工，已故
郑立法	男	20 世纪 50 年代	瓦工，已故
邵等甲	男	20 世纪 50 年代	瓦工
邵科甲	男	20 世纪 50 年代	石匠，已故
刘训儒	男	20 世纪 50 年代	石匠，已故

续表

姓名	性别	从业年代	情况简介
陈洪贞	男	20 世纪 50 年代	石匠，已故
朱庆功	男	20 世纪 50 年代	石匠，已故
朱相后	男	20 世纪 50 年代	石匠，已故
朱相忠	男	20 世纪 60 年代	石匠
朱庆学	男	20 世纪 60 年代	石匠
邵光珠	男	20 世纪 70 年代	石匠，已故
刘永生	男	20 世纪 70 年代	石匠，已故
刘永法	男	20 世纪 70 年代	石匠，已故
朱立贵	男	20 世纪 70 年代	石匠
朱立修	男	20 世纪 70 年代	石匠
邵光新	男	20 世纪 70 年代	瓦工，已故
邵光芝	男	20 世纪 70 年代	瓦工
邵光利	男	20 世纪 70 年代	瓦工
陈振勇	男	20 世纪 80 年代	瓦工
邵光星	男	20 世纪 80 年代	瓦工
邵光友	男	20 世纪 80 年代	瓦工
邵光青	男	20 世纪 80 年代	瓦工
邵光明	男	20 世纪 90 年代	瓦工
朱立奎	男	20 世纪 80 年代	木工
邵光才	男	21 世纪至今	奇石根雕，钢城区工艺美术协会党委书记、副主席
邵明春	男	21 世纪至今	奇石根雕，钢城区工艺美术协会副主席
郑星贵	男	21 世纪至今	书画

根雕艺术

村内有根雕艺术爱好者多人，他们用天然的奇根异木——树根（包括树身、树瘤、竹根等）的自生形态或畸变形态为艺术创作对象，通过高端立意，巧妙构思，艺术加工与工艺处理，创作出了许多似人、似物的形象作品，获得村民及专业人士的认可。

根雕

书画摄影

棋山观村山美水美，风景秀丽，历来是书法家、美术家、摄影家从事创作的首选地。

大美棋山

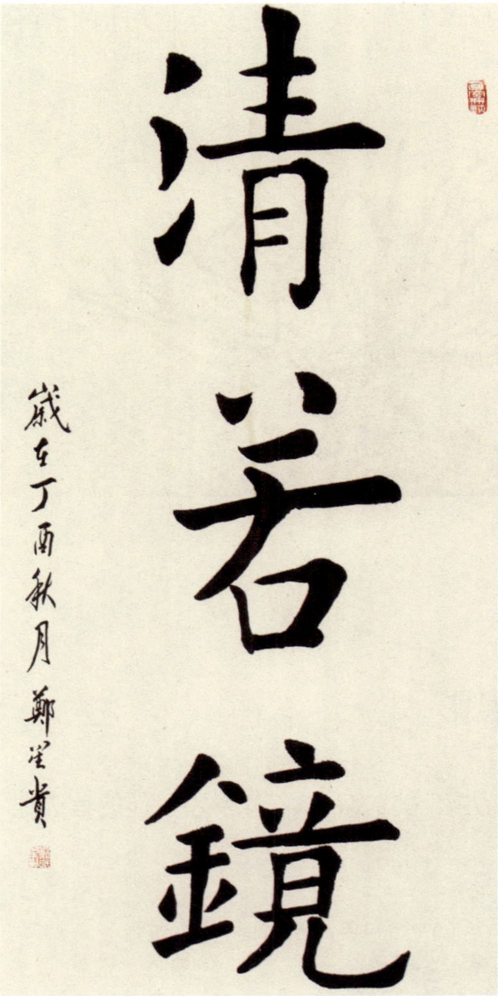

2011 年 9 月，钢城区文化体育局邀请全国 20 余位书画名家在棋山进行了为期一天的写生创作。莱芜市及钢城区书法家协会每年都在春节前夕到棋山观村开展送“福”字、送春联下乡活动，莱芜市美术家协会更把棋山观村定为协会写生基地。浓厚的艺术氛围，激发了村民学习书画的热情。初次学习人员的年龄呈越来越小的趋势，业余书画爱好者的创作水平逐步向专业人员靠近。钢城区工艺美术协会于 2013—2016 年先后 4 次在“棋山柯烂”雕塑广场举办书画与根雕艺术展，加强了业内交流，促进了艺术传播。部分山东省摄影家协会会员常年在棋山从事摄影创作，拍摄了一批以“棋山幽峡国家森林公园全景”“棋子石”“棋山柯烂”“后宫秋韵”“棋山秋色”“棋山雾语”“棋山石韵”“雪龙卧棋”等为主要创作对象的照片，给人以美好的视觉享受。

方言

村内居民语言，在语法方面，绝大部分符合现代汉语，少部分具有地方特色。在声调方面，属莱芜口音。1956 年推广普通话，只是在学校师生中取得一定效果，农村居民仍然使用地方语言。在词汇方面，村内有许多具有地方特色的方言词汇，随着普通话的普及，许多旧的词语逐步被新词语所代替。

语音

声调 村内语音声调与普通话略有差异。普通话的阴平声村内多读上声，如“方桌”“飞机”；普通话的阳平声村内多读阴平声，如“人民”；普通话的上声村内多读阴平声，如“手表”；普通话的去声村内也读去声，如“战斗”。

声母 部分字音的声母村内话与普通话差异较大，主要有：

（1）普通话以 r 作声母，村内话以 l 作声母。

例字 普通话 村内话

如入乳褥 ru lu

若弱 ruo luo

瑞锐 rui lui

软 ruan luan

荣茸容绒 rong long

（2）普通话没有声母，村内话有声母。

例字 普通话 村内话

鹅蛾愕饿恶 e wo

哀唉哎碍爱 ai nŋ 作声母 ai 作韵母

欸 ei nŋ 作声母 ei 作韵母

熬袄奥傲 ao nŋ 作声母 ao 作韵母

呕欧偶沤　ou　nŋ 作声母 ou 作韵母

安鞍俺暗岸　an　nŋ 作声母 an 作韵母

恩摁　en　nŋ 作声母 en 作韵母

骯昂盎　ang　nŋ 作声母 ang 作韵母

（3）部分以 j、q、x 作声母的字，村内读作舌尖音，常见的有：

ji　迹　绩　脊　籍　辑　济　际

jian　尖　剪　渐　贱　溅　剑

jiang　将　浆　奖　蒋　酱

jiao　焦　蕉　礁　醮

jie　节　接　捷　姐　借

jin　尽　进　津　晋

jing　精　菁　晶　井　净　静　靖

jiu　揪　酒　就

ju　聚

jue　爵　嚼　绝

jun　俊　骏　峻

qi　七　栖　妻　齐　脐　砌

qian　千　签　前　钱　浅　茜

qiang　枪　呛　墙　抢　炝

qiao　悄　瞧　俏

qie　切　且　妾　窃

qin　亲　侵　秦　寝　沁

qing　清　青　晴　请

qiu　秋　囚　泅

qu　趋　取　趣

quan　全　诠　荃　泉

que　鹊　雀

xi　昔　惜　析　息　夕　席　袭　徙　玺

xian　鲜　先　羡　线

xiang 相 镶 箱 庠 详 想 象 像
xiao 消 逍 销 小 筱 笑 啸
xie 些 楔 斜 写 泻 谢
xin 心 新 辛 信
xing 星 腥 醒 省 性 姓
xiu 休 修 秀 绣
xu 需 须 徐 叙 序 绪
xuan 宣 喧 旋 选 绚
xue 薛 雪
xun 循 询 寻 殉 逊

(4) 部分字的读法与普通话不同

例字 普通话 村内话
缩所 suo shuo
从 cong qiong
俗肃宿 su xu
足 zu ju
瑞 rui shui
嫩 nen lun
牛 niu you
堆 zui dui
踏 ta zha
暂 zan zhan
拯 zheng cheng
踩 cai chai
逆 ni yi
(接)洽 qia xia
酿 niang rang
凝 ning ying
触 chu zhu

松颂诵　song　xiong
损笋　sun　xun
翁　weng　gong
捆　kun　qun
倾　qing　qiong
（茅）厕　ce　si
浸　jin　qin
咀　ju　zu
跄　qiang　cang

（5）部分字在一定用途上读法与普通话不同，主要是：

“着”作尾词时读 dao，如拿着、吃着、看着等。“死”作宾语时读 she，如冻死了、吓死了、踩死了等。“里”作尾词时读 ni，如家里、城里等。“折”作动词时读 che，如折断、使劲折等。

韵母　部分字音的韵母村内话与普通话差异较大。

（1）部分字普通话以 ou、ong 作韵母，村内以 u 做韵母：

例字　普通话　村内话
牟谋某　mou　mu
农　nong　nu

（2）部分字普通话以 e 作韵母，村内以 a 作韵母；个别字普通话以 a 作韵母，村内以 ai 作韵母：

例字　普通话　村内话
蛇　she　sha
喝　he　ha
疙割　ge　ga
磕　ke　ka
（山）崖　ya　y 作声母，ai 作韵母

（3）部分字普通话以 e，ao 作韵母，村内以 uo、o、ue 做韵母：

例字　普通话　村内话
哥歌戈各阁　ge　guo

苛柯科棵可渴课　ke　kuo

郝　hao　huo

何荷河和合盒贺　he　huo

勺芍　shao　shuo

凿　zao　zuo

药　yao　yue

薄　bao　bo

（4）部分字普通话以 ie 作韵母，村内以 iai 作韵母；普通话以 ue 或 iao 作韵母，村内以 uo 作韵母；普通话以 uo 作韵母，村内以 uai 作韵母。

例字　普通话　村内话

阶皆街解介界届　jie　j 作声母 iai 作韵母

鞋懈械蟹　xie　x 作声母 iai 作韵母

脚角　jiao　jue

获　huo　huai

（5）部分字普通话以 e 或 ai、i、o 作韵母，村内以 ei 作韵母，只有“供给”和“一定得去”中的“给”和“得”读法例外。

例字　普通话　村内话

得德　de　dei

克刻客　ke　kei

革格隔　ge　gei

责泽择　ze　zhei

摘宅翟窄　zhai　zhei

册策厕测（拆）　ce（chai）　chei

色啬涩　se　shei

色（落色）　shai　shei

笔彼　bi　bei

白掰柏百　bai　bei

悖　bei　be

魄迫　po　pei

拍　pai　pei

墨默　mo　mei

脉麦迈　mai　mei

（6）部分字普通话以 uo、ei 作韵母，村内以 ui、ou 作韵母。

例字　普通话　村内话

或惑　huo　hui

勒雷垒泪类累　lei　lui

做　zuo　zou

（7）部分字普通话以 ou、e 作韵母，村内以 ao、iao 作韵母。

例字　普通话　村内话

否　fou　fao

了（放学了）　le　liao

（8）部分字普通话以 un、eng 作韵母，村内以 en、un、in 做韵母。

例字　普通话　村内话

（囫）囵　lun　len

横　heng　hun

讯汛迅　xun　xin

（9）有些字如儿、耳、而、饵、乐、尔、二，村内读时音以 l 作声母 er 作韵母。还有些字在一部分用途上村内读法与普通话不同。

“的”“得”“地”作副词时读 di,“的”作尾词时读 die,如快到的、你的、我的等。

“去”作尾词时读 qi，如回去、家去等。“吧”作尾词时用 e 作韵母，如走吧、睡吧等。“生”有时读 shen，如生炉子、生火等。“尾”（巴）有时读 yi，如马尾巴、猪尾巴等。

音韵

（1）村内有些话不带 er 话音，听起来不如普通话柔和。

例字　普通话　村内话

（木头）板儿　banr　bai

（地瓜）干儿　ganr　gai

（靠）边儿　bianr　biai

（茶）盘儿　panr　pai

（摆）摊儿　tanr　tai

（过）年儿　nianr　niai

（洗）脸儿　lianr　liai

（快）点儿　dianr　diai

（慢）慢儿　manr　mai

（转）圈儿　quanr　quai

（茶）碗儿　wanr　wai

（2）韵母是 en 的字，村内读 er 化音时读成 ei 化。

例字　普通话　村内话

（书）本儿　benr　bei

（小）村儿　cunr　cui

（有没有）准儿　zhunr　zhui

（杏）仁儿　renr　rei

（3）有些字村内读 er 化韵时丢掉 i，把 r 读成 ei。

例字　普通话　村内话

侄儿　zhir　zhei

（有）事儿　shir　shei

（鸡）子儿　zir　zei

（粉）丝儿　sir　sei

（4）b　p　m　n　j 与韵母 i 相拼读 er 化音时，村内把 r 读成 ei。

例字　普通话　村内话

（扣子）鼻儿　bir　b 作声母 iei 作韵母

（枕头）皮儿　pir　p 作声母 ir 作韵母

（小）米儿　mir　m 作声母 ir 作韵母

（大）妮儿　nir　n 作声母 ir 作韵母

（小）鸡儿　jir　j 作声母 ir 作韵母

（5）村内读音不习惯发卷舌音 er，因而没有 er 化音，普通话读 er 化音的字，村内大部分只读原来的字音。

例字　普通话　村内话
（一）霎儿　shar　sha
（小）孩儿　hair　hai
（茶）缸儿　gangr　gang
（铁）锤儿　chuir　chui
（小）锯儿　jur　ju
（小）曲儿　qur　qu
（小）鱼儿　yur　yu

词汇

名词

用具

棋山方言　现代汉语
鲁壶子——茶壶
茶缸子——茶杯
棉条——被里、被面、床单
豆枕——枕头
裤衩子——短裤
汗溜子——汗衫
污盆子——尿盆
电棒子——手电筒
绿珠——碌碡
布袋——口袋
调羹——汤匙
把棍子——木棍
爆仗——鞭炮
茅厮栏——厕所

食品

棋山方言　现代汉语

渣豆腐——小豆腐

糊豆——粥

包子——水饺

饽饽——煎饼

馍馍，干粮——馒头

嘎渣——糊在锅底的食物

饭——米汤或泛指吃饭时喝的水

大油——猪油

动植物

棋山方言　现代汉语

牛（you）——牛

叫驴、草驴——公驴、母驴

马虎——狼

狗黑子——熊

鹁鸽——鸽子

老鵰——老鹰

黄鼬——黄鼠狼

家雀子——麻雀

花子——猫

掺打木子——啄木鸟

扁嘴、巴巴子——鸭子

曲缠——蚯蚓

老鸹——乌鸦

滴滴水——燕雀

长尾巴郎——灰喜鹊

野鹊（qiao）——喜鹊

檐片户子——蝙蝠

疤拉牛（you）——蜗牛

长虫——蛇

舌虫子——蜥蜴

咬咬——小虫

麻匹——水蛭

梢钱子——蝉

梢钱狗子皮——蝉蜕

蚁羊——蚂蚁

山石蚰——蝗虫成虫

蛟蝈——蝈蝈

棒槌子——玉米

黍秫——高粱

地蛋——马铃薯

洋柿子——西红柿

洋白菜——大头菜

朝阳花——向日葵

野苏子——丹参

黑蒿——茵陈

萋萋菜——小蓟

金针——黄花菜

生菜——莴苣

车辙子——车前子

姜良子——牵牛花

草珠珠——芡实

波波丁——蒲公英

星石榴、酸楂——山楂

狗奶子——枸杞

老鸹枕头——半夏

槐拉蛋——槐角

时间、方位

棋山方言　现代汉语

这一么子——这段时间

将才——刚才

扪年——往年

年时——去年

过年——明年

今们——今日

夜来——昨天

早寝起来——早上

头晌午——上午

过晌午——下午

晌午头——中午

后晌——晚上

一盼子——小段时间

埝（niai）儿——地方、位置

这窝眉——这地方

当中——中间

屋当门——屋内地面

天井——院子

崖头——陡坡

旮旯幽、哈拉幽——角落

窝不咃（dei）——矮地方

数目、称谓

棋山方言　现代汉语

俩——两个

仨——三个

四阿——四个

五啊——五个

六哦——六个

七也——七个

八呀——八个

九哦——九个

十阿——十个

阿——娘

爹、爷、大——爸爸

亲亲——亲戚

当家的——丈夫

家里——妻子

客（kei）——客人

伙计——古指长工，今指同事

其他

棋山方言　现代汉语

月明——月亮

雨嘎啦——预示阴天下雨的日晕或月晕

风嘎啦——预示要起大风的日晕或月晕

贼星——流星

天河——银河

打呱啦——打雷

饭不拉子——霰（雪珠）

冬冬——冰

土鼓堆——土丘

页拉盖——额头

下颏（hai）——下巴颏（ke）

眼扎毛——眼睫毛

耳碎——耳屎

鼻子——鼻涕

牙花子——牙床

斜涎——口水

妈妈、口子——乳房

卜脐——肚脐

腰子——肾

腚垂子——屁股、臀部

脚（jue）丫巴子——脚丫

干腿子——小腿

拨拉盖——膝盖

底狗子——内部奸细

二指先生——阴阳先生

（小）摺捻——小偷

八股的、啥子的——什么的

营生——东西

皮寒——疟疾

症瘊——疾病、毛病

疤瘌——伤疤

大肚子皮——黑热病

黄病——不健康

痨病——哮喘

隆过——有空

嘲巴——傻瓜

半调子、二杆子——不聪明

结拉巴子——结巴、口吃

嘎巴——污垢

嘎拉——圆圈

魃子——冰雹

干渴——渴

饥荒——乱子

耳巴子——巴掌

生鈥——铁锈

够呛——不行、可能性不大

疤瘌——伤疤

动词

棋山方言　现代汉语

搁下——放下

搡（一刮子）——用巴掌打

吃烟、收烟——吸烟

啦呱——讲故事、闲谈、聊天

打仗——吵架

睏觉——睡觉

打盹——睏、打瞌睡

打个麻拉——睡一小觉

趄下——躺下

搋痒痒——挠痒痒

倒菜——夹菜

提（di）溜——提着

拽——扔掉

拽住——拉住

葬弄——损伤

旮拉起来——围起来

割（ga）肉——买肉

装酒、打酒——买酒

打油——买油

骑拉——骑

卷人——骂人

迈（mei）拉——越级办事、不尊重之意

过睬——看见、看管

哈拉——含化

照望——关照

扒水，打澎澎——游泳

澡洗——洗澡

打出溜——滑冰

打螃连——侧滚翻

竖 zhei zhei——倒立

翻腚瓜——前滚翻

把骨搂——摔跤

藏捂眼——捉迷藏

格登——单腿跳跃

打秧玩——闹着玩

查伙——结合

扯伙——合伙

捂弄——凑付、欺骗

瞄划、照伙、眯伙——用眼粗略估计

瞭瞭——看看

担过——误事

趋拉——用脚擦掉

古捣、古精——侍弄

咋呼、喊瞪——呼喊

吃口子——幼儿吃奶

扎扎——儿童学走步

把把——抱幼儿大小便

鼓堆——蹲下

下腰、锅腰——弯腰

歇歇——休息

作登——闯祸

够把、舔腚——巴结、奉承

屈荒、加枉——无中生有地冤枉人

斗搂——较量

掐亏、除祸——暗算、害人
告讼——背后言论他人是非
吵伙——多指长辈批评晚辈
抬杠——故意说不在理的话斗嘴
呲答——训斥
圆成——协调、说和
愿慰——祈求保佑
恶（wo）发——严重发炎、化脓
不吱（zi）声——不说话
收收——藏起来
照应——服侍、关照
挨伙——靠拢
合摸——估算
招呼到、谋量到——威胁、警告语，后果自负之意
打信——寄信
窜圈——逃跑
扎裹——穿衣打扮或治疗疾病
喃——吞
划拉——写字不认真
倒登——搬登、更换
对伙——寻找
刷过、敛伙、攒伙——凑集
唆——批评、教训
不搁少的——舍不得
铩开——锯开
崴伙、移崴——拖延时间
堕懒——懒
存喃——忍耐
不松欢、不愉发、不大得劲——生病、不舒服

发痨病——感冒

涨钱——物价上涨

擦钱——物价下跌

坠鞋——修鞋

别耳他——别理他

使作——耍脾气

扒瞎话——说谎

嘎叽——嘀咕

加枉——冤枉

形容词

棋山方言　现代汉语

精——精明、会算计

鬼——狡猾、心眼多

不二虎——不害怕、不含糊

稀罕——喜欢、珍爱、在意

好省点、好生到——小心、注意

诈煞——自高自大

佯包、烧包、佯晕、扎里不呆——不安分、得意忘形

迷糊——不清楚、迷路、神志不清

虚张拉失——言过其实、不实在

虚荣——不实在

迂磨——不紧凑、磨蹭

稀达拉松——很少或形容人素质差

魔道——神志不清、装神弄鬼

旺相——壮实

犯恶——讨厌

促狭——毒辣

皮——顽皮

大马哈——不在乎

局局溜溜——局促不安

炸手舞掌、猴毛哆嗦——举动轻佻

嘎古、丝粘、加挤、小取半见、厌恶人——办事小气

啁声不拉气——说话尖刻

曰嚼——口吃不清或说话水平不高

狂气——高傲

戏而玩之——不当回事

酸毛溼苦、百木留石、拿捏——说不上怎么才好

装么作势——装腔作势

渣里不待、屁臭呱淡——说话随便且水平很差

喜下下的——笑容满面

疤拉留什——疤多、表面不光滑

样发——漂亮

急气——熬煎

眼生——多指儿童面对生人局促

客——打扮讲究

凋残、疵毛——表现不好

难为——为难

邪古——执拗

得劲——合适

饥睏——饿

撅达——使性子、赌气

虚惑——虚张声势

撅溜——生气溜走

指甲长——好占便宜

胡唠、胡谄——说话不负责任

瘆头皮——很害怕

阿咂——窝囊、反悔

侮苏——委屈、内疚、熬煎

瞒不的——怪不得

拐古——心眼多

瓦古——委屈

安稳——安分、本分

愉发——舒服

离把——外行

虚惊——怕

憋鼓——赌气、不痛快

不咋地——不要紧

胡打秧——做了不该做的事

胡作噔——乱来

丧——说话粗暴

歪歪倒——歪、不正当

斜里倒——斜

弯弯倒——有弯曲

花花黎黎——花花绿绿

稀里懈晃——不稳当

暴、埠土降天——尘土飞扬

挤束——时间抓得紧或物品堆放紧凑

小头狭脸——身体瘦小、长相猥琐

花里胡哨——眼花缭乱、不庄重之意

一大下子——东西很多

一大伙子——大群人

卤笨——愚笨、笨拙

利争——干净利落

见忘、唆——多指儿童好动、调皮

大样——大方潇洒

腼偏——害羞、腼腆

好家伙山——好厉害

抠——过分地会算计

挺托——结实耐用

庄户——朴素、老实巴交

细详——仔细

窄住——住房狭窄

艰窘（jun）——生活困难

整壮——均匀

零碎——杂乱

横（hun）立——发坏、捣乱

拉巴子涩（shi）——非常涩

暄和——松软

枝生——植物枝叶水灵、舒展

叶焉——植物枝叶打蔫

马早的、麻利点——快点

副词

棋山方言　现代汉语

甭家——不用

值格——仗义

草鸡——说话不算话、作弊

这户的——这样的

余缝——余地

嚎人——骗人

争（白）——很（白）

精（嫩）——很（嫩）

怪（饥睏）——很（饥睏）

瞎——浪费、失败

邦八不离十——八九不离十

正格的——真的

当不住——也许

这么等——这样吧

乔（难受）——很（难受）

不捣古、不啰啰——不愿干

不抓他——不理他

莫不 zhei——猛然

济他——由他

（累的……）慌——（累的……）很

差不离——差不多

刚当好——很好

挺大方——很大方

竭声地——别说话

顶顶（点点）嘎——很少

忒展好——很好

一旦——时间还没到就……

这才——刚才

好歹的——好不容易

这么下子——很多

不搁首——舍不得

语法

村内方言在语法上很多不符合现代汉语语法规范，有的增加成分，有的词汇用法特殊，有的语序颠倒，主要有：

（1）将副词“不”作连词用。如知不道。

（2）将尾词“啊”当连词用，表示疑问，如去啊不？累啊不？行啊不？等。

（3）用“连……加……带……”表示连接。如：连吃加喝带拿，连唱加说带表演等。

（4）用“了”把一个词分开表示肯定。如着了急、上了当等。

（5）用“唉”“可是”表示另一个意思。二人对话常见，甲正说此事，乙想起另一事，就用“唉”或“可是”表示转换作表述。

（6）村内呼唤畜禽有特殊的语法结构。如：勾……勾勾——唤鸡。巴……巴巴巴巴——唤鸭子。唠唠……唠唠唠唠——唤猪。噢……噢——唤狗。花花……花——唤猫。嘎……嘎嘎嘎嘎——唤羊。嚎示……嚎示——趋狗追猎物。呕示——赶鸡。哈（ha）——赶牛。

谚语 俗语 歇后语

谚语

节气、农时

一九二九不出手，三九四九冻死狗，五九和六九，顺河看杨柳，七九六十三，路上行人把衣袒，九九八十一，家里做饭坡里吃。

九九加一九，耕牛遍地走。

春打六九头，穷汉也不愁；春打五九尾，神仙也难鬼。

一百五，燕子来到济南府；一百八，燕子来到家。

立春最喜清明日，大雪纷飞是旱年。

谷雨前后，种瓜种豆。

春争日，夏争时。

栽树莫要过“清明”，种上棒槌也发青。

枣芽发，种棉花。

雷打“清明”前，高山好种田；雷打“清明”后，平坝种上豆。

四月“芒种”割前，五月“芒种”割后（农历，麦收）。

有钱难买五月旱，六月连阴吃饱饭（农历）。

蛤蟆打哇哇，六十天吃骨渣。

蚕老一时，麦熟一晌。

蚕从东老，麦从西熟。

麦过“芒种”谷“立秋”，豆过“寒”露用镰勾（成熟）。

六月六，看谷秀。

头伏萝卜，末伏荞麦。

豆子入了伏，打着有和无。

“处暑”十日无生谷。

“立秋”十八天寸草结籽。

立秋草，棒打倒。

七月十五红鼻枣，八月十五打罢了。

七月核桃八月梨，九月里柿子乱赶集。

三秋不如一麦忙，三麦不如一秋长。

“白露”早，“寒露”迟，“秋分”种麦正适宜。

待吃面泥里沾，待吃米坷垃里挤。

麦收八十三（农历八、十、三月）场雨。

立冬不倒股（分蘖），不如土里捂。

一九一场雪，打的粮食没处搁。

五九六九雪一场，麦季多打百斤粮。

该冷不冷，不成年景；该热不热，五谷不结。

冷在三九，热在中伏。

气象

刮下春风下秋雨。

春刮东南夏刮北，六月里北风到不了黑（下雨）。

夏至东南风，十八天才搬兵（下雨）。

六月里北风当日雨，胜似亲娘搬闺女。

淋了伏头旱伏尾。

立秋下雨，百日无霜。

八月初一下一阵，旱到来年五月尽。

八月十五云遮月，正月十五雪打灯。

“重阳”不下盼十三，十三不下一冬干。

不怕初一阴，就怕初二下，过来初三才不咋（初二初三下雨半月无好天）。

春寒有雨，夏寒无雨。

旱刮东南不下雨，涝刮西北不晴天。

雷打天边，大雨连天；雷打头顶，有雨稀松。

今日鲤鱼斑，明日晒场不用翻。

乱绞云下满盆。

疙瘩云下满盆。

早晨下雨一天晴，饭时下雨不透明。

先下牛毛没大雨，后下牛毛不晴天。

开门风闭门雨（风大雨大）。

云似鱼鳞天，不下风也颠。

云来接，淹死鳖；接漏了，晒透了（傍晚看云预报天气）。

大雾不过三，过三十八天（下雨）。

东虹（jiang）呼喽（打雷）西虹雨，南虹出来卖儿女。

早晨烧，晚上浇（雨）。

早看东南，晚看西北（阴天，下雨）。

雷雨三场。

冷雨温雪。

下雨先刮风，必定一场空。

早哇阴，晚哇晴，半夜里蛙声到不了明（下雨）。

雪打高山，霜打洼。

干冬湿年，落雪过年。

腊七腊八，冻死叫花。

生产生活

靠山吃山，靠水吃水，靠着阎王吃小鬼。

多种经营，人不受穷。

秋上下下腰，强似春上走一遭（拾柴）。

早起三光，晚起三慌。

种地不上粪，等于瞎胡混。

人靠地长，地靠粪养。

人勤地不懒。

人哄地皮，地哄肚皮；人哄地皮一时，地哄肚皮一年。

锄头响，庄稼长。

种子换一换，多收一两担。

一翻二不收，三翻到了秋。

春耕深一寸，顶上一遍粪。

春里拨牛蹄，秋里没处籴。

春地如翻饼，秋地如穿井（耕地深度）。

间苗如上粪。

麦子选好种，一垅赶两垅。

麦子不怕草，就怕坷垃咬。

麦喜胎里富，人怕老来穷。

谷锄八遍没有糠，棉锄八遍白玉霜。

棉花不劈杈，疯了就别骂。

谷上垛，麦上仓，豆子抗到肩膀上（丰收到手）。

男采桑，女养蚕，四十五天就见钱。

种菜你别问，勤浇水多上粪。

种瓜没有巧，边边角角找。

识字要念书，种田要喂猪。

养猪养羊，本短利长。

河边插柳，堤坝长久。

树林连片，不怕天旱。

桃三杏四梨五年，枣树当年就换钱，老爷栽下核桃园。

桃养人，杏伤人，李子树上挂死人。

饱了拿干粮，热了带衣裳。

人不到八十八，不能笑话人家耳聋眼花。

人心要实，火心要虚。

话不说不知，木不钻不透。

一百个补锅的，当不了一个铸钟的。

众人是圣人。

不做亏心事，不怕鬼叫门。

吃饭穿衣量家当。

庄稼人三件宝：丑妻、薄地、破棉袄。

饿的是闲人，冻的是懒人。

人在时里，鳖在泥里。

疮怕有名，病怕无名，人怕出名。

老要精神少要板，年轻就怕死羊眼（没精神）。

十里路去赶嘴，不如在家喝凉水。

穷的不能穷到老，富的不能扎下根。

人穷朋友少，衣破虱子多。

争着不足，让着有余。

吃饭先喝汤，强起开药方。

娇儿生分子，棍头出孝郎。

不怕零花钱，就怕总算账。

越吃越馋，越困越懒。

吃不穷，穿不穷，算计不到就受穷。

穷廓落，富水瓮。

人是铁，饭是钢，一顿不吃饿得慌。

远亲不如近邻，近邻不如对门。

灰不如火热，酱不如盐咸，一拃不如四指近。

明白人好说，糊涂人难缠。

春捂秋冻，捂冬凉秋。（穿衣）。

俗语

管头不顾腚。

五渣六豆腐。

嘴里多起肚里。

醉死不认半壶酒钱。

是骡子是马牵出来遛遛。

待要好，大敬小。

一物降一物，车伙子降豆腐。

有啥费啥。

做啥说啥，卖啥吆喝啥。

赚了便宜卖乖。

拔了萝卜栽上葱。

一个萝卜顶个窝。

一鸡去了一鸡鸣，小鸡叫得更中听。

土地爷担不得大香头。

跟着好人学好人，跟着姑子会下神。

三头不出，两头不冒，三脚踹不出个屁来。

贼不打三年自招。

树身子不动弹，树梢子瞎摇晃。

手大捂不过天来。

会说的不如会听的。

巧嘴说不过潼关去。

套鹁鸽还得个红豇豆。

君子不和牛治气。

紧走不如不歇歇。

死狗撮不上南墙去。

野鹊窝里抱（孵化）不出凤凰来。

不见兔子不撒鹰。

逮不住兔子扒狗吃。

光棍不吃眼前亏。

十个指头咬咬个个疼。

骡子马大了值钱，人大了不值钱。

针鼻里算出铁来。

县官不如现管。

舌头板子压死人，唾沫星子淹死人。

寡妇门前是非多。

不碰南墙不回头。

是非之地不可留。

舍了肚子顾脊梁。

家有黄金万两，邻家有戥子秤。

再薄是块地，穷死是个人。

人要脸，树要皮。

一家之计在于和，一生之计在于勤。

上梁不正下梁歪，袜子不济鞋排排，自己不正难正人。

好事不出门，丑事传千里。

在家千日好，出门一时难。

穿廓落，富水瓮，勤扫天井，懒赶集。

再好的月亮不如白昼。

孝敬父母不怕天，出上粮米不怕官。

百里不同风，十里不同俗。

羊跪乳，鸟近哺，禽兽还知有父母。

日头不能常晌午。

人有千智，必有一失。

千差万差，来人不差。

当面教子，背后教妻。

庄稼不收年年种。

嘴上没毛，办事不牢。

人无志气铁无钢，枉从人间去一场。

有志不在年老少，无志枉活一百冬。

歇后语

棘针窝里拴驴——没处插嘴

张天师叫鬼架了去——神人不信

玩藏掖的跪下了——没了咒念

河流子腌咸菜——一言（盐）不尽（进）

狗爪子埋在蒜地里——装洋蒜

老鼠放屁——疵了毛（猫）

老虎屁股——摸不得

兔子尾巴——长不了

羊羔子吃奶——跪下

燕子垒窝——全凭嘴

蚂蚱头摆碟子——光嘴

黄鼠狼钻葱沟——不照算（蒜）路

张倒碾砸倒磨——实（石）打实（石）

屎克郎钻筛子——净门

老鸹飞到猪腚上——光看见人家黑，看不见自己黑

六月六的炒面——正办（拌）

灶王爷唱戏——胡闹锅台

粮食市里摆手——不抵（籴）

老鼠拉木锨——大头在后头

肉包子打狗——有去无回

姥娘哭儿——没了救（舅）

上鞋不用锥子——真（针）好

家雀子吃麻种——客（嗑）起来了

风箱道里的老鼠——两头受气

磨眼里插竹竿——顶天的仇（筹）

砂锅子捣蒜——锤子买卖

井里的蛤蟆——见不了多大的天

茶壶里下包子——肚里有倒（道）不出来

秃子跟着月亮走——沾光

西北风刮蒺藜——连风（讽）带刺

屎壳郎搬家——滚蛋

二十一天不出鸡——坏蛋

背着儿媳妇过河——费力不讨好

来了客不装酒——有一壶

卖鸡蛋的翻跟斗——完（玩）蛋

亚兰子吃青杨叶——够了菜

四五十天不拉屎——有一股子

大闺女嫁太监——享福又能受罪

戴着乌纱帽弹棉花——有功（弓）之臣

路上拾了个乌纱帽——捡了个官衔

吹鼓手下乡——找事办

齐鲁名村志
QI LU MING CUN ZHI

棋山观村志

QI SHAN GUAN CUN ZHI

人物

RENWU

人物传略

收录对本村发展有重大影响的村内外著名人物23人。

村外名人

鹿省三（1905—1938）

原名鹿效曾，曾化名孟哲、秋阳、季芳华、张守仁等。清光绪三十一年（1905）生，莱芜西牛泉村人。中共莱芜县党组织的早期领导人之一。1929年秋，考入济南正谊中学。1930年初，加入中国共产党。“九一八”事变后，被选为济南市学生请愿团主席团成员，带领济南学生赴南京向国民政府请愿抗日。在蒋介石不答复学生要求后，又带领同学参加示威游行。返校后，鹿省三继续领导反对校方控制的斗争，揭露校长跟踪去南京破坏学生请愿的罪行，被开除学籍，列入当局通缉名单。随后，回到莱芜开展工作，后任中共莱芜县委委员。1933年春，任省委巡视员，到淄博、益都、寿光、昌潍等地组织工人运动，重建党组织。中共山东省委遭到破坏后，冒着生命危险奔走于济南、泰安、莱芜等地，并去北平、上海寻找上级党组织。1935年冬，与刘仲莹、赵健民等组建中共山东省工作委员会，任宣传部部长。1936年6月，到淄博、益都、昌潍一带组织抗日武装，筹建鲁东工委。1937年10月，任鲁东工委书记；12月，与王培汉等人在潍县组建八路军鲁东游击队第七支队并任政治委员。1938年4月，鹿省三主张将第七支队与第八支队合并整训，以扩大和巩固抗日武装；4日，部队撤离昌邑时，他暂留瓦城镇处理善后工作；7日，被内奸杀害于孙膑庙内。

洪　涛（1912—1938）

原名洪裕良，江西省横峰县人。洪涛幼年家贫，14岁给地主放牛。1927年，

参加农民暴动。1928 年冬，入赣东北信江军校学习。结业后，任赣东北红军第三团一连排长，旋即升为连长。1929 年 2 月，加入中国共产党；8 月，赣东北红军扩编成红十军，先后任营长、副团长。1933 年 1 月，入中央瑞金“红大”学习；5 月，任红十军十九师五十六团团长，先后率部出击闽西建宁、沙县、梅越等地，屡打胜仗，在梅越战斗中腰部负伤。1934 年 10 月，参加长征。其间，三次负伤，子弹穿进肺部，弹头无法取出。1936 年 6 月，任红三十二军七团团长；10 月，赴延安“抗大”学习。1937 年 10 月，被党中央派到山东创建抗日根据地，任山东第六区抗日第一游击支队长。1938 年 1 月 1 日，同黎玉、赵杰、林浩等领导徂徕山抗日武装起义，组建八路军山东抗日游击第四支队，任司令员。起义队伍一个月内发展到 700 人，编成 3 个中队。为尽快提高部队军事素质，带病教战士投弹、射击、刺杀等技术。1 月 26 日，支队在大汶口至新泰必经的寺岭村伏击日本侵略军告捷；2 月 18 日，在泰安至新泰之间的四槐树伏击日本侵略军再捷。为扩大根据地，同林浩率部向莱芜方向进军，亲临前沿指挥，一举攻克莱芜城。继又挥师向淄川、博山进发，沿途扩大队伍至 2000 余人。对此，驻鲁中山区的国民党顽固派秦启荣惶恐不安，与莱芜县长谭远村联合进行围击。洪涛组织反击，俘获谭部 300 余人。随后四支队改为山东人民抗日联军独立第一师，洪涛任师长。5 月初，秦部向一师反扑，为顾全大局，洪涛说服部队退向鲁西一带，秦部逼近时被迫反击。此时，洪涛伤病发作，躺在担架上指挥作战。25 日部队转移至劝礼村时，病情恶化，不幸去世。

韩明柱（1913—1938）

河南省新县人。1927 年参加革命。1929 年任光山县第四乡苏维埃政府委员，同年加入中国共产党。1930 年参加中国工农红军，历任团通讯员、连指导员、营政委、团政委等职。随军长征到陕北后，入中央红军大学军事一队学习。1937 年“七七”事变后，赴山东抗日前线，建立抗日武装，开展游击斗争。同年底，于寿光县牛头镇举行抗日武装起义，后所部与七支队合编成立鲁东抗日游击队第八支队，1938 年初任副指挥，后任副司令员。曾组织寿光县三里庄、孟家庄伏击战等著名战斗。1938 年 2 月，率队伏击日本汽车队，打死日军军官多名，缴获汽车等大批军用物资。1938 年 10 月 3 日，获悉有 200 余名日伪军到长山县蒙家庄一带抢掠，即率机炮大队一中队及野战队设伏，将敌军击溃。战斗中带领 3 名战士欲夺敌机枪，中弹牺牲，时年 25 岁。1952 年 4 月，韩明柱烈士遗骸迁葬于济南革命烈士陵园。1957 年，山东省人民政府迁葬其遗骸于济南英雄山革命烈士陵园。2014 年 8 月，韩明柱被列入民政部公布的第一批著名抗日英烈和英雄群体名录。

汪　洋（1913—1942）

原名之正，字诚齐，号洪波，曾用名汪大海。1913 年 5 月，生于山东省东阿县（今河南台前县）一个富裕农民家庭。1931 年秋，高小毕业后考入济南山东省立第一乡村师范。“九一八”事变后被选为学生代表，参加济南学生赴南京请愿的斗争。1935 年 7 月，毕业后先就职于肥城民教馆，后到东阿县立高小任教。1936 年，考入西安东北军学兵队，后加入中华民族解放先锋队，任指导员；5 月，加入中国共产党。1937 年春，同谷牧等人到达延安。抗日战争全面爆发后，又与谷牧根据党的指示返回山东，组织抗日武装。1938 年，在临沂组建起 500 余人的武装，率队北上淄川马棚与山东抗日游击第四支队汇合，被编为四支队三团，任团长；7 月，撤销三团番号，所属部队编入二团，钱钧任团长，汪洋任政委。1939 年 1 月，钱钧、汪洋率部与四团、泰山特委一大队和莱芜县二、七、十区青年中队等在冶河、嘶马河、方下等地多次袭击泰莱公路之敌；3 月“太河惨案”后参加山东纵队组织的反顽战役；4 月，任四支队政治部主任；5 月，任四支队南下挺进支队政委，奉命开辟尼山抗日根据地。1940 年 9 月，任山东纵队第一旅政治部主任；上旬，汪洋指挥一旅二团在博（山）莱（芜）一带连续出击，毙伤日伪军 100 余人。1941 年 8 月，任山东纵队第四旅政委。1942 年 3 月，山东纵队第四旅旅长廖容标兼任泰山军分区司令员，汪洋兼任军分区政委；5 月，汪洋兼任泰山地委书记。10 月 17 日，日伪军包围地委、专署、军分区机关驻地吉山一带的刘白杨村，为掩护机关突围，汪洋身负重伤，自戕殉国。汪洋以下 200 余名干部战士牺牲，84 人被俘。1945 年 8 月，泰山区军民共议将吉山小学改名为“汪洋小学”，当地医院命名为“汪洋医院”，并在茶业口南的钓鱼台上修建抗日烈士纪念碑，记述汪洋等烈士的战绩与英名，并将钓鱼台更名为“汪洋台”。

廖容标（1912—1979）

原名廖之秀，江西赣县人。1929 年 8 月，参加中国工农红军。1931 年 1 月，加入中国共产主义青年团；3 月转入中国共产党。第二次国内革命战争时期，先后任湘赣苏区独立师第二团连长，红一方面军第一师二团营长、第五独立团团长。1934 年 10 月，参加长征。抗日战争时期，历任山东人民抗日救国军第五军司令员，八路军山东纵队第四支队支队长、第四旅旅长，鲁南军区第一军分区司令员，山东军区第四师师长等职。解放战争时期，任鲁中军区第四师师长、渤海军区副司令员、济南警备区司令员。新中国成立后，历任华东公安部队兼淞沪警备司令部副司令员、安徽省军区司令员、南京军区副司令员等职，是政协第五届全国委员会委员。1955 年，被授予中将军衔。1979 年 5 月 2 日，在南京去世。

抗日战争时期，廖容标多次率部队在莱芜及周边地区对日伪军作战，战功卓著。与当地人民结下鱼水深情，被称为救民于水火的“廖菩萨”。他去世后，按照他的遗嘱，部分骨灰在莱芜安葬。中共莱芜市委、莱芜市人民政府在莱芜革命烈士陵园为廖容标立碑。

王建安（1907—1980）

原名王见安，湖北红安人，1907 年 11 月出生。1926 年参加农民协会和赤卫队，1927 年加入中国共产党，参加黄麻起义。革命战争年代，他出生入死，历经艰险，身经百战，从黄麻起义时的农民自卫队负责人，逐级提升为中国工农红军第四方面军第四军政委。抗日战争和解放战争时期，先后担任八路军山东军区副司令员、鲁中军区司令员、华东野战军第八纵队司令员兼政委、第二野战军第七兵团司令员等职务。他率部打了许多硬仗、恶仗、大仗，尤其善打攻坚战，毛泽东为此“点将”让他指挥济南战役。他指挥 9 个纵队 20 余万人，驰骋淮海战场，连战连捷，多次

受到嘉奖。新中国成立后，王建安任中国人民解放军第八兵团司令员兼政治委员。1952 年 8 月，任中国人民志愿军第九兵团司令员兼政委，奉命率部队参加抗美援朝。参加夏季反击作战，获朝鲜民主主义人民共和国一级国旗勋章。回国后，历任沈阳、济南、福州军区副司令员，中央军委委员，中央军委顾问等职。他是第二、三届国防委员会委员，第二、三、四届全国人民代表大会代表，第五届全国人民代表大会常务委员会委员，中共第十二届中央纪律检查委员会常务委员。1956 年，被授予上将军衔，获一级八一勋章、一级独立自由勋章、一级解放勋章。1980 年在北京去世。

黎　玉（1906—1986）

又名李兴唐，山西崞县（今原平）人。1925 年，“五卅惨案”发生后，黎玉在崞中组织领导学生上街游行，下乡宣传，积极参加反帝爱国活动。1926 年 7 月，中共崞县中学地下党支部建立，同年黎玉加入中国共产党。1927 年春，按照上级指示，他以个人身份加入国民党。1928 年 3 月，黎玉组织中学党支部进行校内外活动，引起地方当局注意，被开除出国民党并逮捕关押在太原第一监狱。1929 年 4 月被保释回家，同年考入北平大学法政学院，几经周折，被中共法政学院党支部接收，继续投身革命事业。

1930 年 10 月至 1931 年初，任中共北平市委市政工作委员会书记、职工部长。其后曾任中共天津市委代理书记，中共河北省石家庄中心县委书记，直中特委书记。1933 年春，任中共唐山市委书记，负责重建被破坏的唐山党组织。1934 年初领导震惊中外的开滦五矿总同盟 3 万余人的反帝大罢工运动。后任中共河北省委直中、直南巡视员，直南特委书记，冀鲁豫边特委书记。1936 年被中共中央北方局派往山东，恢复和重建屡遭敌人严重破坏的中共山东省委，任省委书记。抗日战争前夕，山东省委被叛徒出卖，组织遭到破坏，黎玉转入济南，靠拉黄包车做掩护从事地下领导工作。

抗日战争爆发后，黎玉领导山东省委发动山东各地的抗日武装起义。1938年1月1日，亲自领导发动徂徕山起义，组建八路军山东抗日游击第四支队，兼任政委。1938年，任中共中央山东分局委员、八路军山东纵队政委。1939年夏，以地方武装起义部队为基础，改编为八路军山东纵队，张经武任纵队指挥，黎玉任政委，辖8个支队，活跃在鲁中、鲁南及胶东地区，兵力4万余人。1940年，任山东战时工作执行委员会主任，参与领导创建山东抗日根据地。在抗日战争最艰苦的时期，领导山东纵队与进入山东的八路军115师并肩战斗，进行反“扫荡”、反“蚕食”和反对国民党顽固派的斗争。1943年起任山东军区副政委、山东战时行政委员会主任、中共中央山东分局副书记。1944—1945年，协助罗荣桓领导山东军民对日伪军进行局部反攻和全面反攻，解放除济南、青岛等少数大城市以外的山东广大地区。

1945年12月，中共中央山东分局改组为中共中央华东局，饶漱石任书记，黎玉任副书记。1946年1月，饶漱石去北平参加军调部工作，后赴东北，直到1947年1月才返回山东。在饶漱石离开山东期间，作为中共中央华东局主管土改工作的副书记和山东省政府主席的黎玉，按照《五四指示》精神，主持制定《中共中央华东局关于彻底实现土地改革的指示》（简称“九一指示”）和《山东省政府实行土地改革的布告》《山东省土地改革暂行条例》，领导山东解放区的土地改革运动。1947年1月，饶漱石回到山东，主持华东局工作。饶漱石为了达到在山东称王称霸的目的，与康生勾结一起，将矛头指向以黎玉为代表的山东地方干部，并以黎玉在土改中推行“富农路线”的罪名为突破口，对黎玉进行错误的批判，先后给黎玉扣上“地方主义”“山头主义”“宗派主义”“富农路线”“右倾机会主义”等帽子，全盘否定山东工作的巨大成绩，否定黎玉等对山东党、政、军建设的重要贡献。面对饶漱石的无端指责，黎玉只是在华东局负责人小组会议上进行过申辩，在公开场合，他服从“一切为了前线，一切为了胜利”的大局，违心地作了检查，默默地接受不公正的批判。

1953年黎玉调中央财经委员会工作，1954年起任第一机械工业部副部长，1959年起任农业机械部（后改为第8机械工业部）第一常务副部长、党组副书记。“文化大革命”中遭受迫害。1978年起任第一机械工业部顾问，农业机械部顾问、党组成员。他是第三、五、六届全国政协常务委员。

1986年3月13日，中共中央批复山东省委，同意山东省委关于对华东局1948年对黎玉所作错误结论进行平反的报告，撤销华东局扩大会议《关于克服党内无纪律无政府状态加强纪律性的决议》中对黎玉、林浩所作的错误结论部分，为黎玉恢复政治名誉。黎玉所受的冤屈终于得到公正的评判。在有生之年，黎玉再次感受到党的温暖，在得知中央的平反通知时，病重中的黎玉感谢党终于了此一案。

1986年5月30日，黎玉在北京去世。

王　醒（1917—1994）

莱芜营子村人。1937年9月，参加中共莱芜县委领导的抗日救亡运动。1938年3月，加入中国共产党。历任莱芜县抗日动委会宣传员，八路军山东抗日游击第四支队独立营战士、连指导员，莱芜县委宣传部部长、组织部部长，莱芜县政府团委书记兼民政科科长等职。1941年5月起，先后任新甫县委书记兼县长、新泰县委书记、莱芜县委书记兼县长。在新甫、新泰、莱芜等县担任党政主要负责人期间，在对敌斗争错综复杂的环境下，坚决贯彻党的决策，不畏艰险，英勇斗争，为开辟和建设根据地做出贡献。1949年2月起，先后任渡江南下干部大队大队长、浙江省工委委员、绍兴专员公署副专员、绍兴地委书记兼专员、浙江省工业厅副厅长、华东水电工程局局长、浙江省电力厅厅长兼新安江工程局局长、浙江省水电厅党组书记兼厅长等职。1962年10月，任浙江省副省长兼绍兴地委书记。在“文化大革命”中受迫害。1971年底，任温州地委书记。1972年，赴阿尔巴尼亚任专家组组长。1973年7月，任中共杭州市委第二书记。1977年2月，任四川省电力局党委书记、西南电管局党组书记。1984年7月，由中央组织部安置在山东第二干休所离职休养。离休后，仍积极关心山东省的经济建设，被山东省人民政府聘为省政府顾问，并经常深入基层、农村调查研究，为山东的经济发展献计献策。1994年10月，在济南去世。

吴瑞林（1915—1995）

原名吴尚德，曾用名杨崑，今四川省巴中市人。1928年，加入中国共产主义

青年团。1932 年 10 月，参加中国工农红军，任红四方面军政治部通讯兵；同年转为中国共产党党员；12 月起任川陕甘少年先锋营营长、少年先锋团政治委员。1933 年 12 月起，任红四方面军总政治部共青团团委副书记。1934 年 1 月，任共青团赤江县委书记；同年秋任少共川东北特委组织部部长、书记兼特委委员，参加长征。1935 年 4 月，任川东北少共特委组织部部长；9 月任中共大金川省委组织部部长兼少共大金川省委书记。1936 年 6 月，任大金川省干部大队大队长兼政委。1937 年 1 月起为延安中共中央党校学员。抗日战争时期，任中共鲁东南临时特委书记。1938 年 5 月，任八路军山东纵队第二支队政委。1939 年 1 月，任中共泰山地委军事部部长兼第一大队大队长；8 月任鲁中军区第一军分区司令员。1940 年 4 月，任八路军山东纵队第二支队政委，中共泰山地委军事部部长，鲁中军区第一军分区司令员，第二军分区司令员，山东军区警备第一军分区司令员，第二军分区司令员，山东军区警备第二旅旅长兼政委，第二军分区司令员兼政委等职。解放战争时期，任辽东军区参谋处处长，东北民主联军安东军区司令员，辽南军区司令员兼独立师师长，东北野战军第五纵队副司令员，第四野战军四十二军军长等职。参加东北 1947 年夏、秋、冬季攻势作战和辽沈战役。在辽沈战役中，参与指挥部队先在彰武以南阻击国民党军“西进兵团”西援锦州，后参加辽西会战，会同兄弟部队围歼该兵团于黑山以东地区。1948 年 12 月率部队入关参加平津战役，首先攻克昌平、沙河，阻止国民党军西撤，继而攻占国民党军供应基地丰台，同兄弟部队一起完成对北平（今北京）守军的包围。北平和平解放后，奉命组织部队执行对国民党军第一〇一军军部和第二七一师的改编任务。1949 年 4 月，率部进军中南，先后参加安新战役和豫西、豫南地区剿匪作战。新中国成立后，1950 年 10 月，任中国人民志愿军第四十二军军长，率部参加抗美援朝战争。在第一次战役中，集中主力于长津湖以南黄草岭、赴战岭地区阻击美军陆战第一师及南朝鲜军首都师、第三师的猖狂进攻，连续激战 13 昼夜，歼敌 2700 余人，其中美军 1000 余人。之后，又指挥部队连续参加了第二、第三、第四次战役和西海岸阵地防御作战，协同兄弟部队给以美国为首的“联合国军”以沉重打击。1952 年率第四十二军回国后，先后任中国人民解放军海南军区司令员，海军南海舰队司令员，广州军区副司令员兼南海舰队司令员，海军常务副司令员等职。1955年被授予中将军衔。获二级八一勋章、一级独立自由勋章，一级解放勋章。1988年获一级红星功勋荣誉章。是中国共产党第七、八次全国代表大会代表，第九届中央委员。1995年4月在北京去世。

赵　杰（1913—1996）

又名赵东斌，河南商城县人。1928年，参加中国工农红军；同年加入中国共产主义青年团。1933年，转为中国共产党。历任红四军第十二师三十四团政治处宣传队队长，红九军第二十五师七十三团连政治指导员，红三十三军第九十九师二九七团政治处主任、师政治部主任，红三十三军经理部代理政委，红五军第十五师四十三团政委等职，参加了鄂豫皖革命根据地第一至第四次反“围剿”斗争。

抗日战争时期，历任八路军山东人民抗日游击队第四支队副司令员兼团长，独立第一师副师长，第四支队副司令员兼支队后方司令部司令员，鲁中军区第一军分区、第四支队、第三军分区、第四军分区司令员，滨海军区第三军分区司令员兼旅长等职，参与组织领导山东徂徕山抗日武装起义和反“扫荡”斗争。

解放战争时期，历任旅大公安总局局长，辽宁军区副司令员，辽北军区第一副司令员兼独立第一师师长，第四野战军战车第一师副师长等职，参加辽沈、平津战役。新中国成立后，任坦克第一师副师长，东北军区装甲兵副司令员。

抗美援朝期间，任中国人民志愿军坦克兵司令员，获朝鲜民主主义人民共和国一级国旗勋章。回国后，任沈阳军区装甲兵司令员，第一坦克学校校长，装甲兵副司令员等职。1955年，被授予少将军衔，获二级八一勋章、一级独立自由勋章、一级解放勋章，是第六、第七届全国政协委员。1988年，获一级红星功勋荣誉章。1996年3月3日在北京去世。

林　浩（1916—1996）

原名尹圭璋，别名尹浩林、骆忍，牟平县人。1916年6月生，1931年“九一八”

事变后，参加牟平中学学生自发组织的反日示威游行。1932 年，加入中国共产主义青年团。1933 年，考入济南高中后，参加宣传马列主义的“读书会”，开始学习和信仰马克思主义；10 月，加入中国共产党，担任济南高中党支部书记、中共济南市工委委员，负责济南高中、育英中学、第一中学、济南师范等单位的党支部的领导工作。1935 年 12 月，组织参加济南高中、乡村师范、育英中学、第一中学和第一师范等学校的罢课活动，声讨日本帝国主义侵占华北，强烈要求抗日，响应和声援北平的“一二九”运动。1936 年春，任中共山东省委宣传部长，后兼任济南市委书记；9 月高中毕业后，只身到费县师范讲习所，以教员身份作掩护，发展党员十几名，成立中共费县工委，恢复党在鲁南一带的组织联系；同年底，返回济南，继续担任中共山东省委宣传部长兼济南市委书记，同时分工负责鲁东工委、淄川矿区、费县党的工作。

1937 年 7 月抗日战争爆发后，先后去淄川、博山、张店、青州等地传达省委关于抗日武装的指示，并帮助建立中共鲁东工委和益都县委。在济南市，与其他同志一起，发动群众，组织抗敌后援委员会，成立文化、学生等各界救国会及中华民族解放先锋队等组织，开展募捐、抵制焚毁日化活动，支援国民党爱国将领傅作义在绥远抗战。1937 年 10 月，任中共山东省委副书记。1938 年 1 月，与山东省委书记黎玉领导包括泰安、莱芜、泗水、宁阳、沂水及泰西大峰山地区的徂徕山起义，成立山东人民抗日游击第四支队，开辟以莱芜为中心的抗日根据地。林浩担任该支队政治部主任兼组织科科长，后兼任第四支队第四中队指导员。2 月中旬，代理省委书记兼任第四支队政委。12 月任八路军山东纵队第四支队政治委员、中共山东省委组织部部长、中共鲁中区党委书记。1939 年 7 月，任中共山东一区（即大鲁南区，含津浦路以东、胶济路以南、陇海路以北地区）党委书记兼第一军区（即山东纵队后方司令部）政委，后兼任第一区军政委员会书记，卓有成效地领导泰安、沂蒙地区抗日根据地的创建和巩固工作。1940 年上半年，奉命到胶东工作，任胶东军区政委；9 月底担任中共胶东区委书记兼胶东军政委员会书记，参与领导巩固和发展胶东抗日根据地的斗争。1941 年 3 月 14 日，许世友到达黄县的第二天，胶东区党委在黄县黄城阳村召开会议，成立胶东反投降指挥部，许世友任指挥，林浩任政委。胶东反投降指挥部发起牙山战役，歼灭蔡晋康部1800余人，收复牙山地区。接着，挥师南下海阳，围困投降派赵保原部据守的郭城、发城地区，迫敌退回顽底（今万第）老巢。此次反投降作战历时近5个月，共歼灭国民党顽固派军队1.50万余人，把大小十几支顽军部队逐出胶东腹地，打通共产党领导的东海、西海两区的联系。1942年7月1日胶东军区成立，林浩任政委。7月初，胶东军区第五支队和山东纵队第五旅十五团在龙虎山一带，给敌人以迎头痛击，歼敌300余人。11月8日，日军华北方面军司令官冈村宁次飞到烟台，部署对胶东抗日根据地的“扫荡”。11月17日至12月底，日军1.50万人，伪军5000余人，在26艘军舰和10架飞机协同下，对胶东抗日根据地进行历时40天的“拉网合围大扫荡”。在一个多月的反“扫荡”战斗中，毙伤敌人2000余人，粉碎日军在胶东发动的规模最大、时间最长的冬季大“扫荡”。1945年2月11—19日，胶东军区再次对山东伪军“剿共”第七路军司令赵保原部发起讨伐，基本将其歼灭。8月15日，日本政府宣布无条件投降后，许世友、林浩率领胶东军区，从8月16日起，对拒不投降的日伪军发起大反攻，解放威海、烟台、福山、牟平、招远、即墨等地。

1947年1月，胶东军区部队编为华东野战军九纵，林浩兼任纵队政委、党委书记；2月与王彬等指挥实施掖县沙河镇阻击战，收复掖县县城。之后，带九纵参加孟良崮战役、白马关阻击战和南麻、临朐战役；8月国民党9个整编师向胶东解放区进攻。胶东军区与十三纵组成前线指挥部，林浩任指挥部政委兼代司令员，先后发起攻克莱阳夏格庄、孙受战斗。同时，按照中共中央“五四指示”和中共中央华东局“九一指示”精神，组织胶东地区的土改工作。1948年1月1日至2月17日，饶漱石在五莲县大茅主持胶东区土地会议，时任胶东区党委书记、胶东军区政委的林浩等受到错误批判，并被撤职。1949年6月，林浩调任中共中央华东局政策研究室研究员；同年秋，到中央马列主义学院学习。

1951年下半年起，林浩到南京军事学院工作，历任政治部教育部部长、宣传部副部长、训练部副部长，政治部副主任等职。随后担任高等军事学院政治部副主任、主任；1964年3月至1966年11月任院副政委兼政治部主任。1964年杨献珍被批判，邱会作向中央举报林浩等人请杨献珍到高等军事学院讲课，是为杨献珍提供反党讲坛。林浩因此被批斗数月并被停职。“文化大革命”期间，林浩再次遭到残酷迫害。

1978年，邓小平采纳中共中央组织部部长胡耀邦的举荐，经中共中央决定，停职14年的林浩出任中国人民解放军政治学院院长，至1983年后退居二线。1986年3月，中共中央第62号文件作出批复，同意山东省委1985年12月《关于黎玉、林浩同志申诉问题的复议报告》，撤销1948年华东局扩大会议《决议》中对黎玉、林浩同志所作的结论，恢复政治名誉。对所有受到批判及作过错误结论的当事人，都予以纠正。林浩是中共十二大代表，第六届全国政协委员。1955年9月，林浩被授予少将军衔，并获一级独立自由勋章和一级解放勋章；1988年获一级红星功勋荣誉章。1996年11月14日，林浩在北京去世，享年80岁。

胡奇才（1914—1997）

原名胡其财，1914年9月生，湖北省红安人，1929年参加革命。1930年8月，参加中国工农红军，在红一军第一师一团一连当战士。1931年1月，到鄂豫皖军委警卫营任班长、排长；8月加入中国共产主义青年团。1932年5月，转为中国共产党党员，任红四军第十一师三十二团九连副连长、政治指导员，参加鄂豫皖革命根据地历次反“围剿”作战和西征入川；10月任第三十二团三营政委。1933年1月任第三十一团一营政委；7月后任红四方面军第四军第十一师第三十三团政委，率部队参加创建川陕革命根据地的斗争和历次反“围攻”作战。1935年5月，率部队参加长征；9月，任红四军第十二师第三十五团政委。1936年2月任红四军第十一师政委；4月改任第十二师政委，率部队长征北上到达甘肃会师。抗日战争开始，任八路军一二九师三八五旅七七〇团副团长，不久入抗日军政大学第三期学习，后任抗大三大队六队队长。1938年8月，中共中央派遣干部增援山东，组成山东干部大队，胡奇才任大队长；21日，奉毛泽东同志“第一要当好学员，第二要当好教员，第三要当好指挥员”的临别指示率队离开延安，历时3个月，行程3000里，胜利到达沂蒙山根据地；11月，被分配到八路军山东纵队第八支队任副司令员，从此坚持鲁中抗战达7年之久。1939年8月，任山东纵队第四支队政委。1940年8月起任山东纵队第一支队司令员兼鲁中军区第二分区司令员、山东纵队第一旅副旅长、鲁中军分区司令部参谋处处长、山东军区第三师副师长。率部参加建立和发展鲁中抗日根据地的斗争和坚持敌后抗日游击战争。指挥部队进行葛庄战斗、临朐战斗，攻克沂水城，打击顽军势力，粉碎日寇“扫荡”，为鲁中根据地的巩固发展，做出杰出贡献。鲁中人民始终记得当年的胡奇才司令。1945 年 11 月，任东北民主联军辽东军区第三纵队司令员。1946 年 5 月，任东北民主联军第四纵队司令员，10 月底，进行了新开岭战役。10 月间，国民党政府为实现先南后北逐次占领全东北的目的，集十万兵力分三线进犯南满根据地。东北民主联军辽东军区拟集结主力保卫丹东，掩护首脑机关和后勤各单位转移。胡奇才根据战场形势机动处置，果断决定将已经分散的全纵队迅速收拢，把敌中路军二十五师诱至宽甸地区新开岭，歼敌 8000 余人，俘敌师长以下 6000 余人，缴获无数。战后，敌人从三面向东北民主联军压来，南面是鸭绿江，情势万分危急，他沉着指挥部队迅速撤离战场，穿过桓仁原始森林向辑安地区转移。途中，带着 6000 余名俘虏，还要不断与敌人交火，异常艰险。新开岭战役是辽东军区首次大捷，在自卫战争敌强我弱形势下，首创东北联军一役歼敌一个整师的战例，粉碎敌人的战略企图，扭转南满战局，受到中共中央军委、东北联军总部的通令嘉奖。1948 年 9 月，辽沈战役开始。辽沈战役的开端是锦州战役，塔山阻击战是保障锦州战役胜利的一场重要战斗。9 月间，东北野战军迅速包围锦州，对东北敌军形成“关门打狗”的态势，国民党政府见状大吃一惊，分别以 11 个师和 12 多个师的兵力组成东进兵团和西进兵团，从锦西、葫芦岛和沈阳东西对进，急救锦州。东北野战军四纵、十一纵及两个师部署在锦西以北塔山一线阻击敌东进兵团，四纵队布防于塔山一带核心阵地。塔山位于锦西与锦州之间，两锦之间仅距 30 余里，这就决定了野战军只能寸土不让地坚守，决不能采取运动防御。但是，塔山无山，只是个无险可守的村庄。胡奇才临危受命。他多次到阵地观察，及时改变只守村后小山的部署，构筑起坚固的村落防御体系，坚守村庄，控制村边通道。10 月 10 日开始，他指挥塔山部队与敌激战六昼夜，抵住敌人 6 个师的进攻，打得敌人寸土未进。蒋介石难以置信，乘飞机亲临塔山观察，叹道：“没有料到，3 个军在海空军配合下，就是打不过塔山。”1948 年 11 月，胡奇才任东北野战军第四十一军副军长，率部队入关，途中因旧伤复发回沈阳治疗，1949 年 9 月转到北京治疗。新中国成立后，胡奇才历任辽东军区司令员、辽西军区司令员、沈阳军区空军副司令员等职。1952 年 5 月，他主动要求赴朝鲜战场参观学习，任东北军区赴朝参观团团长兼志愿军第二十兵团六十八军副军长，工作半年；12 月，进入南京军事学院高级班学习。1954 年 10 月毕业，任中国人民解放军工程兵副司令员兼参谋长。胡奇才是第一届全国政协候补委员，1955 年，被授予中将军衔，获一级八一勋章、一级独立自由勋章、一级解放勋章。1988 年获一级红星功勋荣誉章。1997 年 7 月在北京去世。

村内名人

邵子宾（1907—1973）

曾用名邵银甲，1907 年 8 月出生，1940 年加入中国共产党。历任新泰县财政局局长、鲁中行署财政局局长、昌乐县财政局局长、潍坊地区粮食局局长、潍坊地区保险公司经理、潍坊地区中国人民银行行长等职。1973 年 7 月去世。

朱洪美（1878—1984）

女，1878 年 2 月出生，村内在世时间最长的老人。她无兄长、无弟妹，3 岁丧母，13 岁到佛洞子庙张门道家做童养媳，17 岁结婚，经常受到婆婆打骂。23 岁后生有五男二女，生活极其艰难，曾于荒年讨饭 5 年。她一生勤快能干，节俭持家，粗茶淡饭，对生活没有过高的要求。年过百岁后，身体硬朗；头脑清醒，能叫出 100 余位子孙后辈每个人的名字，有条有理叙说事情；食欲好，到老牙齿没有脱落，不定时定量饮食，每日进食七八两；眼不花，能纫针做针线活；耳朵稍微有点聋，正常讲话能听得清；爱活动，每天拄着拐棍在院内走动，一年四季在大门外玩耍；好饮茶，每天早起喝茶；起居饮食全能自理，人们亲切地称她为“老寿星”。她一生性格开朗，喜欢与人聊天，始终保持乐观心态，年老后子孙孝顺，膝下孙子孙女围着她转，逗的老人天天笑哈哈。她对现代生活满意，对子孙孝敬满意，从不见她有什么忧伤。每年她的寿诞之日，子孙亲朋百余人为她祝寿，是她最快乐的日子，寿酒必饮。她常以自己的经历教育晚辈，不要“身在福中不知福”。1984 年 11 月去世。

朱相慈（1912—1993）

1912 年出生，1939 年加入中国共产党，1940 年任第一届村党支部书记。曾任

棋山区中队队长，多次参加对敌斗争。一次与魏光喜等三人在棋山佛洞子开会，研究对敌斗争事宜，由于叛徒告密，被敌人的一个排从东西南三面包围，敌我力量悬殊，情况万分危机，朱相慈灵机一动，大喊一声："一班、二班向前冲，三班掩护。"三人同时开枪向敌人射击，敌人听到喊声与枪声后退 20 余米，他们趁机从后窗突围，摆脱敌人包围。他先后担任三次村党支部书记、一次村大队长，在任期间，认真执行上级的有关方针政策，履职尽责，为棋山观村的发展做出了贡献。雪野水库修建期间，他任颜庄公社民工团团长，带领全公社民工工作在水库建设第一线。他重视对青少年的养成教育，每年清明节学生到抗日阵亡烈士纪念碑前扫墓时，他都被邀到场，为学生作革命传统教育报告，使学生深知今天的幸福生活来之不易。按照国家有关政策，朱相慈享受农村老干部退休待遇。1993 年去世。

邵东海（1921—1997）

曾用名邵东甲，1921 年出生，1939 年 8 月 18 日于莱芜县七区参军入伍。1940 年 3 月，在蒙阴县由丁兆其介绍参加朱德青年队，多次参加与日军及讨伐吴化文战斗。1942 年 5 月，加入中国共产党。1939 年 8 月至 1947 年 2 月，历任战士、班长、排长、副连长、连长等职。1947 年 2 月，在莱芜战役中因指挥有力，取得歼灭敌人 1 个连的战绩，在团庆功大会上受到表扬。后参加孟良崮战役、济南战役、开封战役、鲁西南战役、淮海战役、渡江战役、上海战役等战役，在淮海战役中负伤，成为二等残废。1948 年在华野八纵二十二师六十六团三营因射击优良，受到物资奖励，历任华野八纵二十二师十二团三营副营长、一营营长，二十六军七十六师二二六团一营营长、团参谋长，二十六军高炮五十一团团长、团党委副书记、书记等职，曾在高级炮兵学校学习。1950 年 11 月，参加抗美援朝战争，先后参加第二次战役、第三次战役、第四次战役并多次立功受奖。1955 年 6 月，济南军区授予他"独立自由奖章""三级解放勋章"各 1 枚；9 月，被授予少校军衔。1960 年 4 月，被授予中校军衔。1964 年 5 月，被授予上校军衔。1965 年 7 月，任济南市人民武装部副部长。1970 年 3 月，任济南警备区副司令员。1973 年 7 月，任济南市革委国防工办主任。1980 年 10 月，按正师职待遇离职休养，1997 年 5 月去世。

邵光琛（1933—1999）

1993 年 8 月出生，毕业于华东艺术专科学校，曾在上海电影制片厂、北京电影制片厂、新疆艺术学院工作过，被聘为新疆艺术学院教授，是著名的作曲家、音乐理论家、音乐教育家，担任过新疆音乐家协会副主席等职。2000 年 1 月 25 日，新疆音乐家协会、新疆艺术学院联合召开“开创新疆音乐事业新纪元—纪念作曲家邵光琛先生逝世一周年理论研讨会”，对邵光琛在新疆民族音乐方面取得的卓越成就和贡献给予高度赞扬。他是最早参加《十二木卡姆》记谱工作的专家之一，不仅在发掘整理维吾尔族民间音乐方面做出诸多贡献，自 20 世纪 60 年代起，还先后为电影《绿洲凯歌》《草原雄鹰》《不当演员的姑娘》《阿凡提》《美人之死》谱曲，为大歌舞《人民公社万岁》，歌剧《两代人》《一代新人》等谱曲，受到国内外观众的好评，其中《阿凡提之歌》等广为流传，同时他在小提琴、钢琴等器乐创作方面也显示出先进的音乐理念和杰出的创作才华。《不当演员的姑娘》于 1984 年获文化部 1983 年优秀影片荣誉奖，1985 年被评为土耳其伊斯坦布尔国际电影节优秀影片。他作为一个汉族音乐家，为维吾尔木卡姆艺术事业做出突出贡献。2005 年 11 月 25 日，中国新疆维吾尔木卡姆艺术被联合国教科文组织宣布为第三批人类口头和非物质遗产代表作。他创作“音群论”，研究旋律的深层结构（即音的组合关系），把和声拓宽到 t 声音阶及变音体系，大大丰富和声语言及其表现力。他的体系是开放的，不仅适用于中国音乐创作，还能与西方的和声体系相互沟通，相互渗透。“音群论”在中国音乐学院作为教材印发。1999 年 11 月去世。

郑绪吉（1914—2002）

1914 年出生，1939 年加入中国共产党。1943 年 1—12 月任村党支部书记，

1954—1962 年任村主任，1966 年 5 月至 1969 年 12 月第二次担任村主任。20 世纪 50 年代，他带领村民在村东河滩栽小青杨树 1 万余株，在棋山栽槐树 8 万余株、松树 10 万余株、板栗树 1 万余株，实现了村庄周边、棋山山场的整体绿化。1958 年，为拓宽村集体收入来源，他又带领村民在棋山后涧、后宫建两个果园，栽苹果树 4000 余株、梨树 300 余株，增加了村集体收入。为保护所栽树木不被破坏，夜晚他带人在树林中巡逻护树，起到很好的保护作用。到 80 年代，他带领村民在村东栽的柳树，直径已达 1 米左右。1987 年，突如其来的一场龙卷风把村东树木全部刮倒，村“两委”把树出售，集体实现收入 10 万余元。郑绪吉栽树、护树的示范效应，教育感动了全体村民，村民亲切地称他为“棋山绿化第一人”，并自觉形成了栽树、护树的良好传统，从而有了现在郁郁葱葱的棋山幽峡国家森林公园。2002 年去世。

李圣先（1924—2004）

1924 年 11 月出生，1939 年他受学校老师、中共地下党员赵文祥的影响，接受革命思想，积极参加抗日活动。1941 年 2 月，脱产参加乡动员委员会开展工作，同年秋调莱南县公安局任便衣战士。因长期生病，于 1943 年春经组织批准回家养病，后与组织失去联系。1944 年，李圣先重新参加革命，在鲁中军区秘密情报站工作；9 月到棋山区公所任财粮助理员。1947 年 1 月，在莱芜县粮食局任会计；8 月，在鲁中第一军分区教导营后勤部任司务长。1948 年 7 月，加入中国共产党；10 月在鲁中南纵队四十六师医疗队任司务长；12 月在淮海战役中立四等功 1 次。1949 年 3 月，在解放军三十五军一〇四师后勤部任司务长；8 月在中国人民银行浙江湖州中心支行任出纳科副科长。1951 年 9 月，任中国人民银行浙江湖州中心支行副行长。1952 年 9 月，任中国人民银行绍兴中心支行农金股股长。1955 年 8 月，在中国人民银行浙江省分行任组长。1957 年 9 月至 1959 年 1 月，参加中共浙江省委党校速成班学习。1959 年 1 月，任浙江省人委机关事务管理局财务科科长；1960 年 3 月，任局房产财务处副处长；1961 年 9 月，任局生产处副处长；1963 年 2 月，又任局房产财务处副处长。1978 年 11 月，任浙江省人民政府机关事务管理局财务处副处长；1981 年 12 月，任局财务处处长。1984 年 4 月，享受副厅级待遇离职休养，2004 年 7 月去世。

朱庆香（1925—2012）

女，1925 年 7 月出生，1944 年 2 月加入中国共产党并参加革命工作。1945 年 6 月，参加颜庄区委学习班（县高级学校），后任茶叶区委组织委员、县委组织部干部等职。1949 年 1 月南下后，历任奉化县溪口区委组织委员，宁波地区团工委组织干事，宁波市海曙区委组织委员，宁波市妇联组织部长，鄞县妇联主任、县委组织部副部长，宁波地区妇联副主任，宁波地委机关党委副书记，宁波地委组织部干部科副科长、科长等职。1983 年 12 月，在浙江省委老干部局离休，享受厅局级两项待遇，2012 年 12 月去世。

尚庆增（1928—2014）

1928 年 12 月出生，中共党员。1944 年参加棋山区中队，1960 年后历任潍坊市青年书记，潍坊市坊子酒厂厂长、书记，潍坊市造纸厂厂长、书记，潍坊市轻工业局局长等职，享受正地级待遇离休，2014 年 10 月去世。

朱立广（1944—2014）

1944 年 11 月出生，中共党员。1962 年参军到四川成都空军地勤部队，团级干部转业。历任苏州部队招待所所长，苏州市城建局办公室主任、局长等职，2014 年去世。

朱庆兰（1926—2015）

1926年出生，中共党员。1941年任村文书、小学校长。1943年赴鲁中南大学学习，从学校参军入伍。1950年参加抗美援朝。历任南京军区政治部干部、苏州军分区政委、盐城军分区政委、浙江温州军分区政委等职，后调至苏州军分区任政委，直到离休，2015年去世。

人物简介

收录地（厅）级以上干部，市级以上党代表、人大代表、劳动模范，博士后专家的个人事迹，共9人。

朱庆常

1928年出生。1944年2月加入中国共产党，7月入伍在莱芜县颜庄区中队当战士，1945年3月调区武委会工作，1946年任区委宣传委员兼团区委书记，1947年任鲁中南担架团三营九连指导员。先后参加莱芜、兖州、济南、淮海等战役，荣立三等功一次。后调中国人民解放军华东支前司令部工作，参加渡江战役，之后到浙江前方办事处工作。1949年7月，被编入中国人民解放军西南服务团进军大西南。1949年11月起，历任江津县柏林区区长、区委书记。1953年起，历任江津县委宣传部副部长，县委常委、农工部长等职。1956年调凉山彝族自治州，先后在雷波、晋格、昭觉等县任县委部长、副书记、书记等职。1964年，任晋格县委书记兼县人武部第一政委。1979年任凉山州常委、秘书长。1983年任凉山州人大常委会副主任、正州级副主任兼秘书长等职。1994年按正厅级待遇离职休养，2010 年根据四川省委（2010）81 号文件通知，享受副省级医疗待遇。

李恒美

女，1946 年出生于冯家庄，1964—1969 年任冯家庄赤脚医生，1969 年结婚到棋山观村。1969—1980 年任棋山观村赤脚医生，1980—1986 年任棋山观村妇女主任，负责计划生育工作，1986—1990 年任棋山观村村委委员，1994 年加入中国共产党。在村委会工作期间，能够积极参加政治学习，以身作则带头干好各项工作，受到村民的一致好评，获得多项区、镇级荣誉。1993 年，被选举为莱芜市第十三届人大代表。

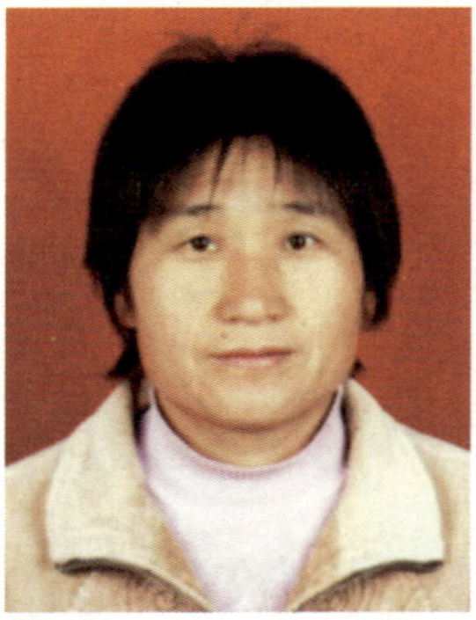

邵翠华

女，曾用名邵明香，1963 年 9 月出生，从小品学兼优。1981 年莱芜四中毕业后，在碁山联小当代课老师，所带班级学习成绩年年在乡镇名列前茅，多次被评为乡镇先进教师。2002 年，任村计生主任兼钢城区远程教育管理员，在搞好村计划生育工作的同时，定期组织全村党员学习远程教育内容，组织育龄妇女学习计划生育政策。通过学习，党员群众的政治思想面貌发生较大变化，棋山观村十年没发生一例违法生育，年年被评为计划生育先进村。本人因此受到多次表彰，并于 2002 年被推选为钢城区第十五届人大代表，2007 年被推选为莱芜市第十六届人大代表。

邵光才

1965 年 6 月出生，1984 年 9 月参加工作，1987 年 1 月加入中国共产党，2007 年 9 月起任村党支部书记、村委会主任。任职 10 年来，他以强烈的事业心和责任感，团结带领村两委一班人，强力实施旧村改造，打造“棋山人家”新型社区，把一个贫穷落后的小山村打造成了一个远近闻名的社会主义新农村。棋山观村先后被评为“全国文明村镇”“山东省生态文明村”“省级旅游特色村”“莱芜市生态文明示范村”“莱芜市美丽乡村”等荣誉称号，他本人多次被授予莱芜市“艰苦创业好支书”“优秀共产党员”，钢城区“优秀党支部书记”“优秀共产党员”等荣誉称号。2017 年，被推选为莱芜市第十八届人大代表，被授予“莱芜市劳动模范”称号。

刘永泉

1967 年 12 月出生，中共党员。1986 年毕业于莱芜四中，同年考入山东矿业学院（今山东科技大学）矿建系矿井建设专业，1990 年 7 月毕业，获工学学士学位。

1990 年 7 月至 1993 年 5 月，在莱芜市槲林煤矿技术科、基建科、人事劳动科先后任技术员、预算员和定额员。1993 年 5 月至 1997 年 8 月，任莱芜市龙海集团公司分公司经理。1997 年 8 月考入中共莱芜市钢城区委办公室，任文秘科员。1998 年 10 月至 2005 年 3 月，任钢城区委信访办公室副主任科员（其中 2004 年 5 月至 2005 年 3 月在黄庄镇挂任党委委员）。2005 年 3 月至 2009 年 7 月，任钢城区安全生产监督管理局副局长、党组成员兼煤炭局副局长。2009 年 7 月至 2013 年 1 月，任钢城区安全生产监督管理局局长、党组书记，煤炭局局长。2013 年 1 月至 2015 年 9 月，任钢城高新区工委书记、管委会主任。2015 年 9 月至今，任颜庄镇党委书记。刘永泉是中共莱芜市第十四届候补委员，莱芜市十八届人大代表；中共莱芜市钢城区第十四届区委委员，钢城区第十七届、十八届人大代表。

朱传敏

1968 年 3 月出生，1986 年毕业于莱芜四中，1999 年获山东大学工学博士学位，现为同济大学机械与能源工程学院副教授，博士生导师，德国达姆斯塔特工业大学高级访问学者。研究方向为机械加工新方法及加工质量监测与控制、智能制造等。主持过国家级自然科学基金项目、国家重大科技支撑计划项目和国际科技合作项目，获上海市科技进步奖二等奖、上海市教学成果二等奖各 1 次。

朱传宝

1973 年 1 月出生，中共党员，高级经济师。山东鹤来集团有限公司党委书记、董事长，莱芜市第十六、十七、十八届人大代表。至 2017 年 10 月，主持完成国家、省级科技攻关计划项目 5 项，取得专利成果 22 项，16 项新技术、新工艺、新产品获省部级科技奖励。先后被授予“科技部创新创业人才”“山东省非公有制经济组织创先争优优秀共产党员”“山东省企业技术创新带头人”“山东省关爱员工优秀民营企业家”“莱芜市有突出贡献的中青年专家”“莱芜市优秀民营企业家”“莱芜市优秀中国特色社会主义事业建设者”等称号。2007 年，为方便本村学生上学，捐款十余万元购买校车 1 辆。2008 年，捐款 1 万元，资助建设村便民服务中心。每年重阳节都为村里 66 岁以上的老年人发放油、面、大米等生活用品；春节为 70 岁以上老人发放鱼、面、大米等节日礼物。还为钢城区的养老院建设捐助了款物，资助部分家庭贫困学生完成了学业。

李传锋

1973 年 2 月出生，现为中国科学技术大学教授，国家杰出青年科学基金获得者（2013 年），教育部长江学者特聘教授（2014 年），中组部万人计划科技创新领军人才（2016 年），中科院量子信息重点实验室常务副主任，中国物理学会量子光学专业委员会副主任，国家重点研发计划项目首席科学家。

1990 年，李传锋从莱芜市第四中学考入中国科学技术大学物理系读本科与研究生，师从中国科学院院士郭光灿，1999 年获博士学位后留校任教。主要研究领域为量子信息。主要研究成果：在国际上首次制备出光的波粒叠加状态，挑战了玻尔互补原理设定的传统界限，成果被选为国际权威杂志《自然·光子学》封面故事文章。在国际上率先开展量子关联动力学实验研究，发现量子关联可以不被环境所破坏并验证了量子关联的突变现象。首次制备出八光子纠缠态，并完成八方量子通信复杂度实验，成果入选2011年度中国十大科技新闻。实验实现量子开放系统的环境控制，首次观测到马尔科夫环境到非马尔科夫环境的突变现象。研制出高效的固态量子存储器，其存储保真度、模式数和维度数均创造世界最高水平。研究成果多次被美国物理学会、欧洲物理学会、新科学家等国际著名科学媒体网站作为重要进展进行重点评论。已在国际著名学术期刊发表论文160余篇，2012年度获王大珩光学奖，2013年度获中国青年科技奖，2014年度获教育部自然科学奖一等奖。

刘永美

女，1973年6月出生于西马泉村，1998年嫁入棋山观村。2006—2011年在山东中兴汽车零部件有限公司工作；2011—2017年在山东佑润生物技术股份有限公司工作。刘永美品质优良，爱岗敬业，时刻注意个人言行，自觉维护公司形象，能够做到为公司利益不计个人得失。与人为善，团结同事。工作认真负责，兢兢业业，积极学习业务知识，专业技能突出，起到较好的带头作用。2013—2014年，她连续两年被评为公司先进个人。2015年被评为公司劳动模范。2016年底被选举为莱芜市第十八届人大代表。

人物表

棋山观村参战人员名录

表

姓名	性别	出生年份	服役时间	参战时所在部队
李贵先	男	1911	1948年参军	支前队烈士
朱相慈	男	1912	1969—1978	区中队

续表

姓名	性别	出生年份	服役时间	参战时所在部队
郑修吉	男	1916	1948 年参军	山纵
陈希禄	男	1919	1938—1942	山纵任连指导员烈士
郑星勇	男	1920	1941—1948	华野八纵二十三师烈士
邵东海	男	1921	1943 年参军	华野八纵
郑奎吉	男	1922	1941—1947	八纵
朱庆荣	男	1923	1941—1959	山东枣庄
陈洪福	男	1923	1938—1946	山东潍坊
邵怀启	男	1924	1969—1978	区中队烈士
李圣先	男	1924	1944 年参军	鲁中军区
朱庆香	女	1925	1944 年参军	颜庄区区中队
朱庆兰	男	1926	1943 年参军	抗美援朝
邵科甲	男	1927	1948 年参军	抗美援朝
朱庆常	男	1928	1944 年参军	颜庄区区中队
尚庆增	男	1928	1944 年参军	碁山区中队
邵子峰	男	1930	1969—1978	抗美援朝七十八师教导队
朱庆海	男	1938	1959—1964	河南新乡
张孝后	男	1944	1965—1971	青岛 6044 部队
朱立贵	男	1945	1965—1971	山东胶县 6039 部队
张孝先	男	1945	1965—1971	青岛 6044 部队
李福实	男	1946	1965—1971	青岛 6044 部队
朱庆涛	男	1947	1965—1971	山东泰安
陈洪常	男	1948	1968—1974	杭州净寺
朱立松	男	1949	1968—1974	徐州工程兵
陈振文	男	1949	1968—1974	徐州工程兵
张孝廷	男	1950	1969—1977	抗美援越 5925 部队
李祯实	男	1951	1969—1974	抗美援越 5925 部队
朱立明	男	1951	1969—1978	抗美援越 5925 部队

续表

姓名	性别	出生年份	服役时间	参战时所在部队
李金实	男	1952	1971—1976	吉林省
陈振明	男	1952	1971—1976	兰州 5300 守备室
邵光远	男	1954	1973—1978	广州守备 54441 部队
张孝全	男	1960	1979—1982	河北任县 51023 部队
郑星华	男	1960	1978—1992	烟台警备区
陈振迎	男	1962	1981—1984	枣庄薛城 55244 部队
刘永德	男	1963	1982—1986	自卫还击战 83027 部队七十七分队
陈振利	男	1964	1982—1986	自卫还击战南京军区一等功
邵光才	男	1965	1984—1989	兰州空六师 86350 部队
郑孝宝	男	1969	1988—1993	南京军区
朱传云	男	1974	1993—1996	中国人民武装警察部队常德支队
朱立安	男	1977	1995—1998	驻港部队
邵光宾	男	1977	1996—1999	河南信阳 54639 部队
邵明利	男	1986	2009—2011	辽宁省丹东边防支队机动大队
朱　昌	男	1986	2008 至今	莱城区人武部
陈振超	男	1992	2012—2014	广州军区 75494 部队
朱恒杰	男	1993	2011—2016	北京军区科学院
郑孝强	男	1993	2012 至今	河北保定武警部队

棋山观村（大队）党支部负责人更迭表

表

负责人	任职时间
支书：朱相慈　委员：郑绪吉　陈洪人	1940.01—1942.12
支书：郑绪吉　委员：朱相慈　陈洪人	1943.01—1953.12
支书：朱庆生　委员：郑绪吉　邵功甲	1954.01—1957.12
支书：朱相慈　委员：郑星仁　朱庆生	1958.01—1958.12

续表

负责人	任职时间
支书：朱庆生　委员：郑绪吉　陈洪入	1959.01—1959.12
支书：陈洪入　委员：郑绪吉　郑星仁	1960.01—1960.12
支书：朱相慈　委员：郑星仁　陈洪入	1961.01—1964.07
支书：郑星仁　委员：郑绪吉　李生笃	1964.08—1970.05
支书：李维笃　委员：邵光文　郑绪吉	1971.02—1972.12
支书：朱相忠　委员：郑星瑞　张孝珍	1973.01—1979.12
支书：朱立松　委员：朱相忠　李禄实	1980.01—1980.12
支书：张孝珍　委员：李禄实　邵光文	1981.01—1981.09
支书：邵光文　委员：陈振明　朱相忠	1981.09—1982.12
支书：朱相忠　委员：邵光文　李平笃	1983.01—1987.03
支书：朱立松　委员：李平笃　李禄实	1987.04—1990.12
支书：尚现忠 委员：刘永德　陈振明　朱庆芝　张孝后	1991.01—1995.12
支书：刘永德　委员：张孝后　李恒美	1996.01—2001.12
支书：尚现忠　委员：朱庆法　李禄实	2002.01—2007.08
支书：邵光才　委员：张孝宝　李禄实	2007.09 至今

棋山观村（大队）政权负责人更迭表

表

主任（大队长）	任职年月	主任（大队长）	任职年月
朱相慈	1947.08—1953.12	李禄实	1981.01—1981.10
郑绪吉	1954.01—1962.12	朱相忠	1981.11—1982.01
郑星仁	1962.01—1964.08	陈振明	1982.02—1983.12
李生笃	1964.09—1966.04	邵光文	1984.01—1987.03
郑绪吉	1966.05—1969.12	李平笃	1987.04—1990.12
邵光文	1970.01—1971.12	刘永德	1991.01—1995.12
郑绪吉	1972.01—1973.12	张孝后	1996.01—2001.12
郑星瑞	1973.12—1974.12	朱庆法	2002.01—2006.12

续表

主任（大队长）	任职年月	主任（大队长）	任职年月
张孝珍	1974.12—1979.12	邵光才	2007.09 至今
朱相忠	1980.01—1980.12		

村（大队）民兵连主要负责人更迭表

表

姓名	任职年月	姓名	任职年月
吴希英	1943.01—1948.12	李禄实	1973.01—1979.12
邵功甲	1949.01—1958.12	陈振明	1980.01—1990.12
陈洪入	1959.01—1963.12	李禄实	1991.01—1994.12
郑星瑞	1964.01—1972.12	张孝后	1995.01—2001.12

村（大队）妇女组织负责人更迭表

表

姓名	任职年月	姓名	任职年月
吴希英	1943.01—1953.12	李兰实	1973.01—1980.12
刘贵德	1954.01—1958.12	李恒美	1981.01—2001.12
张义秀	1959.01—1961.12	邵翠华	2002.01—2011.05
张孝翠	1962.01—1964.12	李凤菊	2011.05 至今
刘贵德	1965.01—1972.12		

村（大队）青年团组织负责人更迭表

表

姓名	任职年月	姓名	任职年月
朱庆功	1950.01—1957.12	邵光富	1973.01—1980.12
郑星瑞	1958.01—1965.12	邵光廷	1981.01—1985.12

续表

姓名	任职年月	姓名	任职年月
朱立春	1966.01—1968.12	郑孝国	1986.01—1990.12
郑星全	1969.01—1972.12		

人物名录

棋山观村区级以上党代表、人大代表、劳动模范名录

刘永美：莱芜市第十八届人大代表

刘永泉：钢城区第十六届、十七届人大代表，莱芜市第十八届人大代表

朱传宝：莱芜市第十六届、十七届、十八届人大代表

朱相忠：莱芜市第六届党代表

李凤菊：钢城区第十四届党代表、钢城区第十七届人大代表

李恒美：莱芜市第十三届人大代表

邵光才：钢城区第十三届党代表，莱芜市第十八届人大代表
莱芜市劳动模范（2017 年评选）

邵翠华：钢城区第十五届人大代表，莱芜市第十六届人大代表

尚现法：钢城区第十六届、十七届、十八届人大代表

尚现忠：钢城区第十二届党代表

建国后义务兵名单（按姓名笔画为序）

朱　昌　朱立安　朱立明　朱立松　朱立贵　朱传云　朱庆海　朱庆涛
朱恒杰　刘永德　邵光才　邵光远　邵光宾　邵明利　张孝后　张孝全
张孝廷　张孝先　陈洪常　陈振文　陈振利　陈振迎　陈振明　陈振超
李祯实　李金实　李福实　郑孝宝　郑孝强　郑星华

棋山观村志

QI SHAN GUAN CUN ZHI

大事纪略

DASHIJILUE

棋山观村已有600余年的历史，发生过许多大事件，对村自然、政治、经济、文化、社会、人物产生重大影响。透过大事纪略这个窗口，全方位反映棋山观村的历史进程。

明朝建村

建于明洪武初年，刘姓由山西洪洞大槐树移此建村，因村西有棋山观，故名为棋山观村。

道观佛窟在村域内建设

北宋徽宗崇宁五年（1106），棋山观在村域内始建。北宋大观三年(1109)，有南、北2个石窟组成的佛洞子在村域内开凿。明正德八年（1513），棋山后宫在村内始建。

村民抗击土匪

1927年2月27日，土匪头子刘黑七的部下李常纲、马峰率土匪到银山前一带抢劫，棋山各坛红旗会英勇抗匪，牺牲9人。

棋山观村被称为“红色小延安”

1939—1945年，棋山观村位于八路军山东纵队第一旅的驻防区和作战区内，为支援八路军英勇抗战，棋山观村民积极为部队筹措给养，站岗放哨，救护伤员，传递情报，拥军支前，被鲁中区授予“抗日模范村”称号，被八路军山东纵队第一旅指战员称赞为“红色小延安”。

废除土地私有制

1946年春，村内开展土地改革运动，废除土地私有制，使90%以上的农民分到土地。1947 年 7 月，进行土地改革大复查，把从地主、恶霸、汉奸等手里清算出的土地，再次分给村民，实现了耕者有其田。其后，按照上级部署，实行了生产资料公有制。

耕地变成水浇田

1968—2002 年，棋山观村组织村民修水坝、水渠，打机井，兴建农田水利设施，使全村的耕地变成了水浇田，提高了耕地抗旱保丰收的能力，粮食亩产由原来的 150 千克提高到 800 余千克。

实行家庭联产承包责任制

1982 年冬，棋山观村推行家庭联产承包责任制，把集体土地、山场、果园承包给村民，调动了村民的生产积极性。

棋山被命名为国家森林公园

2000 年 4 月，棋山被批准为“省级森林公园”。2014 年 12 月，由省级森林公园晋升为国家级森林公园。

全国围棋甲级联赛“棋山专场”举办

2008—2017 年，全国围棋甲级联赛先后在棋山举办五次专场比赛，提升了棋山的知名度。

棋山炒鸡名贯齐鲁

2009 年 7 月 26 日，山东省炒鸡美食大赛暨莱芜首届炒鸡美食文化节在棋山举办，使“棋山炒鸡”名贯齐鲁。2010 年，棋山炒鸡被山东省旅游局评为“到山东不可不品尝的 100 种美食之一”。

村民搬进新楼房

2009 年 9 月，棋山观村整体拆迁改造工程启动，经过 5 年的实施，2014 年 9 月建设完成，全体村民搬进新楼房，实现了村民生活环境的巨大改变。

棋山观村被命名为生态文明村

2013 年 1 月，棋山观村被中共山东省委农村工作领导小组命名为“山东省生态文明村（社区）”。

棋山观村被命名为全国文明村镇

2015 年 2 月，棋山观村被中央精神文明建设委员会命名为“全国文明村镇”。

天路

齐鲁名村志
QI LU MING CUN ZHI

棋山观村志
QI SHAN GUAN CUN ZHI

附录

FULU

棋山观村村民自治章程

（2010 年 9 月 1 日经村民代表会议修订通过）

第一章　总则

第一条　为了保障全体村民直接行使民主权利，促进物质文明、政治文明和精神文明建设，依据《宪法》《村民委员会组织法》等有关法律法规，制定本章程。

第二条　村民委员会是在村党支部的带领下，村民自我管理、自我教育、自我服务的群众性自治组织，实行民主选举、民主决策、民主管理、民主监督。

第三条 《章程》对村内所有组织和个人具有同等约束力,《章程》面前人人平等。

第二章　村民组织

第一节　村民

第四条　凡户口在本村的村民，享有以下权利：

1. 享有《宪法》规定的一切权利。

2. 年满十八周岁的村民（剥夺政治权利的除外）有选举权、被选举权，有参加村民会议、讨论决定重大村务的权利，有对村务的建议权和监督权。

3. 享有本村办理各项公益事业的权利。

第五条　村民应履行以下义务。

1. 履行宪法和法律规定的一切义务，遵守《村民自治章程》。执行村民会议、村民代表会议和村民委员会的各项决议、决定。

2. 正确处理国家、集体、个人三者利益关系，支持村委会工作，按时完成村民委员会下达的任务。

3. 遵纪守法，敢于同一切危害国家、集体和村民利益的行为作斗争。

第二节　村民会议和村民代表会议

第六条　村民会议由本村十八周岁以上的村民组成（剥夺政治权利的除外）。

召开村民会议，应当有上数村民的过半数参加，或者由本村三分之二以上的户代表参加，所作决定应当到会人员的过半通过。村民会议原则上每年召开一次。

第七条　村民会议讨论决定下列事项：

1. 制定本村经济和公益事业发展规划和年度工作计划。

2. 集体经济项目的立项、承包方案及所得收益的使用和公益事业的建设承包项目。

3. 村集体收入的管理、使用和分配方案。

4. 重要村务的工作方案。

5. 撤销或者改变村民委员会的决定和村民代表会议决定的事项。

6. 评议和监督村民委员会成员的工作情况。

7. 讨论决定其他重要工作和事物。

第八条　村民代表按每十户推选一人，总数由村委会决定。

第九条　村民代表由村民会议推选，所选人员应年满十八周岁以上，具有一定的参政议政能力，办事公道，热心为村民服务。

第十条　村民代表会议由村民委员会召集，讨论决定村民会议授权的事项。村民代表会议要有四分之三以上的村民代表参加，所作决定经到会人员过半数通过有效。

第十一条　村民代表会议召开之前，村委会应当选好会议议题，并通知村民代表。村民代表应当向村民征求意见和建议，并在开会时如实反映。村民代表会议所议事项，集中多数人的意见并表决通过后，形成决议、决定，归档保存。

第十二条　村民代表会议原则上每季度召开一次。

第十三条　村民代表履行以下职责：

1. 讨论村内的重大问题。

2. 听取村民委员会的工作情况汇报，及时提出合理化建议和意见。

3. 及时反映村民的意见和要求。

4. 监督村民委员会的工作，并对村委委员进行民主评议。

5. 村民会议授权的其他事项。

第三节　村民委员会

第十四条　村民委员会在法律范围内，代表村民行使权利。村民委员会成员中应当有妇女成员。

第十五条　村民委员会的职责：

1. 教育、组织村民认真贯彻执行党的路线、方针、政策，自觉遵守国家的法律、法规，并在镇政府的领导下开展工作。

2. 召集村民会议、村民代表会议并报告工作。

3. 编制本村财务预决算草案，经济公益事业发展规划和年度工作计划草案。

4. 维护村民合法权益，教育引导村民履行法定义务。

5. 组织村民发展经济，作好本村生产的服务协调工作。

6. 管理本村集体所有的土地和其他财产，教育村民合理利用自然资源，保护和改善生态环境。

7. 办理村公共事务和公益事业，调节民间纠纷，维护社会治安。

8. 做好计划生育、优待抚恤、救灾经济、婚丧改革、五保供养、残疾人等社会保障工作，积极开展移风易俗活动。

9. 带领村民积极开展社会主义思想教育和精神文明建设。

10. 向上级人民政府反映村民的意见、要求和建议。

第十六条　村委会的工作制度。

1. 学习制度。每月 1 日为学习日，主要学习党的路线、方针、政策和各级党委、政府的有关文件，不断提高思想素质和政策水平。

2. 会议制度。村委会每周一次办公会，每季度一次汇报会，半年和年终一次总结会。根据工作需要，以上会议也可随时召开。

3. 建立任期目标、年度目标和分工负责制，并定期进行总结检查，年终依据办事处文件、村民评议和考核结果确定报酬。

第十七条　村民委员会下设治安调解、文教卫生、社会保障、财务管理、经济管理、计划生育等委员会。

治安调解的主要职责是：进行法制宣传教育、调节民间纠纷；协商政府和司法等部门做好治安保卫工作。

文教卫生的主要职责是：承担本村文化、教育、卫生、体育等方面的工作。

社会保障的主要职责是：承担本村的拥军优属、社会养老保险、五保供养、救灾救济、婚丧改革、移风易俗等方面的工作。

经济管理的主要职责是：指导、协调村办企业的生产经营活动，承担农田水利基本建设，改善农业生产条件，为村民提供农业生产综合服务的日常工作。

计划生育的主要职责是：做好计划生育经常性工作，协助村委会完成人口与计划生育目标任务。

第十八条　共青团、妇代会、民兵连、计生协等群众组织，协助村民委员会工作并通过他们听取村民意见，接受群众监督。

第四节　村民小组

第十九条　村民委员会根据便于生产、生活和开展活动的原则，将本村村民分设村民小组。

第二十条　村民小组长由村民小组会议推选产生。

第二十一条　村民小组长的职责：

1. 召集和主持村民小组会议。

2. 组织本组村民贯彻执行村民会议的决定。

3. 完成村民委员会交给的任务和开展各项活动，并及时向村民委员会反映村民意见、建议和要求。

4. 办理本村民小组的有关事宜。

第五节　村委干部

第二十二条　村委干部是村民民主选出的利益代表人，是村民的公仆，应努力为全村谋发展，为村民谋利益。村委干部要做到以下几点：

1. 认真贯彻党的路线、方针、政策，坚持四项基本原则，政治上同各级党组织保持一致。

2. 认真学习政策理论，学习文化知识，提高工作能力和服务水平。

3. 认真为村民办事，坚持实事求是，注意工作方法；坚持依靠群众，注重发扬民主；坚持思想政治工作，注意倾听村民意见。

4. 吃苦在前，享受在后，依法行政，清正廉洁，以身作则，勤奋工作，说到做到，注重实效。

第三章　村务决策

第二十三条　村事物实行民主决策。凡是与群众利益密切相关的事项，如集体的土地承包、租赁、集体企业改制、集体举债、集体资产处理、公益事业经费、建设承包方案和计划生育重要事务等，都要提交村民会议或村民代表会议讨论决定。

第二十四条　民主决策的程序：由村两委、村内经济组织、十分之一以上的村民联名或五分之一以上的村民代表联名提出议案，由村党支部受理并召集两委联席会议，研究具体意见和建议，由村委会召集村民会议或村民代表会议讨论决定。由村党组织、村民委员会组织实施村民会议讨论决定的事项。对提交村民会议或村民代表会议讨论决定的事项，会前要向村民或村民代表公告，广泛征求意见，会后要及时公布表决结果。对决定事项的实施情况，要及时公布，自觉接受村民监督。

第二十五条　村民会议或村民代表会议讨论决定的事项，要形成书面记录并妥善保存。

第二十六条　除发生自然灾害等紧急情况外，村民会议或村民代表会议依法形成的决议不得随意更改，如因情况发生变化确需更改的，要通过村民会议或村民代表会议讨论决定。

第二十七条　涉及村民利益的重大事项，必须按照决策程序提请村民会议或村民代表会议讨论决定。未经村民会议或村民代表会议讨论决定，任何组织和个人擅自以集体名义借贷，变更处理集体的土地、企业、设备、设施等，均为无效，村民有权拒绝，造成损失的由责任人承担，构成违纪的给予党纪政纪处分，涉嫌犯罪的移交司法机关依法处理。

第二十八条　对村内各项具体事务，村两委要依据党的方针政策和国家的法律法规，组织全体村民结合实际，讨论制定村民公约，经村民会议或村民代表会议通过后在全村组织实施。

第四章　财务管理

第二十九条　村民委员会财务实行集中管理。村内设财务助理员、实物保管员（可兼）各一名，其目的是管好用好全村的集体财产、编制资金收支计划。实物保管要严格出入库手续，做到各种物资存放安全、帐实相符，集体财产不准私自外借，并应加强管理。

第三十条　成立民主理财小组，民主理财小组成员由村民会议或村民代表会议推选产生。民主理财小组向村民会议或村民代表会议负责并报告工作。

第三十一条　民主理财小组对本村集体财产活动进行民主监督，参与制定本村集体的财务计划和各项财务管理制度，有权检查、审核财务账目及相关的经济活动事项，有权否定不合理开支。当事人对否决有异议的，可提交村民会议或村民代表会议讨论决定。

第三十二条　村民有权对本村集体的财务账目质疑，有权委托民主理财小组查阅、审核财务账目，有权要求有关当事人对财务问题做出解释。

第三十三条　村内集体财务收支审批程序：财务事项发生时，经手人必须取得有效的原始凭证，证明用途并签字（盖章），交民主理财小组集体审核。审核同意后，由民主理财小组组长签字（盖章），报村两委负责人审批同意并签字（盖章），由会计人员审核记账。

第三十四条　经民主理财小组审核确定为不合理开支的事项，有关支出由责任人承担。

第三十五条　其他情况按照《农村财务集中管理制度》有关条款执行。

第五章　村级秩序

第三十六条　村民都应学法、知法，自觉同一切违法犯罪行为作斗争。

第三十七条　提倡喜事新办、丧事简办，并由红白理事会主持办理。

第三十八条　建立正常的人际关系，不搞宗派活动和家族主义。

第三十九条　村民要爱护公共财产、公共设施、集体树木，不得随意损坏、破坏。

第四十条　子女对老人要尽赡养义务，保证老人吃、住、穿、医。父母要承担未成年或无生活能力的子女的抚养教育。不准虐待病残儿、继子女或收养的子女。监护人要加强对未成年子女的监护、教育，尽力供子女就学深造。

第四十一条　积极发展敬老、托老事业，保护老人合法权益。60 周岁以上老人发放老年优待证，除享受上级政府规定的有关待遇外，村委还要根据本村的经济状况每年发放一定数额的养老金。

第四十二条　村内各组织和所有的村民要齐心协力，共同做好计划生育工作。村委会和有能力的单位、个人要关心计生困难家庭，在资金、技术、信息、物资等方面给予帮助与支持。

第四十三条　村民委员会要尽全力搞好小学建设，为孩子创造良好的学习环境。学校和学生家长共同做好工作，杜绝中小学生辍学。

第四十四条　符合条件的适龄青年，要积极报名应征入伍，保卫祖国。村民委员会应对烈士军属进行慰问和照顾。共青团、妇代会、民兵连、计生协等群众组织和村民，都要积极参与对烈士军属的慰问活动。

第四十五条　认真开展评先树优活动，年底评选“好媳妇”“好婆婆”“五好家庭”等，并给予一定的物质奖励。

第六章　村务公开和监督

第四十六条　村务公开的内容：国家有关法律法规和政策要求公开的事项，如计划生育政策落实、救灾救济款物发放、宅基地使用、村内集体经济所得收益使用、村干部报酬等。村民要求公开的其他事项，也要及时公开。

第四十七条　村务公开的形式：设立固定的村内公开栏，同时通过发放明白纸、民主听证会等形式公开。

第四十八条　一般的村务事项至少每季度公开一次，财务收支情况应每月公布一次。涉及村民的重大利益问题及群众关心的事项要及时公开。

第四十九条　村务公开的程序：村委会根据本村实际，依据法规和政策提出方案，村务公开监督小组进行审查、补充完善后，提交村两委联席会议讨论确定。

第五十条　设立村务公开监督小组。其成员经村民会议或村民代表会议在村民代表中推选产生，负责监督村务公开制度的落实。村两委及其配偶、直系亲属不得担任村务公开监督小组成员。村务监督小组及其成员应当热爱集体，公道正派，有一定的议事能力，其中应具备财会知识的成员。对不履行职责的成员，村民会议或村民代表会议有权罢免其资格。

第五十一条　村务公开监督小组要依法履行责任，认真审查村务公开各项内容是否全面、真实，公开时间是否及时，公开程序是否规范，并及时向村民会议和村民代表会议报告监督情况。

第五十二条　群众对公布的内容有疑问的，可以口头或书面形式向村务公开监督小组投诉，也可以直接向村两委询问，村委会应在十日内予以答复。

第五十三条　村委会要对村务公开资料进行整理归档并妥善保管。

第五十四条　实行民主评议村干部工作制度。评议的村两委成员、集体经济组织班子成员、村民小组长以及享受由村民集体承担误工补贴的管理人员。民主评议一般每年进行一次，通过村民会议、村民代表会议或与村民座谈等形式进行。对连续两次评议不合格的村干部，是村民委员会班子成员或集体经济组织班子成员的，应主动提出辞职，不辞职的应启动罢免程序。其他村务管理人员，由村民委员会召开村民会议或村民代表会议作出处理决定。

第五十五条　对在重大事物决策和管理中违反程序、独断专行，以及因工作失误造成重大损失，或村务公开不及时、不全面、弄虚作假、侵犯村民民主权利的干部，村民会议或村民代表会议有权提出批评并要求限期改正；对拒不改正的，是村委会班子成员的，依法予以罢免。

第七章　附则

第五十六条　本章程自通过之日起执行。

第五十七条　本章程与法律法规不一致的，以法律法规为准。

第五十八条　本章程由村民会议或村民代表会议负责解释并监督执行，村民委员会具体组织实施。

棋山观村村民管理及民主决策制度

一、棋山观村民决策的形式。村级民主决策基本形式是全体村民会议和村民代表会议。召开村民会议，本村 18 周岁以上村民应当过半数参加，或者有本村三分之二以上的户的代表参加，所作决定应当经到会人数半数以上通过。涉及农村土地承包、调整，重大事项，应依照有关法律法规进行民主决策，村民代表会议讨论决定村民会议授权的事项。

二、本村民主决策的程序。涉及村民利益的事项，原则上要遵循以下决策程序：由村党组织，村民委员会，村集体经济组织，十分之一以上村民联名或五分之一村民代表联名提出议案，由村党组织统一受理，并召集村党组织和村民委员会联席会议，研究提出具体意见或建议；由村民委员会召集村民会议或村民代表会议讨论决定，由村党组织，村民委员会组织实施村民民主决策事项的办理。对提交村民会议或村民代表会议讨论决定的事项，会前要向村民或村民代表公告，广泛征求意见；会后要及时公布表决结果，对决定事项的实施情况，要及时公布，自觉接受群众监督。

三、决策责任追究制度。除发生自然灾害等特殊情况外，村民会议或村民代表会议依法形成的决议不得随意更改，如因情况发生变化确需更改的，要通过村民会议或村民代表会议讨论决定。任何组织或个人擅自以集体名义借贷，变更与处置村集体的土地、企业、设备、设施等均为无效，村民有权拒绝，造成的损失由责任人承担，造成违纪的给予党纪政纪处分，涉嫌犯罪的移交司法机关依法处理。

四、村民委员会换届后的工作移交制度。村民委员会换届结束后，原村民委员会应将公章、办公场所、办公用具、集体财务、账目、固定资产、工作档案、债券债务及其遗留问题等，及时移交给新一届村民委员会，移交工作由镇级人民政府负责主持。

五、村民民众理财制度。村民民众理财由村民民主理财小组代表村民进行，民主理财小组成员，由村民会议或村民代表会议从村委公开监督小组成员中推选产生。民主理财小组向村民会议或村民代表会议负责并报告工作。民主理财小组负责对本村集体财务活动进行民主督查，参与制定本村集体的财务计划和各项财务管理制度，有权检查、审核、财务账目及相关的经济活动事项，有权否决不合理开支。

六、民主评议村干部工作制度。民主评议对象为党组织班子成员，村民委员会班子成员，村集体经济组织班子成员，村民小组长及享受由村民或集体承担务工补贴（工资）的其他村民管理人员。民主评议由镇级党委、政府具体组织，通过村民会议，村民代表会议或与村民座谈等形式进行。一般每年进行一次，要把群众满意与否作为衡量村干部是否合格的标准，评议要与村干部的使用和补贴（工资）标准直接挂钩。对连续两次评议不合格的村干部，是党组织成员的，按党内有关规定处理，是村民委员会班子成员或村集体经济班子成员的，应责令其辞职，不辞职的应启动罢免程序。其他村务管理人员，由村民委员会召开村民会议或村民代表会议作出处理决定。

棋山观村民主监督制度

依据《村民委员会组织法》，并依据本村实际情况，在村两委的正确组织引导下，经全体村民会议决定，村民建立民主监督小组，为有效地发挥其积极作用，特制定本监督制度。

一、对民主选举实行监督。严格坚持公正、公平、公开的原则，由村民直接监督，把群众拥护的思想好、作风好、有文化、有能力并真正为村民办事的人选进领导班子。

二、对村务公开实行监督。凡是群众关心的重大事务问题向村民公开，村级财产各收支情况按时在村务公开栏中进行公布。对村委会组成人员的行政行为，工作作风，生活作风等实行监督，达到全心全意为村民办实事的良好效果。

三、对村民代表会议通过的各项决策、制度、办法等实行监督，看是否坚决执行和兑现。

四、对村级财务管理实行监督。看是否月清季结，预算是否正确执行，年度由民主理财小组进行总结。

民主监督小组每季度召开一次碰头会，汇总监督情况，同村委会交换意见，监督小组成员要按时到会，认真履行各项职责。

棋山观村计划生育公约

（2010 年 9 月 1 日经村民代表会议修订通过）

为搞好计划生育村民自治，实现“自我教育、自我管理、自我服务”，根据国家计划生育法律法规和有关政策及《村民自治章程》，制定本公约。

第一节 计划生育管理和服务

第一条 结婚

1. 适龄青年要自觉实行晚婚，结婚登记时认真执行有关规定。

2. 已登记结婚达不到晚育年龄的夫妇，应自觉实行晚育。

第二条　生育

1. 坚持按政策生育子女，领取结婚证的男女青年，及时领取《计划生育服务手册》，享受计划生育有关服务。

2. 申请生育二孩的夫妇，首先向村提出申请，经审核、张榜公布无异议后，报钢城区计生局审批。

3. 持《计划生育服务手册》和生育证的，怀孕后分别在第三、五、七、九个月到镇、区服务站孕期保健及孕情检测服务。

4. 符合政策怀孕的，严禁非医学需要私自鉴定胎儿性别和选择性终止妊娠。确需流引产的，到区计生服务站检查确诊后，持区计生局发放的流引产许可证，方可采取终止妊娠手术。无证私自流引产的或小孩出生后去向不明的，根据《山东省禁止非医学需要鉴定胎儿性别和选择性终止妊娠的规定》及有关要求进行处理。

第三条　长效避孕措施落实

1. 已婚育龄妇女产后 30 天，要在计生工作人员的指导下，及时使用避孕药具。顺产 3 个月内、剖腹产 6 个月在镇计划生育技术服务人员的指导下，结合自身的生理特点，选择合适的长效避孕节育措施。

2. 不适合落实长效避孕措施的，凭区计生服务站出具的证明，按时、按要求使用避孕药具。意外怀孕的，及时采取补救措施。

第四条　流动人口管理和服务

1. 因务工、经商、探亲或其他原因外出 30 天以上的育龄妇女，到村委会、镇计生办申办流动人口婚育证明。外出期间，每半年向居委会提供所在乡（镇）、办事处计生服务站出具的孕情、避孕措施落实和孕期保健服务证明。

2. 家中有流入暂住（超过 15 天）的育龄妇女，应在 10 日内向村委会报告，并督促其办理、审验流动人口婚育证明。拒不办理或拒不审验证明的，由村委会报请镇计生办按照有关法律法规进行处罚。

第五条　日常管理和服务

1. 已婚育龄妇女（包括流入的）落实避孕措施后，要自觉参加镇计划生育服务站组织的每年 3 次健康查体。

2. 自觉配合育龄妇女小组长的访查服务。对放环、皮埋每季度查访 1 次，对绝经、离婚、丧偶等其他情况，每半年查访 1 次，对持《服务手册》、生育证及使用药物和流动人口等特殊人群每月查访 1 次。

3. 已婚育龄妇女有长效避孕、优生优育、生殖保健、政策法规等方面的问题或需求信息时，可以在小组长访查时咨询。有急需的信息，也可以随时向本村计生人员或者镇以上计生技术服务部门咨询。对各级服务情况，可随时提出批评意见或建议。

4. 育龄群众要按时参加村人口学校组织的学习，每年不少于 4 次。

5. 计生协会会员积极参加村委计生办和计划生育协会组织的活动。要带头实行计划生育，积极参与宣传和服务，参与民主管理和民主监督。对本村计生人员和计划生育中的问题，积极向村两委或上级党委、政府和计生部门反映，提出合理化意见和建议。

6. 在计划生育管理中，实行合同化管理，针对不同的育龄群众分别签订《计划生育管理合同》《孕情管理合同》《药具管理合同》《流入人员管理合同》《终生只要一个女孩的合同》《流出人员管理合同》六类管理合同，凡出现违反合同的，对违约人从集体利益分配中扣除相应违约金。

第二节　计划生育公开和监督

第六条　实行计划生育村务公开，接受村民监督，凡是群众普遍关心的、希望了解的政策和有关情况都要予以公开。

第七条　计划生育公开的内容

1. 长期公开的内容有计划生育法律法规政策规定以及计划生育日常管理服务制度和各项服务承诺等。

2. 定期公开的内容有新婚生育和长效避孕措施，独生子女父母奖励情况以及计生工作人员的报酬落实情况。

3. 随时公开的内容有一孩、二孩、病残儿医学鉴定，计划生育特困家庭救助、优生优惠政策、“三结合”帮扶等情况。

第八条　公开的形式。可以根据本村实行对固定公开的内容以印发小册子、折页、明白纸等主要公开形式，每家每户至少一份，也可采取黑板报公开张贴，人口学校培训、上门宣传等形式进行广泛宣传，做到家喻户晓，人人明白。

第九条　公开的时间。对固定公开的内容常年公开，定期公开和随时公开的内容要尽早向群众公开，定期公开的内容一般为一个月或一个季度公开一次，属于年度内完成的事项，要在年底前及时向村民公布结果。

第十条　加强对村务公开工作的监督管理。通过召开评议会、设立举报箱、举报电话等多种形式，认真听取村民反映，对村民普遍关心的问题，要及时调查研究，对村民提出的疑问，及时做出解释，对村民提出的要求及时予以答复，对大多数村民不答应的事情，应坚决依法办理，对违背公开原则的问题，要严肃查处。

第三节　树立婚育新风　促进社会文明

1. 成立村红白理事会，负责主持办理或协助办理村民婚礼事宜。提倡喜事新办、节俭办事。

2. 党员干部和计生协会会员带头克服自己头脑中的封建思想，抛弃只有男孩传宗接代的旧观念，树立男孩女孩都是传后人的新观念。

3. 提倡尊老爱幼，保护老人、妇女、儿童在社会和家庭生活中的合法权利，禁止一切虐待、遗弃、伤害老人、妇女、儿童行为。

4. 每个村民要树立晚婚晚孕、少生优生、男女平等、生儿生女都一样、女儿也是传后人、计划生育丈夫有责等新型婚育观念，自觉实行计划生育。

5. 提倡子女姓氏改革，子女随父姓、随母姓、随父母双姓均可。

6. 夫妻在家庭中的地位平等，提倡夫妻共同承担家务劳动，平等参与社会活动，平等对待双方老人，子女赡养老人义务与继承父母遗产的权利对等。

第四节　奖惩和违约责任

1. 自觉实行晚婚晚育的夫妇村里实行一次性奖励 20 元。生育孩子后，村里买东西去看望。

2. 符合二胎生育条件自愿放弃二胎生育指标的夫妇，除享受上级规定的奖励外，再享受一次性奖励 100 元。

3. 男到女家落户的，享受本村村民同等待遇。（双方均为农业户口、结婚仪式必须在女方举行并在女方居住、孩子出生前男方户口必须落在女方并尽赡养女方老人的义务）。

4. 对村里及上级的各类低保、救助、补助等政策，优先照顾独女、双女户。

5. 特困的独生子女及双女户，村里帮助户家申请特困救助。

6. 独生子女、双女户优先承包土地流转等优惠政策。

7. 在楼房分配上，独生子女、双女户优先优惠 500 元。

8. 本村所有纳入村内管理的已婚充龄妇女，按时参加每年 3 次健康检查，按时查体的村里按时发放 10 元的奖励费，无故不参加查体又不按照时限要求参加补查的，一次不查，交纳违约金 30 元，以此类推。

9. 育龄夫妇生育后顺产的 3 个月内，剖腹产的 6 个月内必须落实计划生育长效避孕措施，对及时落实长效措施的村里免费出车并有计生主任陪同，自愿选择绝育的对象一次性奖励 500 元。

10. 育龄流出人员 30 天以上的，在外出前应与村委会签订《流出人员计划生育管理合同》，办理流动人口婚育证明。在外期间，必须每年 3 次从流动人口信息平台发回流入地乡级以上计生部门出具的健康查体证明，违规者收取违约金 200 元；流入人口计划生育纳入常住人口管理，流入人员到达五天内，必须自觉交验国家流动人口婚育证明。

第五节　附则

本公约自村民代表会议通过之日起执行。

棋山观村红白理事会章程

一、组织领导

会　长　朱庆芝

副会长　朱立春

理　事　李建笃　邵光文　朱立贵

二、总纲

红白理事会是村党支部、村委会领导下的群众性自治组织。经村民代表会议通过，其基本任务是办理本村婚嫁、丧改事宜，坚持喜事新办，丧事简办，反对在婚丧公事中封建迷信活动，反对大操大办，铺张浪费，其宗旨是服务于群众，坚持自我教育，自我服务，创造文明的社会环境，构建和谐社会，促进社会主义文明建设。

三、红白理事会细则

（一）婚嫁工作细则：

1. 男女青年结婚，带身份证、户口本到村委会盖章后，到镇计生办预约登记，然后到区婚姻登记处办理登记手续。

2. 禁止非法婚姻，遵循婚姻自由、男女平等的原则，严禁买卖婚姻、近亲结婚，禁止转亲换亲，提倡男到女家落户。

3. 举行婚礼要喜事新办，不准大摆宴席，对亲戚好友予以适当招待。

4. 提倡在有纪念意义的日子举行婚礼。

（二）丧葬改革工作细则：

1. 村民去世后，丧主须在当日内向村红白理事会报告情况，丧事规模、范围降到最低限度。

2. 理事会及时按抚遗属，与丧主共同商定遗体火化安葬时间。

3. 丧事办理中提倡逝者家属向亡者臂带黑纱，鞠躬致哀。

4. 坚持殡葬改革，坚持尸体火化，不准大操大办，讲排场，摆阔气。

5. 严禁乱埋乱葬、筑坟立碑，不得看风水选坟地，修建阴阳宅。

6. 村红白理事会在工作中应当注意区别封建迷信和风俗习惯。对好的风俗习惯应大力提倡，对不好的风俗习惯应坚持宣传教育为主，逐步移风移俗。

四、管理办法

1. 理事会要认真负责，严格按章程办事。

2. 会长、副会长每年每人补助 200 元，每办一场每人发放 10 元误工补贴。

3. 理事会成员不准收婚丧事主赠送的钱物，不准在婚丧事主家中大吃大喝。

4. 理事会要对婚丧事主一视同仁，不得搞优亲厚友，不批准村民的不正当要求。

棋山观村“道德模范”“爱心文明户”创建评选活动实施方案

开展“道德模范”“爱心文明户”创建评选活动，是加强党对农村工作的领导，把农村工作各项任务落实到基层的有效抓手，是引导农民自我管理、自我教育、自我提升的有效途径，是调动农民自觉参与物质文明、政治文明、精神文明、生态文明建设积极性、主动性和创造性的有效载体。为深入开展棋山观村“道德模范”“爱心文明户”创建评选活动，推动活动制度化、规范化、常态化，实现农村精神文明与物质文明相互促进、协调发展，特制定如下实施方案。

一、指导思想

坚持以邓小平理论、“三个代表”重要思想和科学发展观为指导，以实现乡风文明为目标，以提高思想道德水平为重点，高标准推动“道德模范”“爱心文明户”创建评选活动，吸引广大农民积极参与，实现自我教育、自我约束、自我管理、自我提高，不断提升农村文明程度，为繁荣农村经济提供思想保证和精神动力。

二、评选标准

1. 爱党、爱祖国、爱社会主义、爱集体、爱人民。拥护党的领导和路线、方针、政策，能顾全大局，正确处理好国家、集体和个人的利益关系。尊老爱幼，拥军优属；无歧视、虐待、遗弃老人、妇女、儿童行为。

2. 遵守国家法律法规和村规民约，无偷盗、欺诈、乱占耕地、乱搭建筑及聚众斗殴等违法行为。积极参与普法活动，自觉学习法律法规，模范遵纪守法，家庭成员中无违法乱纪问题；带头抵制非法组织和邪教活动，不沾染黄赌毒；遇事讲理，不蛮横粗野，不无理取闹，不无理上访。

3. 自觉遵守婚姻和计划生育法律法规，做到计划生育，优生优育，无计划外生育，按政策落实计划生育各项节育措施；按时对儿童进行计划免疫；积极参加新型农村合作医疗。

4. 热爱科学，不断增强科技意识；积极参与产业结构调整，不断提高运用科技致富的能力。参加科技培训，订阅报刊杂志，努力掌握 1~2 门实用技术；积极参与产业结构调整，不断提高运用科技致富的能力。

5. 树立社会主义荣辱观，自觉遵守公民道德规范，遵守村规民约；树立良好家风，家庭成员文明礼貌；艰苦奋斗，勤俭持家，移风易俗；崇尚科学，不搞封建迷信活动，坚持喜事新办，丧事简办，反对大操大办和铺张浪费；弘扬新风尚，参与健康文明的文娱活动；不参与“法轮功”等邪教及宗族帮派活动。

6. 尊重知识，尊师重教，支持教育事业，子女完成九年制义务教育，学龄儿童无辍学；积极参加各类健康向上的文体、科普、技能培训活动；经常读书看报，关心国家大事；有健康向上的家庭文化活动，参与社会文体活动，远离黄赌毒。

7. 家庭和睦，邻里团结；助人为乐，见义勇为；无打架、斗殴、骂人行为。

8. 有良好的卫生习惯，室内整洁卫生，房屋周围无杂草、垃圾、污物，力求门前屋后有绿化；饮用水卫生安全，积极参加改水改厕，按规定建卫生厕所；环保意识强，不污染环境。

三、评选程序

第一步，农户自评。各农户对照“道德模范”“爱心文明户”标准，本着自愿的原则，进行自我认定并填写《自评申报表》，向本户所在村民小组提出申请。

第二步，村民互评。以村民小组为单位，召开户主会，组织无记名投票测评。组织本组村民代表集中评议，评议出每户所得“票数”意见。“爱心文明户”“道德模范”预选名单控制在本组总户数的 17% 左右（空挂户较多的组可以以实际户数为基数）。评议结果在本组张榜公布 3~5 天，村民小组要认真对待群众反映的情况，对评错的要予以纠正，再将评比结果报村党支部、村委会。

第三步，村级审核。由村委会在“道德模范”“爱心文明户”预选名单中民主推荐“道德模范”“爱心文明户”预备名单。“道德模范”“爱心文明户”预备名单不得超过本村总户数的 15%。由村“两委”对村委会推荐的“道德模范”“爱心文明户”预备名单进行认真审核。

第四步，授牌表彰。采取召开村民代表大会、公示等形式，通报“评选”结果，对“道德模范”“爱心文明户”进行表彰。

四、时间安排

1. 宣传发动阶段（2015 年 9 月 10—20 日）。召开动员会议，组织党员干部搞好宣传发动。

2. 全面推进阶段（2015 年 9 月下旬—10 月中旬）。普遍开展“道德模范”“爱心文明户”创建评选活动。

3. 总结表彰阶段(2015年10月下旬)。对评选出的“道德模范”“爱心文明户”表彰。

五、工作要求

1. 广泛宣传，营造氛围。要始终坚持群众路线，充分发挥群众的主体作用，广泛发动群众，有效组织群众，让群众在创建评选活动中得到实惠，受到教育，提高参与活动的积极性、主动性、创造性。村党支部要及时联系各级媒体，运用多种形式，介绍创建评选活动的目的、意义、内容、方法、程序，及时向上报道进展情况和先进典型，为创建评选活动营造良好的舆论环境。村委会要充分利用广告栏、宣传橱窗、广播等阵地，广泛宣传创建评选内容、标准、奖励措施，及时发布光荣榜。

2. 切合实际，确保实效。要因地制宜，紧密结合各地实际，紧贴群众生产生活需求，增强活动的针对性、有效性、可操作性，不搞形式主义，不增加农民负担；要坚持标准、严格程序，把评选工作纳入群众的监督之中，做到公平、公正、公开，确保评选质量。“道德模范”“爱心文明户”评选不搞“终身制”，实行动态管理。每年终，村党支部、村委会严格审查。

为深入开展“道德模范”“爱心文明户”创建评选活动，经村“两委”研究，并经村民代表会议同意，决定成立“爱心文明户”“道德模范”创建评选活动领导小组，其组成人员如下：

组　长　邵光才

副组长　张孝宝　李禄实

成　员　张孝宝　李禄实　朱传永　李凤菊　邵光茂　朱立春　郑星贵

棋山观村“好媳妇、好婆婆”评选标准

表

“好媳妇”评选标准	1. 尊重赡养老人，主动分担家务 2. 细心养育科学教育子女 3. 夫妻互敬互爱，理解支持对方工作 4. 亲友和睦，关怀互助
“好婆婆”评选标准	1. 勤俭持家，家庭和睦 2. 爱护晚辈，教子有方 3. 生活方式文明健康 4. 亲友邻里团结互助 5. 热心参加公益活动

二〇一四年十二月

棋山观村颂歌

在这里
我要唱上一千支歌
赞颂你——
崭新的棋山观村
在这里
我要献上一万首诗
赞美你——
美丽的棋山观村
伴随着城乡一体化的铿锵鼓点
你凤凰涅槃，浴火重生
你就像一轮初升的太阳
以其灿烂的光芒
撰写着一首崛起的诗

在以往
我的先辈也曾掰着指头
历数过你的辉煌——
那是风光秀丽的棋山美景
那是“棋山柯烂”的神话传说
那是“玄之又玄”的雄健狂草
那是气势恢宏的元帅题碑
那是金戈铁马的抗日烽火
还有“红色小延安”的不朽旗帜……

在以往
我的同辈也曾自豪地
炫耀过你优势的魅力——
那是区位的优势

那是资源的优势
那是丰厚文化的优势
那是红色历史的优势
还有，那是令人鼓舞的天时地利……

是的
你的历史是那样的灿烂
你的自然条件是那样的无可挑剔
是的
有人盛赞——
你是明清莱芜的八大景之一
有人曾夸——
你是战争年代的革命老区
这里理应文明进步
这里早该展翅腾飞

如今
你终于挺起了身板
抖落满身桎梏
走出了泥泞
挣脱了樊篱

那天
当黎明降临的时候
我发现
你已走出千重关山
山沟沟挺起新坐标
新农村耸立新世纪
什么爷爷絮絮叨叨的叮咛

什么奶奶踏踏踢踢的屐履
什么姑娘羞羞答答的眼神
什么小伙前后左右的顾忌
此时此刻
都已丢在脑后
你心中空间的概念
已充满了速度和效益
这是一个质的飞跃啊
正是这种观念的更新
才激发人们在改革的大潮中冲刺

那天
当晨曦微露的时候
我发现
棋山观村已充满勃勃生机
在黄与绿的底色上
脚手架森林般高高耸立
棋山观村在天天长高
在如织般的拆迁工地
人们紧张地穿梭奔忙
棋山观村一天天变得美丽
这是最新最美的图画哟
正凸显着你今天的开拓
明天的繁荣
未来的绚丽

千里之行行足下
万丈高楼平地起
棋山观村的嬗变啊

向人们昭示了一个真理——
产业先行
走改革之路
跨越发展
“两委”班子需坚强无比
以邵光才为首的村“两委”
奋力开拓
抢抓先机
苦干实干
先人后己
做人立地顶天
方能创出一片崭新天地

那天
当太阳升起的时候
我发现
你的黄土地是那样富有诗意
文化广场歌声迷人
沿湖道上垂柳依依
花红树绿景色美
排排徽式高楼鳞次栉比
棋山森林公园游人如织
更有那袅袅飘香的棋山炒鸡
钢城煤都的列车早已启程
向世界播洒你腾飞的信息

如今的棋山观村哟
征帆如旗
背上的纤绳早已牵紧

脚下路程向远方延伸
这一代人
要以血和汗
把古老的梦
建造成一个个动人的奇迹
如今的棋山观村哟
早已今非昔比
中央、省、市领导曾多次视察这里
从部长、省委书记
到将军的红二代
他们对你的发展何等欣喜

在这里
我要唱上一千支歌
赞颂你——
美丽的“棋山人家”
在这里
我要献上一万首诗
赞美你——
幸福的“棋山人家”
多少年哟
我们企盼你崛起的那个时日
你定会像一轮不落的太阳
闪耀在齐鲁大地的天际

主要参考文献

1.《莱芜市志》1984 版、2014 版。

2.《中共莱芜市组织史资料》(1926—1987)。

3.《八路军山东纵队史》1988 版。

4.《华东野战军军史》1990 版。

5.《钢城文史》第 1 辑。

6.《棋山传说》2000 版。

7.《十卷书·村庄》2003 版。

8.《莱芜先贤诗歌辑轶》2009 版。

9.《雪蓑》2014 版。

10.《血染的风采，永远的丰碑——莱芜抗日战争故事》2015 版。

11.《钢城区志》2015 版。

12.《铭记历史，以启未来——莱芜市钢城区抗战史料汇编》2015 版。

13.《沂蒙之光》画册。

14.《中共莱芜党史大事记》。

15.《莱芜市金石志》2017 版。

16.《中共钢城史略》(1921—1949)，2017 版。

17.《朱荣梅诗选》。

编后记

棋山观村自明朝初年建村以来，已有600余年的历史，积淀了深厚的文化底蕴。村内优美的自然风光、人文景观，吸引外地游客前来参观。改革开放后，特别是进入21世纪以来，棋山观村在经济发展、政治建设、精神文明建设等方面都取得辉煌的业绩，村民幸福安康，安居乐业，呈现出欣欣向荣的繁荣景象。

总结棋山观村的发展历史，形成全面系统记述的资料性文献，既是存史的要求，更是棋山观村人民的一项宝贵精神财富。它不仅可以用来教育后人，牢记历史，弘扬中华优秀传统文化，更能启迪广大党员不忘初心，勇立时代潮头，带领群众继续发扬艰苦奋斗的精神，开创新农村建设一番大事业。

《棋山观村志》编修是贯彻落实《山东省人民政府办公厅转发山东省地方史志编纂委员会〈关于做好乡镇村志编修工作的意见〉的通知》和《山东省地方史志办公室关于印发〈齐鲁名镇名村志文化工程实施方案〉的通知》精神的结果，目的是客观系统地记述棋山观村的发展历程、乡村文脉、产业特色、幸福生活，把棋山观村的发展经验通过《齐鲁名镇名村志》这一载体展示给世人，让更多的人受到启发，加快发展。

棋山观村党支部书记、村委会主任邵光才等村“两委”成员高度重视《棋山观村志》编修工作，从人力、物力等方面给予有力保证。邵光才、李凤菊在编修人员组织、文字资料搜集、图片资料搜集、调度会议召集等方面做了大量工作；李禄实、张孝宝、朱传永参与做好了村志编修协调服务工作。整个编修工作于2017年6月初开始启动，编修期间得到钢城区委、钢城区政府、莱芜市政协文史委、莱芜市地方史志办公室、钢城区地方史志办公室、钢城区棋山风景区管委会领导的大力支持，得到陈文中、神安保等同志的关心与支持。市地方史志办公室副主任毕泗国、方志科科长刘静自始至终对《棋山观村志》编修进行业务跟进指导。山东省齐鲁名镇名村志评审专家组成员肖端良对本志送审稿进行认真审阅，提出许多宝贵意见，后期定稿期间又给予跟进指导，对提升志书内在质量起到关键作用。

本志由钢城区地方史志办公室副主任陈建新主持编纂，并具体完成《棋山观村志》的框架设计、条目拟订、初稿编写、资料修改、文字校对、终稿审定等全书的统编工作；钢城区地方史志办公室高涛协助陈建新完成全书的统编工作，李娟参与完成本志的图片征集、图片编辑、文字修改、文字校对等工作。编修成员秦宝文（棋山观村览要、新农村建设、附录类目），郑加强（仙迹觅踪、大事纪略类目），赵正堂、孟庆峰（红色记忆类目），冯文平（农业生产、教育卫生、棋山炒鸡、村民生活类目），高东长（村民风俗类目），李晋（乡土文化类目）分别搜集整理了各自分工类目的资料；并根据安排，参与搜集整理生态旅游、人物类目的相关资料。邵光发、朱立春参与走访村情村貌、红色记忆等相关类目知情当事人、原村负责人，搜集有关数字资料。本志编修由于时间紧、任务重，全体参编人员做到了分工不分家，都能根据工作需要，自动自发，加班加点，按时保质保量完成分工任务，发扬史志工作人员淡泊名利，无私奉献的高尚品格。

《棋山观村志》是棋山观村编修的首部志书，对事物的记述力求上溯到事物的发端，下限断至2016年末，个别事项延至2017年6月。

棋山观村自建村以来，历经区划建置多次变迁，事项众多，为最大可能地反映史实全貌，编修工作人员尽最大可能进行挖掘，如有遗漏，敬请包涵。由于编修时间紧，任务重，要求高，加之编者水平有限，《棋山观村志》错漏与未尽之处在所难免，敬请读者批评指正。

编者

2017年11月